波段为王（之三）

决胜之道

魏源水 / 著

四川人民出版社

图书在版编目（CIP）数据

决胜之道：S模式交易法/魏源水著. —成都：
四川人民出版社，2019.4
（趋势为王之三）
ISBN 978-7-220-11217-1

Ⅰ.①决… Ⅱ.①魏… Ⅲ.①股票交易-基本知识
Ⅳ.①F830.91

中国版本图书馆CIP数据核字（2019）第015981号

JUESHENG ZHI DAO：S MOSHI JIAOYIFA

决胜之道：S模式交易法

魏源水 著

责任编辑	何朝霞 吴焕姣
封面设计	成都木之雨文化传播有限公司
版式设计	戴雨虹
责任校对	袁晓红
责任印制	王 俊
出版发行	四川人民出版社（成都市槐树街2号）
网 址	http://www.scpph.com
E-mail	scrmcbs@sina.com
新浪微博	@四川人民出版社
微信公众号	四川人民出版社
发行部业务电话	（028）86259624 86259453
防盗版举报电话	（028）86259624
照 排	成都木之雨文化传播有限公司
印 刷	四川机投印务有限公司
成品尺寸	185mm×260mm
印 张	14
字 数	230千
版 次	2019年4月第1版
印 次	2019年4月第1次印刷
书 号	ISBN 978-7-220-11217-1
定 价	49.00元

自 序 复杂的事情简单做

世上很多事情的发生似乎偶然，一只苹果掉在牛顿头上，引发了“万有引力”的思考，成为物理学上的里程碑。如果掉在我的头上，仅是疼痛而已。

300 多年前，日本一个米市商人，做事严谨，晚上点亮蜡烛记账，蜡烛燃完休息。一天晚上突然发现家里没蜡烛了，眼前一片黑暗，不仅无法记账，连何时睡觉也把握不准，由此萌发把米市交易画成蜡烛图。后来被人引申到证券市场成为今天的 K 线图。

80 年前，著名的美国投资专家格兰威尔看见一幅音乐会广告画，图中的五线谱背景对他冲击很大，引发他发明证券市场的移动平均线。

均线理论是当今应用最普遍的技术指标之一，它帮助交易者确认现有趋势、判断即将出现的趋势。由此又引发证券市场研究者对均线做出各种不同的改进，企图从中发现最为可靠的趋势变化。其实，历经市场近百年的检验，格兰威尔的均线理论被证明是科学的。

中国人在讨论艺术创新时，有一句经典话语——发前人之未发，发前人之所发。意思是说前人没有发现的新发现，前人发现的再发现。

本书讲述的 S 模式交易就是在前人发现的基础上的再发现。

证券市场的图表全世界投机者都在研究，也许有人已经发现，市场的波动始终沿着 MA5 线进行，问题是要想在市场获利，仅仅知道波动是不行的，只有知道趋势方向才有可能获利。趋势方向看似概念清晰，实际也是模糊的，当前一分钟趋势向上，下一分钟呢？今日趋势向上，明天呢？本周趋势向上，下一周呢？说来说去，还是不知道趋势方向。

宇宙万物都在运动中，这是真理。喜马拉雅山在运动吗？我们没有看见，地球在运动，它也相应在运动，因为观察的背景和角度变了。如果问证券市场，一分钟趋势方向？是可以知道的。类推日线、周线、月线等也是可以知道的。我曾多次说过，股市永远在涨，如中国上证指数，开市95点，它有过更低吗？没有，显然趋势向上，这是个观察角度问题。牛顿的理论认为时间和空间绝无关系，爱因斯坦从宇宙角度观察，推翻了这个论点，这就是后人对宇宙的新发现。证券市场也证明了时间和空间的关系紧密。

究竟怎么才能知道趋势方向？证券市场的趋势方向要以时间而论，不能模糊地说趋势方向。本书用证券市场历史事实证明，在任何K线级别中，MA5线是波动，MA20线是趋势方向，1分钟线如此，月线也如此。全世界投机者都在研究证券市场的图表，挖空心思想知道趋势方向，就如我刚才说，很多人把均线改来改去也是这个企图，却很少人发现这个现成的事实。

地球绕着太阳转，市场也有自身的运行规律，并不是我们所想象的“随机”。我们发现了这个市场规律，是否在1分钟K线图也可获利？是的。可是，它又分出个意义大小和操作的难易。且不说股票市场不能即买即卖，就是可以即买即卖的期货市场，它波动的突然性也难以把握。

仅仅发现了市场规律还不行，它的波动还得在我们可以把握的范围才有意义。因此，我曾在之前出版的三本书中都反复告诫，市场投机最好选择周线级别。本书揭示了市场这一天天可见而又没有被发现的规律，在1分钟K线图也可获利，太有诱惑力了；但我还是要劝你一句，不要被小利诱惑，稳妥操作还是应以周K线为依据。以周K线为依据还不行，还得形成交易模式。

模式，是从事物之间隐藏的规律中提炼。也就是按照既定思路或程式，快速找出解决问题的方法。

模式有多种，关键是选择适合你、效果好的。证券市场的投机模式多了去，最为著名的是道氏理论、江恩理论、波浪理论。道氏理论是在市场经验的基础上建立，江恩理论是在几何学基础上建立，波浪理论是在自然规律基础上建立。这些理论其实就是模式。

普通投资者掌握一两种简单有效的模式，足够在市场打拼。

我知道，市场参与者中，一部分人凭感觉交易，近似于赌博，也有获利，但那是侥幸，长此以往是会亏钱的。一部分人信心满满，读了很多据说可以在市场赚大钱的股票书，听了很多股评家在网上叫卖的赚钱秘诀，最终仍是亏得一塌糊涂。不学习会亏，学习了也会亏，问题的症结在哪里？那就在没有一套行之有效的交易模式。

学习没错，如果目的是为了在市场赚钱，劝君不要学得太杂，投机者的目的是赚钱，不是为了研究证券投资学。江恩、艾略特创建了完美的投资理论，据说他们在证券市场并没赚多少钱。巴菲特成为世界证券市场的大佬靠的是有效的投资理念，我们小散一个，也学不来。最好的办法是探索出适合自己的一种交易策略，把它作为一种交易模式，反复做，机械地做。

《圣经》中说，已有的事，后必再有；已行的事，后必再行；日光之下，并无新事。这句名言，在证券市场中表现最为充分。

本书讨论的模式也是基于市场运动的规律。当你翻看任何一只股票或期货图表，它的运动形态都呈倒“S”形，唯一的区别只是起伏的角度不同。只要能在起和伏之初把握住交易机会，极少失误，胜算极大。

这种模式没什么技术含量，凡市场投机者一看就会，重要的是克服人性弱点。因为5周线向上，一般比低点高出百分之二三十，心理上有抵触情绪，或是跌怕了恐惧，缺乏胆略。那么反省一下，之前你凭什么交易？卖点守纪律也十分重要，投资机构有组织决策和监督，对于散户来说，完全是自我决策和约束，常常犹豫不决，心怀侥幸。这就是我在另一本书中说的修身，训练你自身的行为习惯。既然是模式化操作，就得按规矩执行，否则，模式便失去了原义。

证券市场博弈者都自以为是聪明人，聪明人会耍尽心机，让市场变得复杂化，频繁的波动就是典型例证。博弈取胜，小聪明是大忌。大智若愚者不拘小节，不可太在意波动，太在意就复杂了，复杂了就会思路不清，就会忽略了趋势方向。复杂的事情简单做，做对的事情重复做，博弈市场，你就是胜者。

目录 CONTENTS

波段为王(之三):决胜之道

第1章 S模式交易法

人性在证券和期货市场中，可以说表现得最为淋漓尽致。尤其是散户，完全是个体行为，没有监督和约束，任其心性纵横。因此，众多人的心理活动，情绪变化，行为习惯，导致市场时时刻刻波动变化。每一个市场投机者都企图利用这个变化盈利。而事实是多数人亏，少数人赚。这不是市场问题。我曾在《一招制胜》序言中说，长期来说，股市是在涨，以上证指数为例，开市为95点，其后第一个低点是325点，第二个低点是998点，第三个低点是1664点，第四个低点是1850点。我还说了另一个问题，图表形成后，幼儿园小朋友也知道该怎么高抛低吸，凡市场投机者都是聪明人，为什么多数人会亏呢？简单问题却蕴含了人性包括心智的全部复杂性。

怎么解决这个问题？我认为只有两个办法，一是心智，能判断某段的顶和底。二是模式。

模式，指事物之间隐藏的规律关系，也是从不断重复出现的事件中发现和抽象出的规律。只要是一再重复出现的事物，就可能存在某种模式。模式是一种认识论意义上的确定思维方式，是一种参照性指导方略，是一种按照既定思路或程式快速解决问题的最佳办法。

本书将要讨论的问题，就是根据市场运动规律，设计制定S模式交易原则，按照既定的模式程式化操作，抉择简单，交易稳妥，既可避免踏空之焦虑，也可避免误入陷阱之痛苦，更无放走黑马之悔恨，让复杂的市场投机变得简单从容，从而轻巧获利。

第1节 市场运动的基本特性

运动，是宇宙万物的表现形态。物理学认为，物布时空永不均产生了普遍运动，形式多样，生灭着万事万物。没有不运动的物件，也没有能离开物件的运动。几何学把运动描述为从平面到自身的一个映射。哲学将运动定义为空间点的位置迁移。位置迁移的主要特征又是线性运动，无论是直线还是弧线，它都呈线性。

宇宙中的恒星，它们按照自身轨迹运行，人造卫星在浩瀚的太空运动，也被人为设置了运行轨道。在日常生活中，我们看见飞机、火车、汽车等，它们的运动有规定的线路，赛跑运动员也是在规定跑道中跑步，就是篮球足球等，虽然比赛的不是位置迁移，也是在规定场地范围内运动。

也就是说，凡运动必定遵循一定的轨迹。

证券市场看似人在掌控，甚至有“随机”一说，实则也有其自身运动轨迹。世界证券市场已有160多年历史，中国股市也有20多年，市场呈现的历史轨迹，通过移动平均线（MA）观察，它虽然是波动运行，但运行路线的波动宽度有序，而且走势主要沿着一条线进行，具有很强的规律性。

图1—1—1和图1—1—2是上证开市至2018年1月的月线走势图，为了让均线更清晰，图中只保留了5月均线和20月均线，其他均线都省略了。

MA5: 1620.01 MA20: 1504.92
上证月线
2004.04.30
1990.12

图 1—1—1

MA5: 3339.54 MA20: 3214.59
上证月线
2018.01.31
2004.04.30

图 1—1—2

从图中看出，市场上涨下跌是沿着 MA5 线运动，MA5 线向下时，只要 MA20 线还在上升中，MA5 线就会重新掉头向上。反之，MA20 线在向下，MA5 线即使向上也不会走多远，就会掉头向下 。如果 MA5 线和 MA20 线同时向上或向下，上涨下跌速度都会很快。这是大盘的情况，也就是整个市场的情况，那么个股呢？

图 1—1—3 和图 1—1—4 是股民都熟悉的万科 A（000002），这只股上市历史几乎与中国股市同步。上市之后 5 年时间频繁波动。从图 1—1—3 可以看出，月 K 线始终随 MA5 线上升或下降，MA20 线每一次向上，其高度都超越前高，最终形成 2007 年和 2018 年两个大高点。从图 1—1—4 可以看出，2009 年至 2014 年长时间调整，月 K 线仍然沿 MA5 线运动。MA20 线几乎是平行运动。这个现象说明，在同一 K 线级别中，MA5 线是波动，MA20 线是趋势，K 线围绕 MA5 线运动，MA5 均线围绕 MA20 线运动。

在月线级别中，一根 K 线包含了 4 根周 K 线，也就是说周线比月线的 K 线增加了 4 倍，为了看清楚 K 线的运动步伐，我截取上升和调整比较典型的两段周线走势观察。

图 1—1—3

图 1—1—4

图 1—1—5 是一段形态鲜明的上升，上证指数从 998 点上升到 6124 点，这是一段非常流畅的上升，速度快，涨幅高。途中虽有几处停顿，还有 MA5 线掉头向下的形态，可是 MA20 线没有犹豫，一直向上。MA5 线每一次的停顿，在 MA20 线得到支撑，走势又重新向上，证明 MA20 线就是趋势，趋势不变，上升不止。

图 1—1—5

图 1—1—6 是上证从 2009 年 8 月到 2014 年 5 月的一段漫长调整。这段走势波动最为频繁，不仅 MA5 线波动，MA20 线也频繁波动。从图中看出，周 K 线仍然沿着 MA5 线运动，鲜明特点是 MA20 线主要方向向下，波动过程中，MA20 线有两次明显向上的形态，而这也是反弹幅度较大的两次，但每一次向上都没超越前高。20 周线相当于 5 月均线，回头看图 1—1—2 相同时段的月线，这一段的 5 月均线也有两次向上的迹象，最终受制于 MA20 线。这也说明，大一级别的趋势方向，控制小一级别的趋势方向。大盘是这种规律，个股也不例外。

图 1—1—6

图 1—1—7 是万科 A（000002）2005 年 10 月至 2007 年 11 月的一段上升，走势沿 5 周线运动，途中有 3 次停滞，5 周线掉头向下，但是 MA20 线始终向上，所以走势滞留几周后重新向上。临近 2007 年 11 月时有过一次波动向下，最终重新向上，还出现两根大阳线，可是 MA20 线止步不前，致使走势向下，MA20 线掉头向下后，形成一波深度调整。

图 1—1—7

图 1—1—8 是万科 A（000002）2009 年 7 月至 2014 年 3 月的一段调整。这段走势复杂，上涨下跌波动比较频繁。但从图中看出，走势仍然沿着 5 周线进行，MA5 线和 MA20 线双线向下时，下跌速度都很快。回头看图 1—1—4 相同时段的月线走势，这一段的 MA20 线几乎平行运动，所以不管周线怎么波动，不可能形成一波大行情。

图 1—1—8

月线的趋势决定周线趋势，周线的趋势又决定日线趋势。

前面讨论的是月线周线，K 线级别较大，上涨下跌波动形态视觉效果还比较温柔。图 1—1—9 是上证的一段日线下跌走势，视觉效果很鲜明，因为波动频率很高，下跌一段又突然上涨，上涨一段又突然下跌。尽管波动频繁，它的走势仍然沿 MA5 线进行，MA5 线又受制于 MA20 线。从图中看出，MA20 线不向上，MA5 线向上都非常短暂。它与月线周线有共同特点，如果 5 日线和 20 日线同时向下，下跌速度会很快。

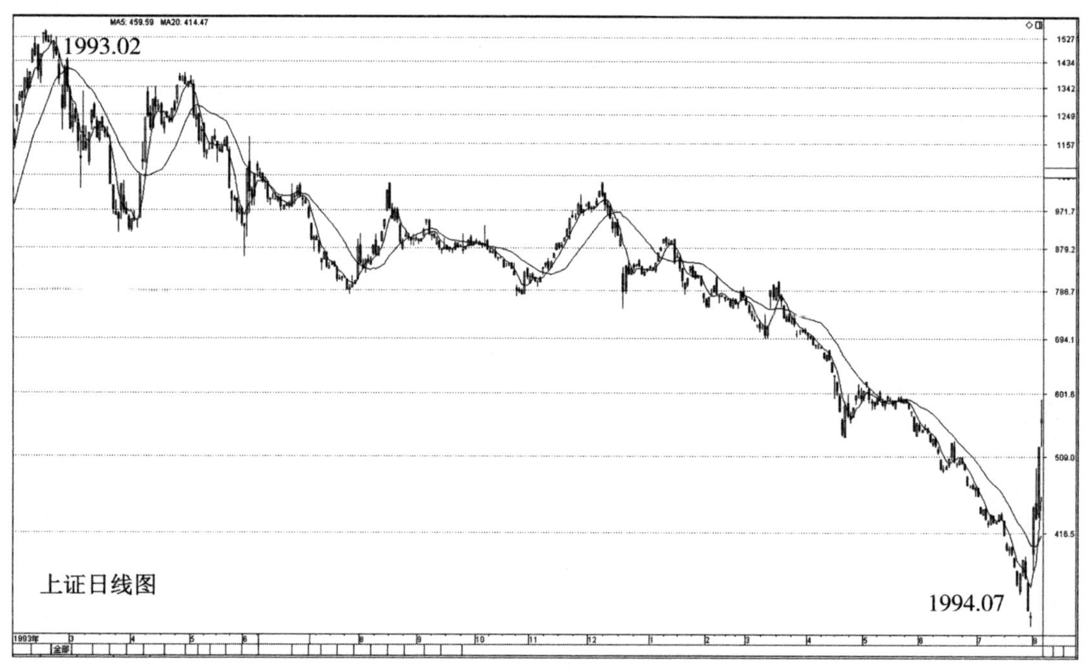

图 1—1—9

图 1—1—10 是上证指数 998 点到 6124 点的一段上升走势，尽管上升速度快，走势仍然沿着 MA5 线进行。图中有几次调整，不仅 MA5 线掉头向下，MA20 线也有掉头向下形态，稍微调整之后又重新向上。回头看图 1—1—5 相同时段的周线，5 周线也有几次掉头向下形态，可是 20 周线稳定向上，向上趋势没变。在日线中，20 日线相当于 5 周线，所以图 1—1—10 这段日线虽然有几次 MA20 线掉头向下，稍作调整后仍然重新向上。

图 1—1—10

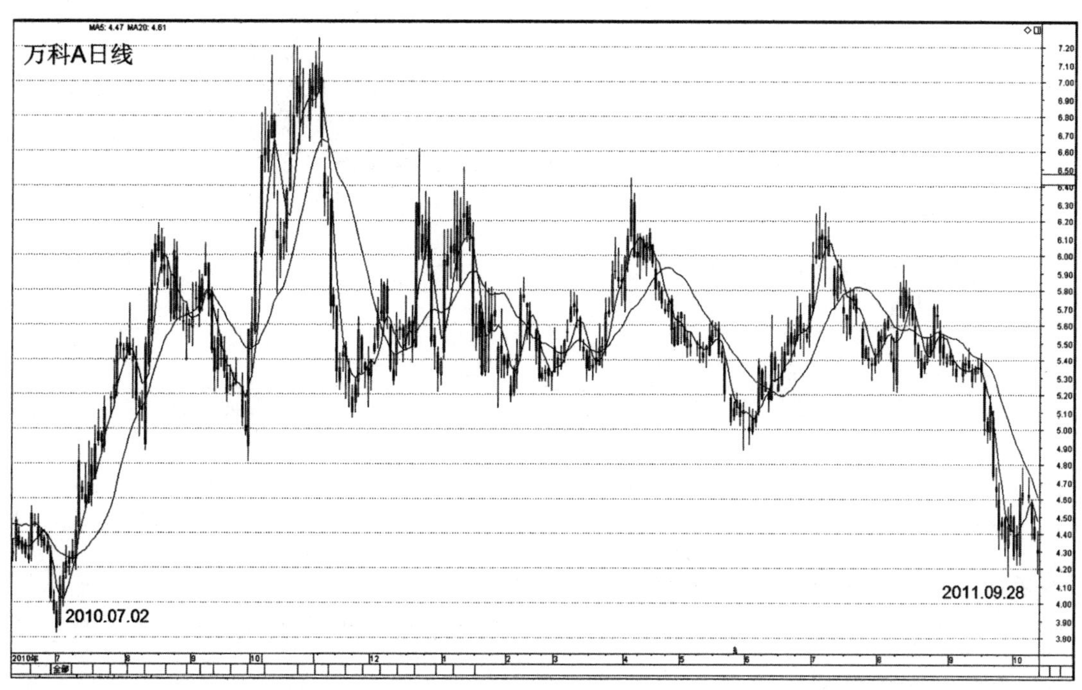

图 1—1—11

图 1—1—11 是个股万科 A（000002）的一段日线图，这是一段较为复杂的调整走势。价格波动十分频繁，不仅 5 日线不断地向上向下，连 20 日线也上下波动，

不过走势仍然沿着 5 日线运动。在波动过程中，运动特性与月线周线表现相同，MA5 线和 MA20 线双线相向，无论上升下降速度都会很快，MA20 线向上时，MA5 线向下是暂时的，它会重新向上，反之，MA20 线向下时，MA5 线向上是暂时的，它会重新向下，因为 MA20 线代表趋势方向。

图 1—1—12 是万科 A（000002）的一段上升走势，这个形态与图 1—1—3 的那段月线特征相同，前半段走势 5 日线上下波动，20 日线也随之波动，但逐波走高，后半段 5 日线波动，20 日线始终向上。日线跟月线周线运动一样，只要 MA20 线还在上升中，MA5 线即使向下也不会走多远，仍然会向上。如果 MA5 线和 MA20 线同时向上，上升速度会很快。

图 1—1—12

观察证券市场的历史运动，我们发现，无论大盘和个股，它们在大小不同 K 线图级别中，其走势都沿着 MA5 线运动，运动主要方向受控于本级别的 MA20 线趋势。有趣的是，包括更小级别 K 线图中，价格波动也是沿着 MA5 线运动，波动方向也受控于 MA20 线。

图 1—1—13 是上证的一段 60 分钟图，这段走势图中，左边一段下跌，途中有一次 5 线快速向上，但 20 线下行方向不改，最终继续下跌。右边一段上升，途中有一次停顿，但 20 线上行方向不改，最终继续上涨。

图 1—1—13

图 1—1—14 是上证的一段 1 分钟图，图中两条线，也是 MA5 线和 MA20 线，图中左上角那段，走势反复纠缠，MA20 线没下降，MA5 线就围绕波动，最终双线向下，陡峭下跌。图中右边向上一段，双线同时向上，所以上升也凌厉。

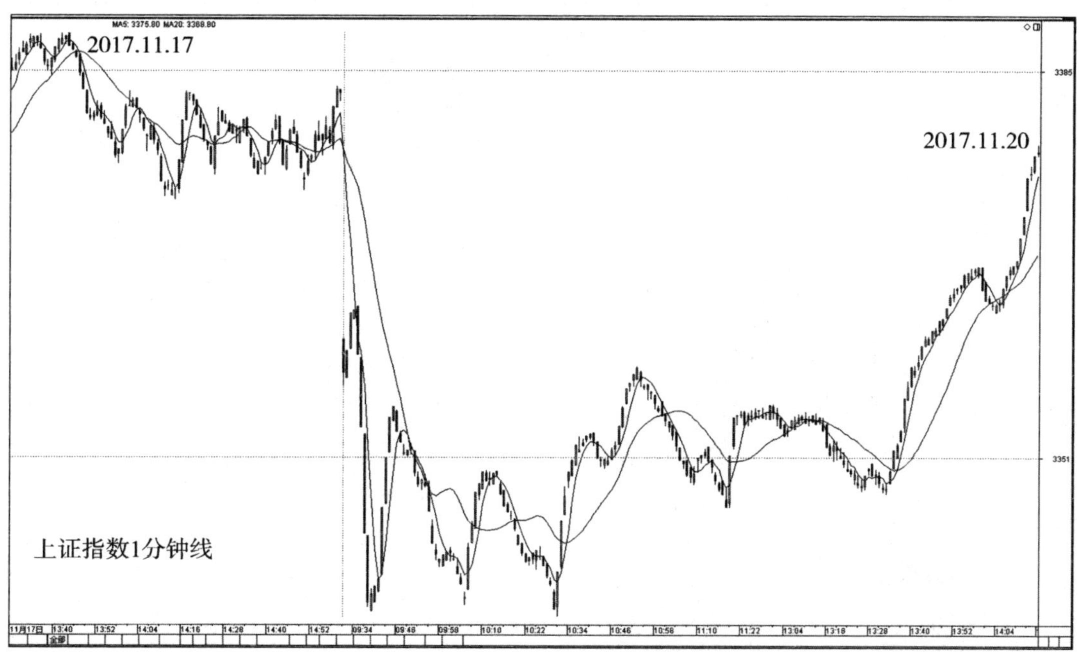

图 1—1—14

图 1—1—15 是万科 A（000002）的一段 60 分钟走势，向上那段有两次下跌，MA5 线掉头向下，还下穿了 MA20 线，但是 MA20 线没改变方向，所以走势重新向上。这就是 MA20 线引领趋势方向。

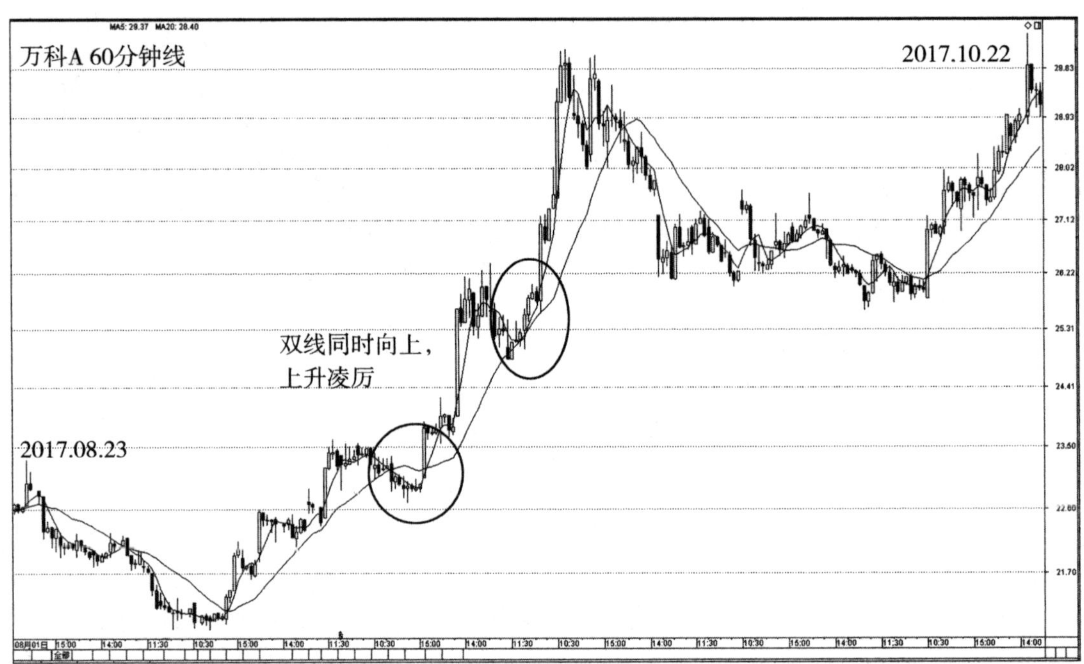

图 1—1—15

图 1—1—16

图 1—1—16 是万科 A（000002）的一段 1 分钟走势，图中可见，K 线运动无论向上向下，始终沿着 MA5 线运动。图中几处明显高点和低点，尽管 MA5 线冲高冲低，MA20 线没跟随，最终转向跟随 MA20 线。

前面的案例是针对股票市场的大盘和个股，这种规律在期货市场也同样具有。下面我们随意选择一个期货品种观察。

图 1—1—17 是期货市场中的焦炭品种，图中仍然只保留了 MA5 线和 MA20 线。这幅周线图运行时间大约一年半，图中可见 MA5 线有几次波动，由于 MA20 线始终向上，MA5 线最终跟随，2017 年 4 月之后，MA20 线向下了，MA5 线也随之向下，期货市场也同样遵循 MA5 线波动始终以 MA20 线为趋势方向。

图 1—1—17

当前的期货市场与股票市场不同的是，它可以即买即卖，尽管投机者的情绪化释放最为充分，可是市场的运动特性仍然不变。如果对趋势判断准确，上涨下跌都可获利。

图 1—1—18 是焦炭指数的日线图，时间段与上幅周线图一样，它与周线图形态本质一样，区别在于步伐细碎一些。图中可见，它仍然以 MA20 线为趋势方向，MA5 线波动始终跟随 MA20 线，运动步伐也始终踏着 MA5 线进行。

图 1—1—18

在更小的 K 线级别中，运动特性也是一样。图 1—1—19 是焦炭指数的一段 60 分钟图，同样是 MA20 线引领趋势方向，MA5 线波动受制于 MA20 线。

图 1—1—19

更为有趣的是，在1分钟图中，运动特性与大级别K线图一样，步伐随MA5线走，MA5线波动又随MA20线走。图1—1—20就是焦炭指数的一段1分钟走势。图中一段上涨，其间MA5线有过一次下降，因为MA20线在向上，MA5线返身跟随。图中一段下跌，其间MA5线有过多次上升，终因MA20线向下，MA5线最终跟随。

图1—1—20

市场的历史现象，充分反映了运动的基本特性，走势沿着MA5线运动，MA20线代表趋势方向，MA5线随MA20线波动。

为什么会是这种规律呢？我在《趋势与拐点》一书中专门讨论趋势时说，趋势的方向有三个：上升方向、下降方向和水平方向。趋势的类型有主要趋势、次要趋势和短暂趋势三种。当然，趋势的方向是针对相对时间段。前面说到著名的波浪理论，它把波浪级别细分为九个层级，其实就涵盖了相对时间段的趋势。不过，趋势的方向并不与时间成正比，这个话题我会在以后的《时空节奏》中细说。

股市运动这个特性，蕴含着极强的规律性，我从中惊喜地发现一种可供操控的模式，按照这种模式理性交易，股市投机就变得简单易行了。

第2节 S模式交易

模式，就是解决某一类问题的方法论。经典定义是：每个模式都描述了一个在我们的环境中不断出现的问题，然后描述该问题解决方案的核心。通过这种方式，你可以无数次使用那些已有的解决方案，无须再重复相同的工作。

不同的领域会有不同的模式——建筑模式，软件设计模式，商业模式，思维模式，等等。当一个领域逐渐成熟的时候，自然会出现很多模式。

那么，证券市场有没有模式可循呢？有！

从美国道琼斯工业指数创立至今，已经有160多年，也就是说，证券市场已经有100多年历史，市场在100多年的运行中，必然会有运动规律，无数人从规律中不断探索总结，发现很多模式。其中，最为著名的是：道氏理论，江恩理论，波浪理论。道氏理论是在市场经验的基础上建立，江恩理论是在几何学基础上建立，波浪理论是在自然规律基础上建立。这些理论都是在市场运行模式的发现中升华为规律，对于一般股市参与者掌握运用难度较大。

有没有一般股市参与者都可以掌握运用的模式呢？有，S模式。

移动平均线（MA）是由美国投资专家格兰威尔采用统计学中“移动平均”的原理，于20世纪初期创立。它是将一段时期内的股票价格平均值连成曲线，用来显示股价的历史波动情况，进而反映股价指数未来发展趋势的技术分析方法。均线是应用最普遍的技术指标之一。

市场运动有其自身轨迹，移动平均线（MA）创立以后，市场运动轨迹并没变，可是，通过均线观察，从中发现运动步伐和波动幅度具有规律性。

上一节我们从市场的历史表现，发现一个基本规律，无论是大盘还是个股，走势在各个K线级别中，涨跌形态呈倒“S”形，步伐始终沿着MA5线进行，MA5线的波动又受控于MA20线。根据这个规律，市场投机根据均线波动规律，设定一个S形交易模式，让复杂的事情简单化。

S模式的设定，实质是依据均线，根据个人风格，在某一K线级别按照倒“S”形操作。S**模式的交易原则，就是以**MA20**线为趋势方向，以**MA5**线为交易依据，**MA5**线向上贴线买，**MA5**线向下贴线卖，最终以趋势为准则。**

为什么确定以MA5线交易为依据呢？MA5线比MA20线波动更频繁，但市场的涨跌又首先从MA5线开始。MA5线向上了，至少表明市场有向上欲望。贴线买是什么意思呢？市场走势总是一步一回头，MA5线向上后，当走势步伐回头那一下，靠近MA5线的地方买入。MA5线向上只是表明市场有向上的欲望，并不确定一定向上，它有可能再度向下，但很少突然向下，因为均线运行一般都有掉头的过程，就如倒“S”形这个上下掉头的形态。贴线买的优势是，即使它再度向下，掉头向下的过程中，一般也会有反弹冲MA5线机会，所以定义MA5线向下贴线卖，据此操作不会造成大的损失。

为什么说以趋势为准则呢？MA20线代表趋势方向，MA20线向上，表明主要趋势向上，反之，MA20线向下，表明主要趋势向下。股票市场投机，只有上涨才能盈利（融券卖出例外），不过在期货市场情况就不同了，上涨下跌都能盈利，因为可以做多做空。因此，无论股票市场还是期货市场，趋势决定交易。

图1－2－1这段走势图，没有标示是什么K线级别，因为不管什么K线级别，运动原理是一样的。图中只保留了MA5线和MA20线，在标示序号奇数的地方，都是MA5线刚刚掉头向上的地方，贴近MA5线买进，在标示序号偶数的地方，都是MA5线刚刚掉头向下的地方，每一段都有利可图。尤其标示1和2这一段，MA20线向上很明确，MA20线代表趋势，因此这一段盈利丰厚。标示3以后，MA20线步伐犹豫迟缓，尽管MA5线在频繁波动，每一次的上升和下降都走不远。在标示9的地方，走势还创出最高点，可是无法操作，因为MA20线已明确向下。

如果这是一幅期货走势图，情况正好相反，在标示序号奇数的地方做多，在标示序号偶数的地方做空，在标示9之后走势创出最高点的地方又是做空的好机会，因为MA20线已明确向下。

从这幅图看出，依据MA5线操作，在标示3以后，尽管波动频繁，趋势不明朗，仍然有利可图。依据MA20线操作，只有从标示1到标示4的地方心里才有底，此后就茫然了，因为趋势不明确。所以说以MA5线为交易依据，最终以

MA20 线为趋势准则。

图 1—2—1

以下，我们以不同 K 线级别的实际走势，讨论 S 模式交易的可行性。图 1—2—2 是一段月线图，图中标示了 4 个交易点，两买两卖。买点 1 处，MA5 线明显向上，贴近 MA5 线买入，即使随后下跌，MA5 线掉头向下也有个过程，不会有太大损失。只要 MA5 线上升有一定角度，断崖式下跌的情况极少。

在卖点 2 为什么必须出局，是因为 MA5 线会下穿 MA20 线，通过均线速度是可以提前计算出来的。

买点 3 处，MA5 线又向上了，此时 MA20 线虽在向下，但角度平缓，MA5 线可轻松上穿 MA20 线。其后双线向上，上涨很快，到后期大幅波动，难以把握。对这种情况的策略，一是逢高出局，落袋为安；二是跌到 MA20 线不能出局，因为 MA20 线在上升，也就是说上升趋势没变；支撑力较强，寻高点再出局；三是按既定模式操作，也就是在卖点 4 处，确定 MA5 线掉头了，抓住贴线卖机会。

月线中这样操作，获利的可行性不言而喻。其中卖点 4 把握困难一点，不过，在波动那一带任何一点卖出，都有利可图，只是利润多与少而已。其他 3 个买卖点判断抉择都很简单。

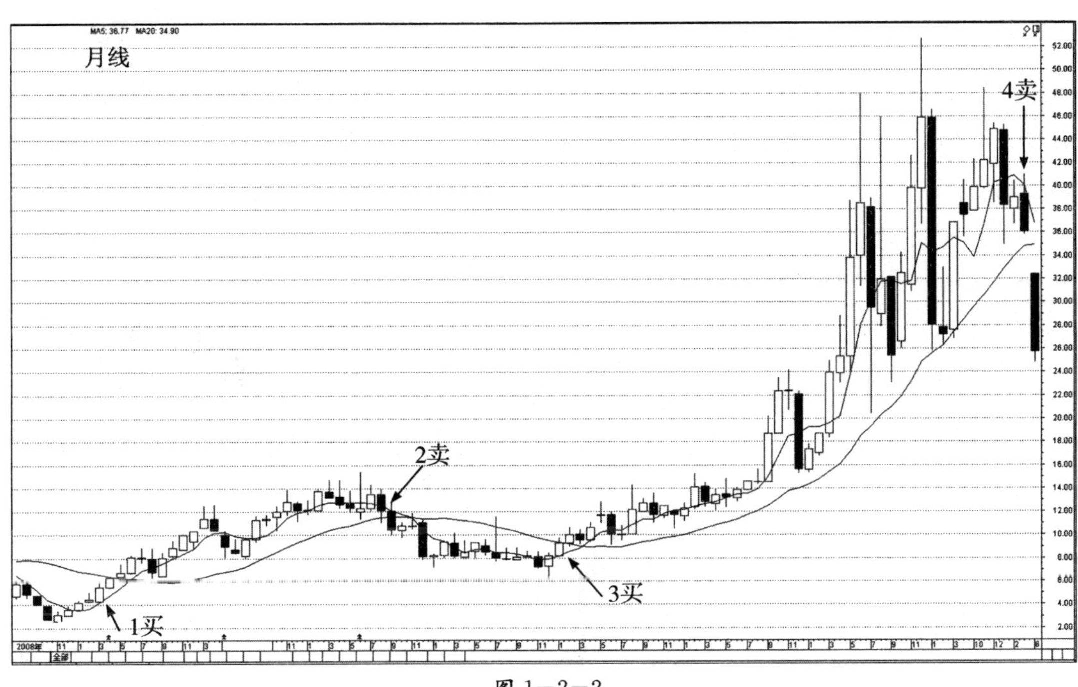

图 1—2—2

图 1—2—3 是一段周线图，图中标示了 6 个交易点，买卖都是紧贴均线。其中卖点 2 和买点 3 似乎是无效操作，这是已经走出来的形态，走势在进行中，根本不知它会这么走，如果抱着侥幸心理，卖点 2 不操作，你无法知道它会跌多深，亏损往往就是这样造成的。

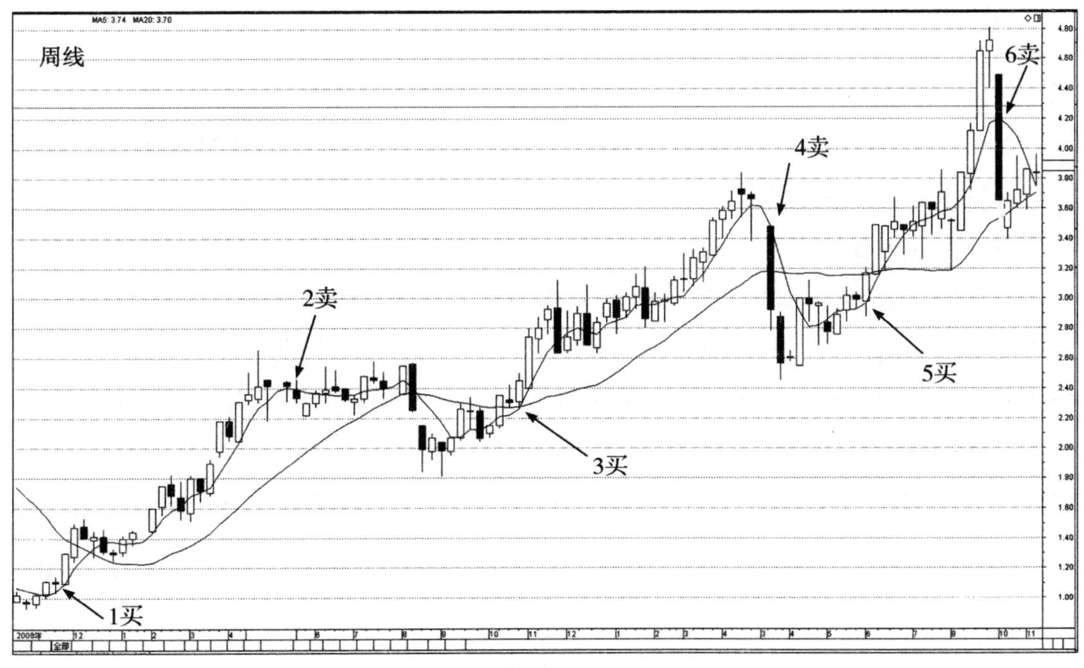

图 1—2—3

图 1—2—4 是一段日线图，图中有 7 处标示，6 个交易点，箭头 5 没有标买卖，为什么？因为两线绞织，走势跳跃，无法把握。6 个交易点中，卖 2 买 3 似乎是无效操作，因为 MA20 线还在上升，但又必须操作，因为既然是模式交易，就得按原则执行。

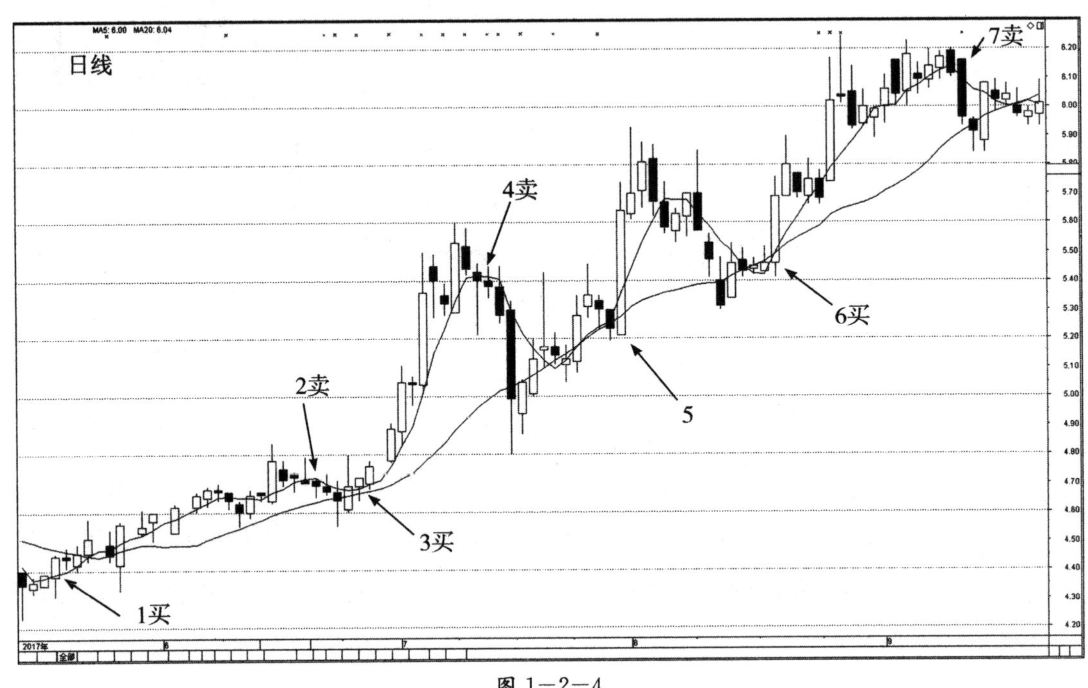

图 1—2—4

1—2—5 是一幅期货日线图，这幅图周期并不长，不到一年时间，图中标示了 9 次交易机会，9 次都是胜算。因为期货与股票不同，只要对趋势判断准确，上涨下跌都可获利，由于期货交易资金有杠比配置，交易金额同比放大 5 到 10 倍，盈利丰厚，相应风险也大大增加。

从不同 K 线级别模拟交易看出，无论买卖，交易的最佳点是：第三根 K 线至关重要。低位向上，一般情况是第一根 K 线站上 MA5 线企稳，第二根使 MA5 线掉头向上，表明有向上欲望，第三根回头在 MA5 线之上就是买点，这时就是进入先机。高位向下同理，第一根 K 线触 MA5 线，表明有向下欲望，第二根在 MA5 线之下，使 MA5 线掉头向下，第三根反弹在 MA5 线一带就是卖点，这时就是出局最好时机。

图 1—2—5

上述几个案例从不同K线级别证明，S模式交易是可行的，胜算很大。更重要的是，不需要进行多么复杂的判断，看一眼形态就能做出交易抉择。但且慢，既然是一种模式，它必然有自身的特定要素。如果真是这么简单，股票市场就是一座金山，任人捡就是了。

图 1—2—6 是一段月线图，按照 MA5 线向上贴线买的原则，图中标示 1 的地方，经过两年下跌，MA20 线已走平，最低点之后一根大阳线，让 MA5 线向上，而且上升角度还较大，更有贴线买机会，应当是理想买点。当你买入后就连涨 3 个月，正在窃喜时，一根大阴线让利润全无，此时 MA5 线还没掉头向下，随后一根大阳线重新向上，紧绷的心松了一口气，谁知它又是一根大阴线，而且 MA5 线弯了头，这时心情沮丧，半年时间无功而返，只好小亏出局。

更为懊恼的是，大阴线之后，连喘息机会也没有，马上又是阳线，甚至出现大阳线，一个月上升近 50%，这时不仅 MA5 线上升角度很陡，MA20 线也随之上升。在标示 2 的地方出现了贴线买的机会，如果买入，又跳进陷阱。

在股市中，相信很多股民都有这种经历。

图 1—2—6

图 1—2—7 是一段周线图，图中箭头处，是下跌两年之后的上升，不仅 5 周线向上，20 周线也向上，这当然是绝佳买点，买进之后就是大涨，好景就那么一刹那。虽然 MA20 线还在上行，股价却徘徊不前，5 周线在 20 周线处掉头向下，此时贴线卖出保住了利润，稍一犹豫就利润泡汤。

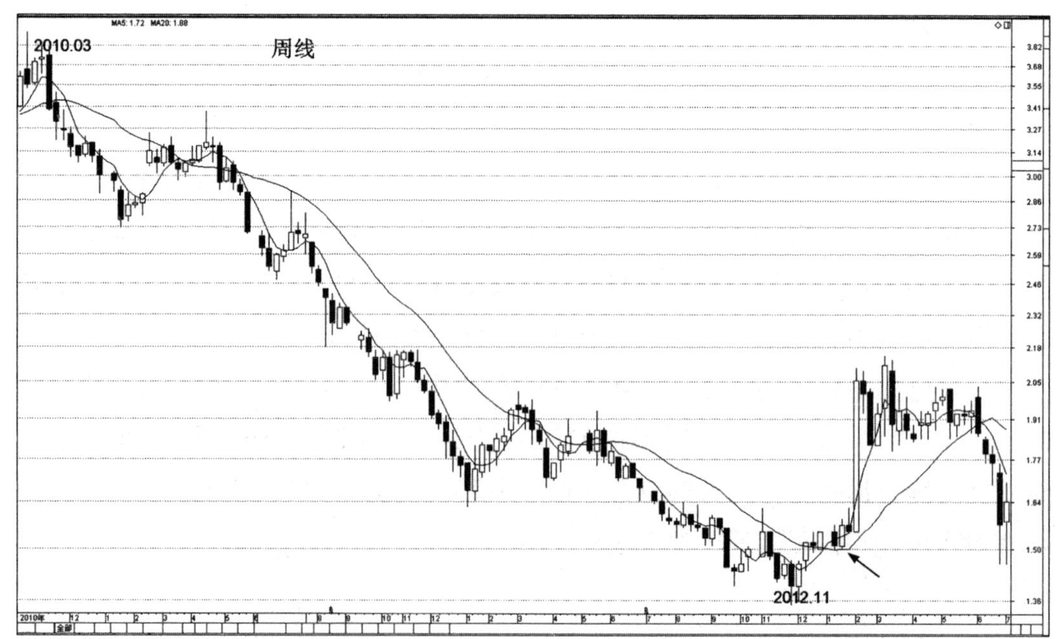

图 1—2—7

图1—2—8是一段日线图，一段大跌下来，在标示1的地方，5日线和20日线都企稳向上。这一段标示了4处箭头，按照均线模式交易原则，这4处都有诱惑力，因为MA20线虽然在波动，但每一次低点都在抬高。从最终结果观察，如果在1和3进入，勉强获小利，2处没机会进入，4处进入无功而返，如果犹豫不卖，就亏大了，图中可见双线向下。上一节讨论市场运动特性时，无论大小K线级别，只要MA5线和MA20线方向相同，涨跌速度都会很快。

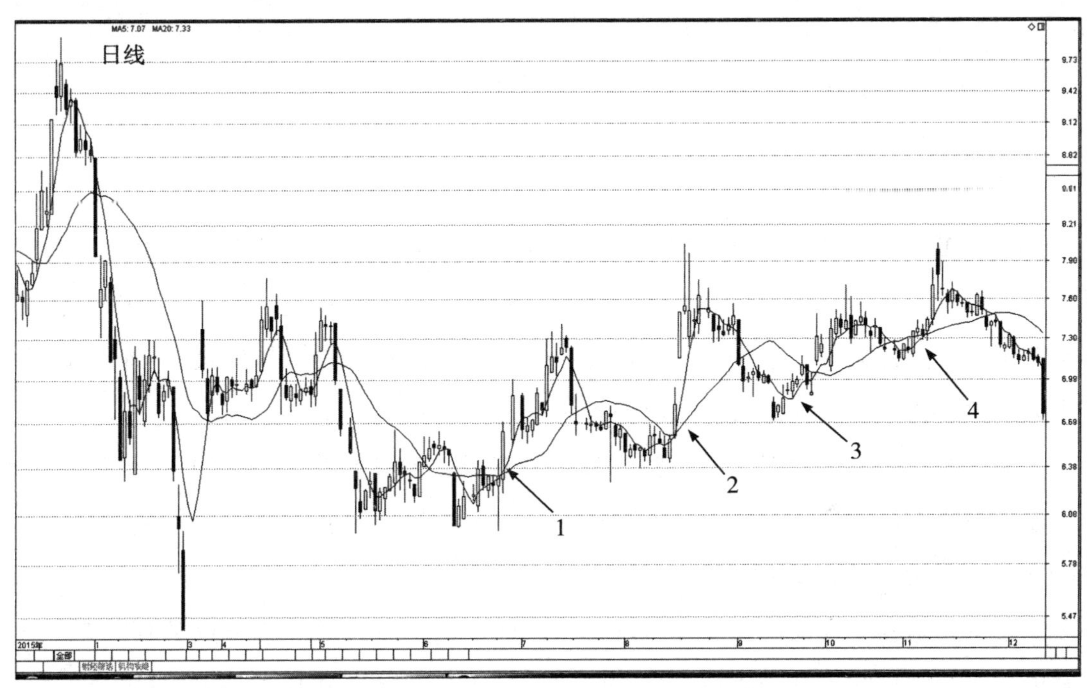

图1—2—8

以上讨论的案例，有成功有失败，既让人高兴又让人困惑，是S模式交易的缺陷还是判断依据缺失？

唯一的判断依据就是均线，但在实际交易中，不会只看均线，还会依据其他指标综合判断。其实市场涨跌的根本原因是资金，也就是资金流入与流出之比。均线表现的是结果，如果能知道资金流入与流出的主要趋势，那么，运用S模式交易就会收到奇妙的效果。

第3节 不同K线级别模式交易比较

股票市场的移动平均线（MA）已经创立近百年。在股市操作软件中，日线或周线一般设为5，10，20，60，120，240，这些数字代表多少日或多少周内价格的平均值。有人针对移动平均线重新设置，也是企图寻找一种交易模式。那样便成为个人经验行为，对他人是否适用就很难说了。

移动平均线的创立很科学，经过近百年检验，确实能有效观察市场运动轨迹，所以用不着重新设置。运用移动平均线只是一个如何把握的问题，如果从中发现运动规律，运用S模式交易就变成一件简单的事情。

观察大盘和个股的运动轨迹，发现在不同案例中S模式，既可行又有困惑。问题的症结在哪里呢？这一节我们从不同K线级别的历史，运用S模式模拟交易，进行统计比较，寻找出S模式交易的可行性。

交易是针对个股，我们选择一只个股走势较为复杂的一段，在相同时间段，按S模式交易原则，分别做月线、周线、日线模拟交易操作的简单比较。

图1—3—1是平安银行（000001）的一段月线图，这段走势从2008年11月到2015年8月约六年时间，这一段是该股上市以来运动最为复杂的一段。按照均线模式交易，六年时间有八次交易机会，其中1和2，7和8这两段买卖，交易机会鲜明，获利丰厚。3和4、5和6这两段买卖，交易机会很难把握，亏盈比较，赚多亏少。

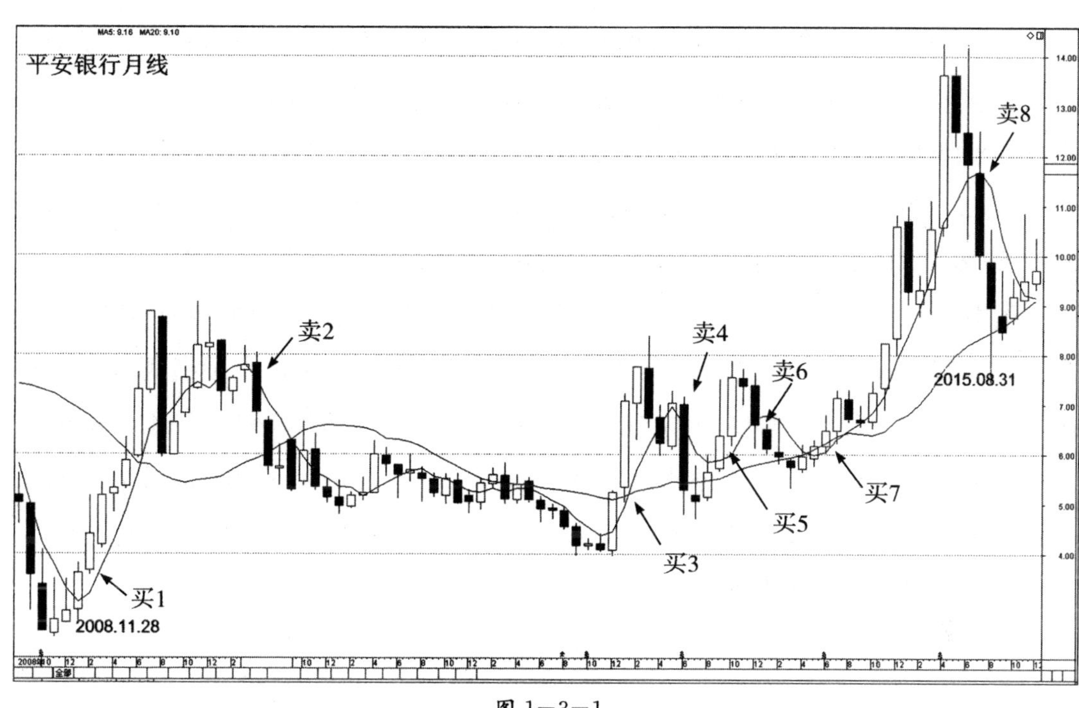

图 1—3—1

图 1—3—2 是平安银行（000001）的周线图，起点时间与月线一样，这幅图相当于月线那段的一半时间，也就是三年时间，有六次交易机会。六次交易机会都比较明确，三段买卖都是盈利。

图 1—3—2

图 1—3—3 是平安银行（000001）与月线时间相同的后半段周线图，这段走势明显复杂多了。三年里交易机会 12 次，比前半段交易机会多了一倍，总体观察盈利比前半段少，而交易难度很大。其中标示 9 为什么要买？因为 MA20 线在上升中，MA5 线跌下来后与 MA20 线黏合重新向上，也有贴线买机会，到标示 10 处，MA5 线离开 MA20 线向下，这时亏了也要出局，这段买卖以失败告终。

图中标示 13 处，此前 MA5 线已向上，但上升角度太小，因此等待 MA5 线上穿 MA20 线进入，安全系数大些。标示 14 处，MA5 线下弯，尽管离 MA20 线很近，但是 MA20 线上升角度小，支撑不会很强，走势不能猜，MA5 线向下贴线卖，循规蹈矩。标示 15 处，价位落点在 MA20 线之上，而且 MA5 线并未向下，尽管买价会比卖价高，这个时候进入也不能犹豫。标示 17 也是这样，买价会比卖价高，既然按模式操作，就得遵循模式规矩。

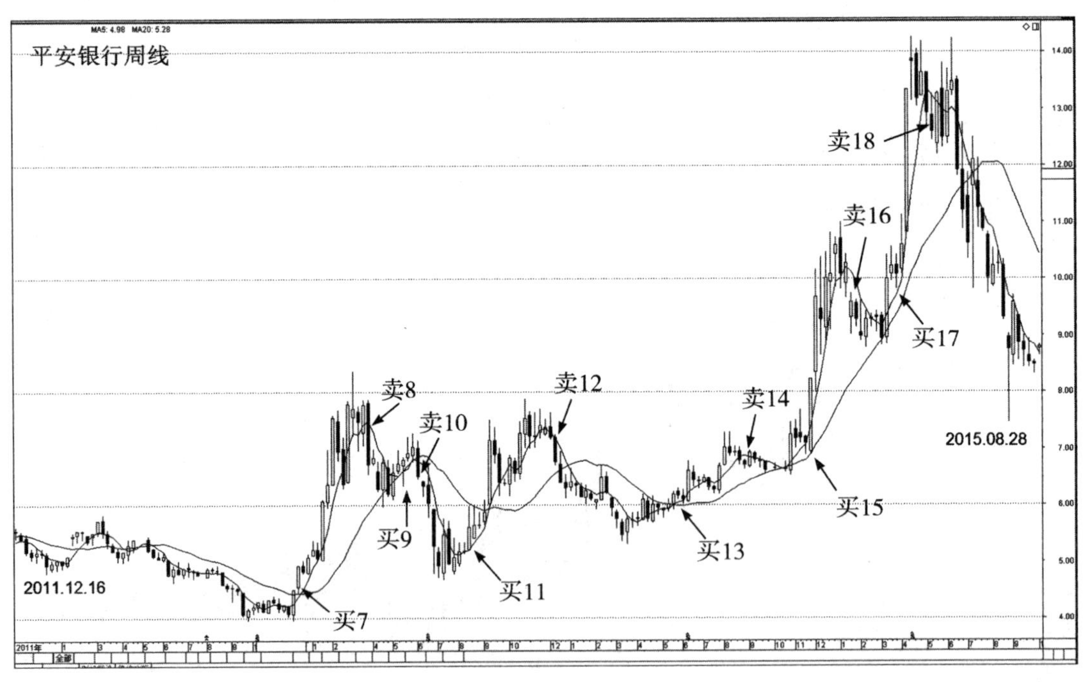

图 1—3—3

周线与月线比较，相同时段交易机会增加 2 倍，总体盈利比月线高，但每一段买卖盈利都比月线低多了。

图1—3—4是平安银行（000001）与月线时间相同的第一段日线图，起始时间是2008年10月29日，经过大约一年半，期间有12次交易机会，显然比周线频繁多了。12次交易机会中只有3和4这段交易失败，小亏告终，这段日线与周线中的1至4是相同时段，总体观察，盈利并不比周线多。

图1—3—4

图1—3—5是平安银行（000001）与月线时间相同的第二段日线图，历时两年，虽然运行时间多了半年，期间也是12次交易机会，因为MA5线和MA20线都波动频繁，趋势方向不明朗，很多时候没有贴线买机会。图中标示15、16、17、18、23、24等几段交易都很艰难，其中23和24这段买卖失败。但这段走势又充分证明模式交易的优越性，只要按照模式交易原则执行，在这种趋势方向不明朗、波动频繁的走势中也能获得小利。

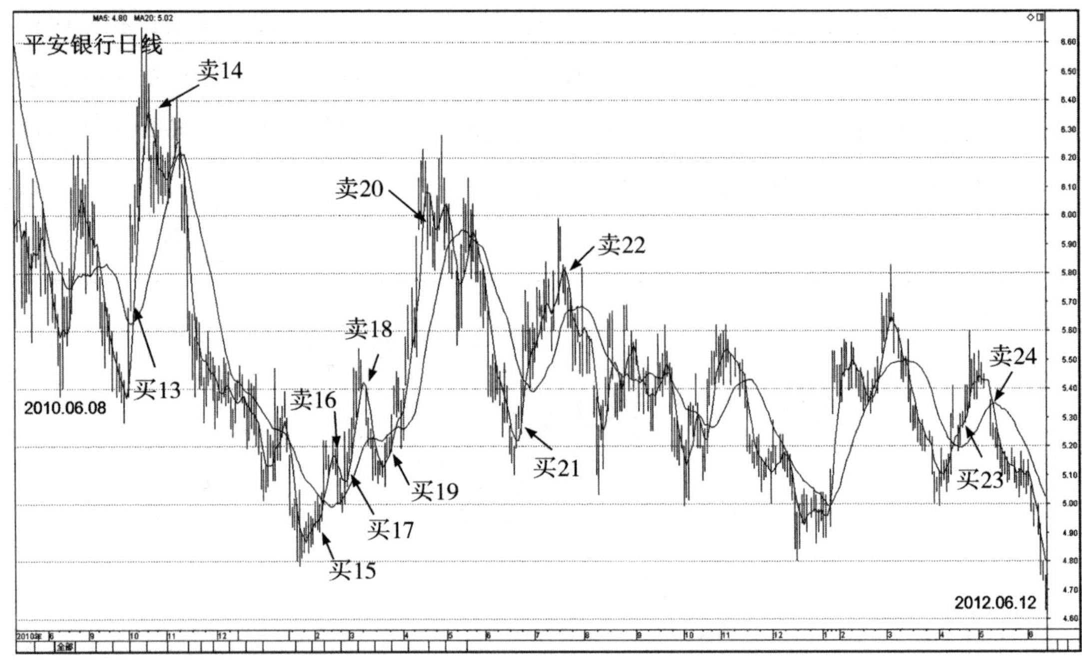

图 1—3—5

图 1—3—6 是平安银行（000001）与月线时间相同的第三段日线图，这幅图的走势接近两年，有 10 次交易机会，这 10 次交易判断就比较容易。从 29 至 34 虽然交易频繁，但每次买卖点都容易把握。

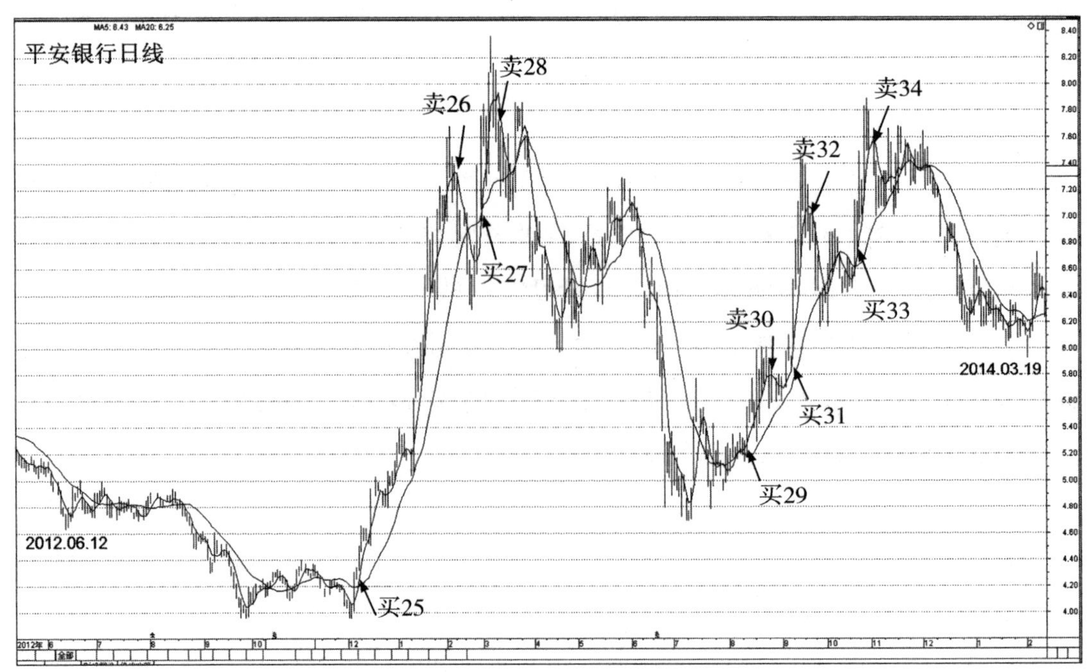

图 1—3—6

图1—3—7是平安银行（000001）与月线时间相同的第四段日线图，这幅图的走势大约经历一年半，期间有16次交易机会，其中43和44这段交易以小亏告终。这段走势与前比较，是时间最短、交易机会最多的一段。这段最大的特点是，虽然波动频繁，但总体趋势向上，因为MA20线在波动中步步抬高，就如阶梯一样。

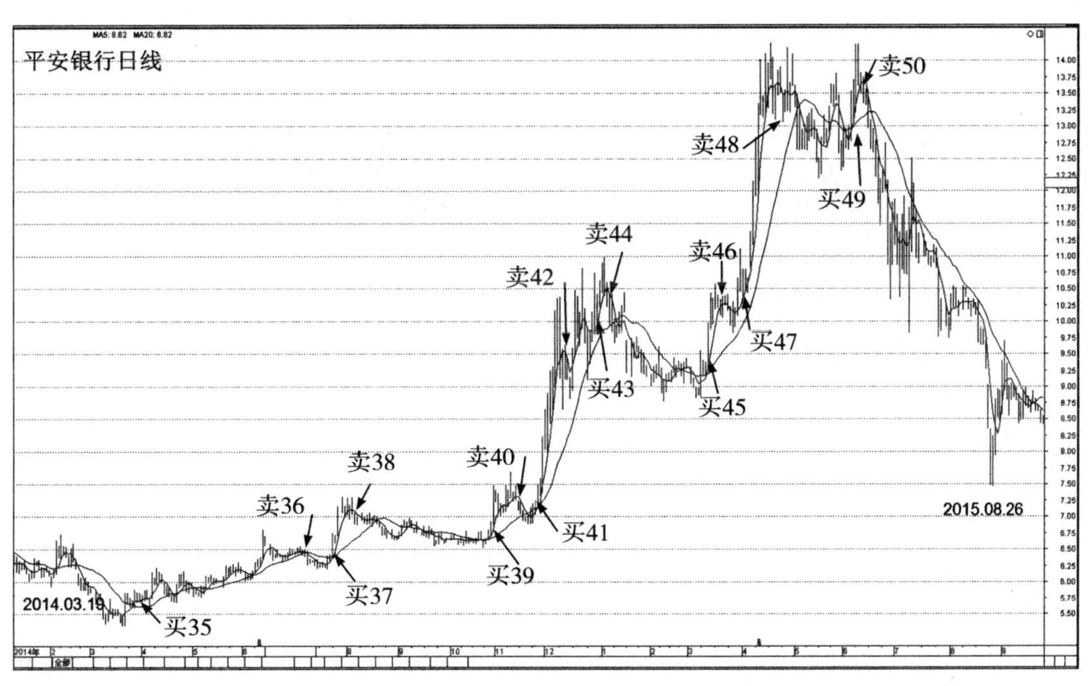

图1—3—7

日线图操作与周线图操作比较，交易机会增加32次，总体观察盈利比周线操作略多，但难度也相应增大。日线图操作与月线图操作比较，交易机会增加42次，总体观察盈利比月线操作大许多，但难度也大许多，劳心费神更多。

图1—3—8是平安银行（000001）上市以来运动较为缓慢的一段，三年时间如果看月线，几乎没有什么波动，看周线波动十分微弱，仅在日线中出现过两次略为大的波动。如果按照S模式操作，唯有日线才具备操作性。日线级别小，波动快，交易机会多，这是优点。缺点是视野小，容易犯错，在图中右边箭头一带，最容易犹豫而放弃参与，那么，一次快速的主升就可能与自已失之交臂，或者最终忍耐不住进场捡一段尾，还有可能大亏。因为未在最佳机会进场，心理上输了，一切都变得被动。

MA5: 1.31 MA20: 1.23
平安银行日线
2005.03.31
2008.08.08

图 1—3—8

MA5: 1.39 MA20: 1.31
平安银行周线
2005.03.31
2008.08.08

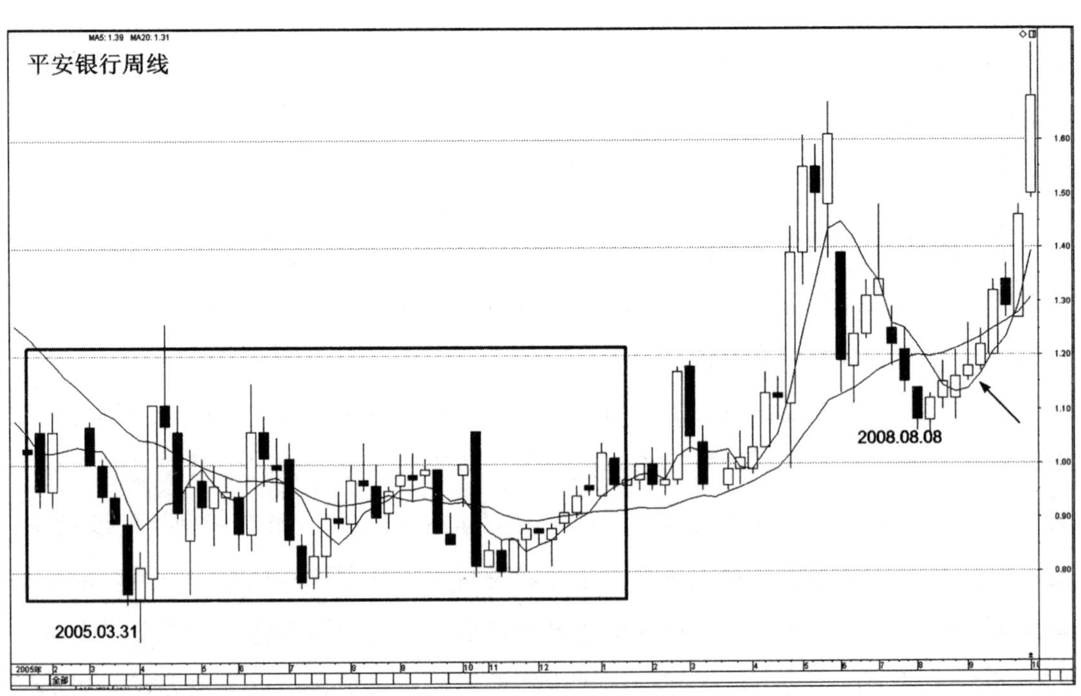

图 1—3—9

图 1—3—9 是平安银行（000001）与图 1—3—8 时段相同的周线走势，仅看方框中这段 K 线走势，显然是波动，没有主升迹象，我们只有耐心等待。如果依据这个周线形态，在日线中做短线，获利就跑，没有踏空风险。方框之后的走势，在周线中就有了操作性，在图右边箭头一带，进场的判断很简单，机会很好，时机也不错，一波主升行情可完全获得。

图 1—3—10 所示乐普医疗（300003）这一段日线，经历一年时间，A 点到 B 点是一段上升，C 点之后是一段上升，在走势进行中，无法知道后市会这么走，它频繁波动，而且琐碎，依据 MA5 线基本无法操作，涨不知涨多高，跌不知跌多深。在这一年里不知所措。

图 1—3—10

图 1—3—11 所示乐普医疗（300003）这段周线图，与上幅图时段相同，依据均线模式交易原则可以获小利。A 点到 B 点走势明确，C 点到 D 点虽然步伐犹豫，但 MA20 线在上升，以趋势为准则仍可获小利，最坏也不致亏损。日线与周线比较，周线就表现出优势。

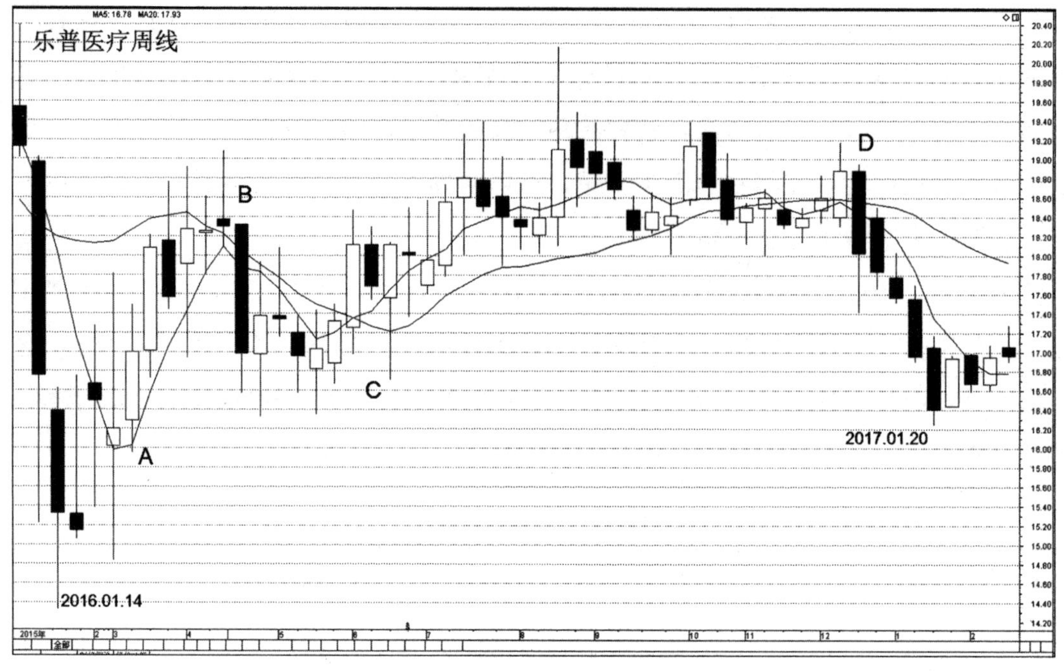

图 1—3—11

图 1—3—12 是伟星股份（002003）一段日线图，像山峦一样连绵起伏，短线似乎可连续获利，其实获利非常困难，反而是亏损可能性很大。因为走势跳跃，买卖点难以把握，趋势模糊不清，这是日线的缺陷。

图 1—3—12

图 1—3—13 是伟星股份（002003）的一段周线图，图中 C 点到 D 点，是图 1—3—12 同一时段的走势，趋势要明确许多。虽然走势跳跃，从 MA5 线和 MA20 线观察，总体是向上态势，如果在 C 点一带买入，不至于像日线那样不知所措，也没有亏损风险。图中有一条斜线，A、C 两处低点相连，成为一条支撑线，其后有两周低点触及这条线而不破，说明支撑有效。这是我在《抄底与逃顶》中介绍的方法之一。

图 1—3—13

前面讨论的是股票市场的案例，期货市场有所不同，一般依据周线交易算是较大级别了。图 1—3—14 是期货市场棉花品种的一段周线，时间跨度两年。图中标示了六次交易机会，其中标示 5 和 6 判断难度大，几乎难以获利。之后 MA20 线平行波动，趋势不明确，依据周线难以操作。

图 1—3—14

图 1—3—15

日线比周线的 K 线数量增加了 5 倍，为了观察更清楚，郑棉指数的日线图省略了周线那幅图上升部分，图 1—3—15 日线图截图是从周线图最高点之后开始的第一段。图中标示 1 的地方 MA20 线在上升，MA5 线在下降，方向不明，波动快速，交易点很难把握，无法操作。标示 2 的地方 MA20 线和 MA5 线都在下降，做空很明确。标示 2 之后到标示 12 这 10 个交易点都能把握，也能获利。

图 1—3—16 所示郑棉指数这幅日线图，是周线图最高点之后开始的第二段。图中标示了 12 个交易点，标示 2 和 3 一带最难判断，也最容易亏损，标示 11 的地方可以扛一扛，因为波动太快把握不住，MA20 线在上升，有支撑。

从郑棉指数这个案例看出，在周线图中，最高点之后，20 周线不再向上，而是平行波动，操作难以把握。在日线中依据 MA5 线却又可以操作，而且交易频繁，但仍能获利。

图 1—3—16

从模拟交易比较中发现，期货市场由于做多做空均可获利和交易金额放大的特点，在日线中操作也是可行的，只是不如周线稳定可靠。股票市场月线级别略大，仅仅只获得了走势中间段利润，日线级别略小，操作太过频繁，煞费苦心。最为适宜的是周线级别，剔除了频繁波动的烦恼，既不会误入陷阱，也没有踏空之虞，更不会放过主升浪。

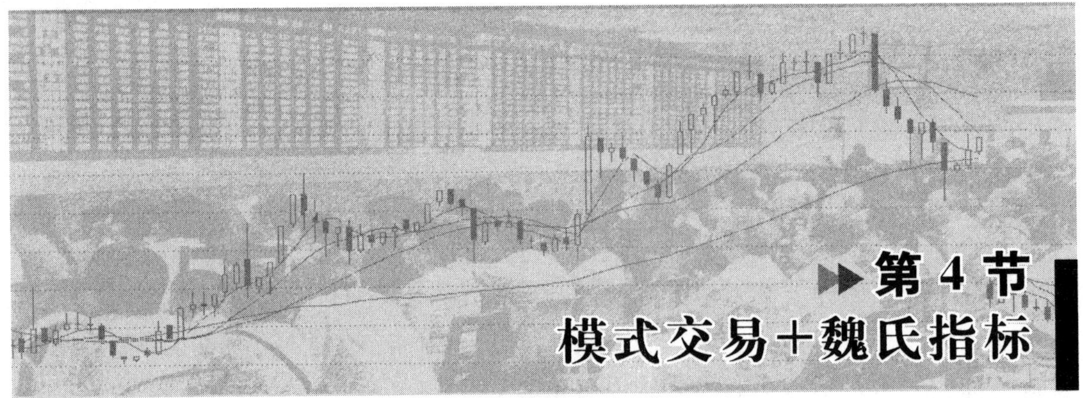

第4节 模式交易+魏氏指标

从市场的波动规律中，提炼设计出S模式交易，在第2节“S模式交易”中，以不同K线级别和不同案例模拟交易，有成功有失败。为了进一步寻找出这个模式操作的可行性，在第3节“不同K线级别模式交易比较”中，我们选择一只个股走势最为复杂的一段，按相同时间段，以不同K线级别，遵循S模式交易原则再做详细比较，发现不同K线级别操作的难易和优劣，确认周K线级别按照S模式操作，不仅轻松易行，而且成功率高，更重要的是，不会放过牛股，不会误入歧途。

前面讨论的S模式交易，仅仅依靠均线形态做出判断，应该说效果已足够满意。但还仅仅是概念模拟，实际交易中还有诸多疑难不易抉择，如何解决？根据均线形态，结合魏氏指标观察，问题就迎刃而解。

我们说市场涨跌的最终原因是资金在推动，筹码持有者的卖出欲望与资金持有者的买入欲望相博弈，最终反映出资金流向。因此，市场投机者特别重视成交量。其实成交量也有模糊性，比如一根量柱中包含了交易双方的行为，要分辨出资金流出多还是流入多其实很难，多是观察量柱的阴阳。我在网络上看到很多市场专业研究者用各种方法，包括统计学方法，企图破解资金流出与流入之比，最终没看到结果。

我在市场研究中，运用数学模型，对大盘和大盘股、中盘股、小盘股的月、周、日线进行若干种方案计算，发现价格与流通股本、成交量、成交额三者之间存在浮力关系，欣喜地发现规律性的资金流方向。这对判断市场未来发展极为重要。

看似复杂的股市，其实就是筹码和资金的关系，市场内资金量不变，市场就没有涨跌。只有当市场的资金量流出与流入发生变化时，市场才会发生涨跌的变化，也就是股票的价位才会发生变化。这种现象与浮力原理何其相似。

为了便捷地引入操盘软件，借助 MACD 指标框架，综合计算值，运用斐波纳奇数列原理，对参数进行革命性的修改，使 MACD 图形发生根本性变化，对市场未来的发展具有鲜明的预示性。

你会发现，修改之后的 MACD 指标，指标柱和指标线的位置全变了，形态变得更加清晰明了，也许连 MACD 指标设计初创者也没想到。为了便于区别，我把修改后的 MACD 指标命名为魏氏指标。我针对这个指标，专门写了一本书，《一招制胜》（清华大学出版社 2015 年版），详细阐述了这个指标的表现形态和用法，很多读者反映，运用效果特好。

修改参数很简单，把 MACD 指标的第一个参数 12 改成 34；第二个参数 26 改成 200（注意：这个参数计算结果最理想是 233，有的软件最大只能改成 100，这样也足够目测观察）；第三个参数是 9，改成 13。

宇宙万物都有时空关系，股市运动也不例外。魏氏指标针对的是资金流入与流出之比，也就是观察一个相对时间段资金流的趋势方向。

魏氏指标的显著特点是，在一个下降趋势末端，多数情况会出现价与柱、线底背离，背离之后具有向上的必然性。反之，在一个上升趋势末端，多数情况也会出现价与柱、线顶背离，背离之后具有向下的必然性。

我在《一招制胜》中说，魏氏指标的指标线代表资金流方向，指标线几乎与 MA5 线和 MA20 线同步。指标柱代表浮力与压力，也就是股票持有者的卖出欲望与资金持有者的买入欲望。它又比指标线先一步反映出买卖双方对比的力量。因此，魏氏指标具有预示市场未来方向的功能。均线与魏氏指标结合观察，更能准确判断与把握，同样适用于不同 K 线级别。

MA 也属于市场指标之一，为了叙述方便，叙述中，我把 MA 简称为均线，魏氏指标简称为指标。

我们阐述 S 模式操作时，做了一个模式定义，以 MA20 线为趋势方向，以 MA5 线为交易依据，MA5 线向上贴线买，MA5 线向下贴线卖，最终以趋势为准则。

我们前面讨论的案例只有均线观察依据，在实际操作中，都不会只依据均线判断，这一节案例增加了魏氏指标。为什么不增加最重要的 VOL 成交量指标呢？因为魏氏指标包含了成交量因素，而且过滤了买卖双方的重复量，剩下的是多空资金对比结果。

为了讨论的案例具有广泛性，我们选择中国股市具有代表性的四大板块相同时间段的一段走势，而且是最复杂的一段，并在四大板块中任选两只股票，也是与板块相同时间段的一段走势，更深入地论证S模式交易的可行性。

图1—4—1是上证指数2009年7月31日这周至2013年6月28日这周的走势周线图，运行时间约四年。这是主要趋势向下的一段，走势不温不火，时不时反弹一点，人们会以为上升开始，结果误入歧途，相信很多投机者这一段亏损惨重。

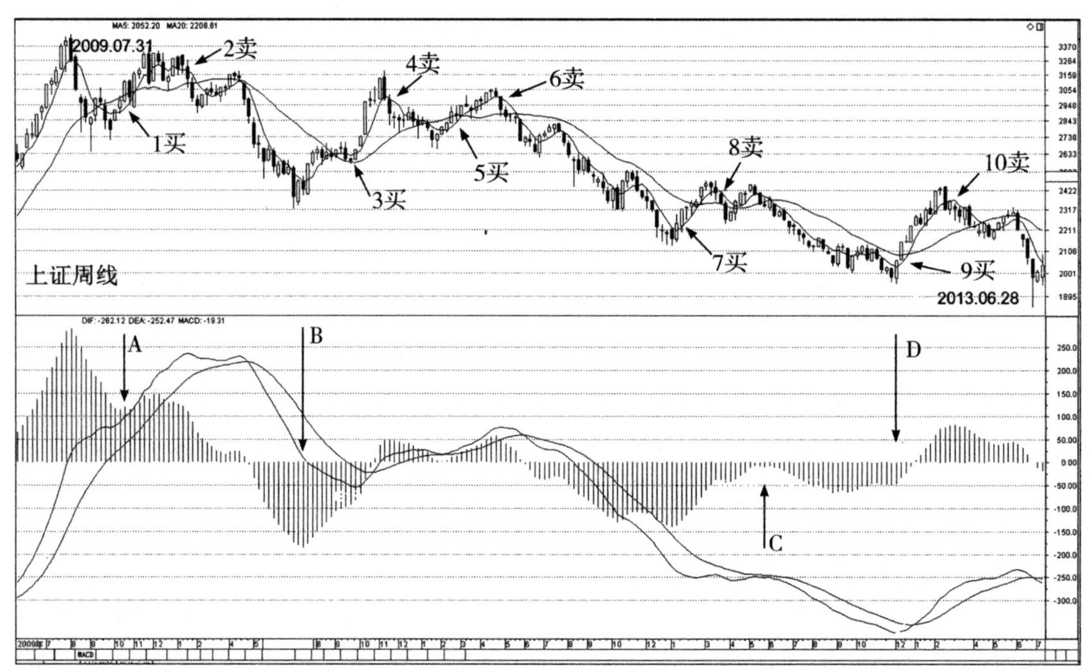

图1—4—1

上证指数2009年7月31日这周高点之后急速下跌，图中标示1买处，与之对应的指标柱回头向上了，指标柱群出现这种形态，价格必会反弹向上，有时甚至会创新高。

箭头B处这个指标柱群酷似三角形，这实际是个尖底，或称“V”形底，如果熟悉魏氏指标用法，标示3买之前就可进入。

标示5买处与之对应的指标柱群又出现柱下降后不下穿0轴重新向上，凡是这种形态都会有反弹。如果熟悉这个指标柱形态规律，在标示5买之前进入，这段就不会是平局。

按照均线交易模式，图中标示了十次买卖点，五段交易成功四段，其中5和6这一段按交易原则执行，不会造成损失，如果结合指标柱判断，也会有小利可图。也就是说，在一个主要下降趋势中，坚持均线交易原则也能从中获利。

图1—4—2是中国石化（600028）一段与上证趋势相同的走势，主要下降，走势有别，上证模拟十次交易机会，中国石化只有八次，而且每一段操作都只有微利。箭头A处指标柱群形态与上证相似。3买处与之对应的指标柱群B价柱背离了，但指标柱未能成功上穿0轴翻红，所以微弱反弹后重新下跌，3和4这段交易无利可图。

箭头C处指标柱群已比之前抬高很多，价又比前低，价与柱群背离，本应有可观的升幅，可是5和6这段虽然指标柱上穿0轴翻红，但是上穿0轴的第二根指标柱对应的价位就成高点，此后柱升价不升，说明压力仍很大。这一段也足以说明依据均线的正确性。

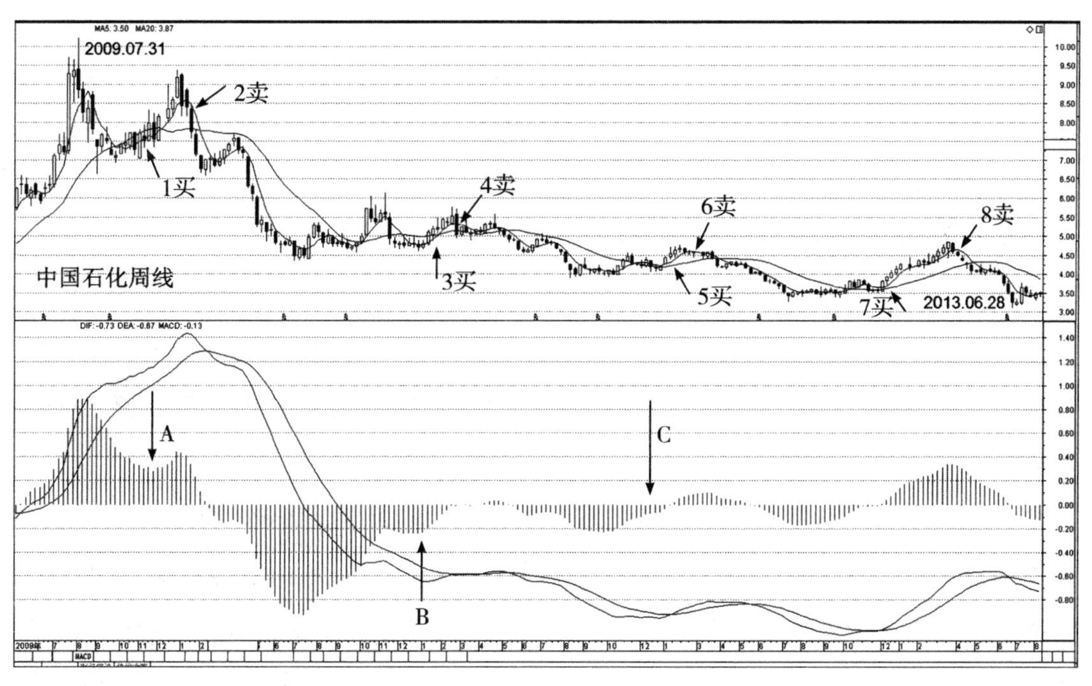

图1—4—2

图1—4—3所示北方稀土（600111）走势显示出不同之处，所取时段与上证一样，走势却不一样。整个大市场是主要下降趋势，北方稀土却是主要上升趋势。有趣的是它也不是一味上升，仍然有八次交易机会，其中六次交易，三段获利丰厚。

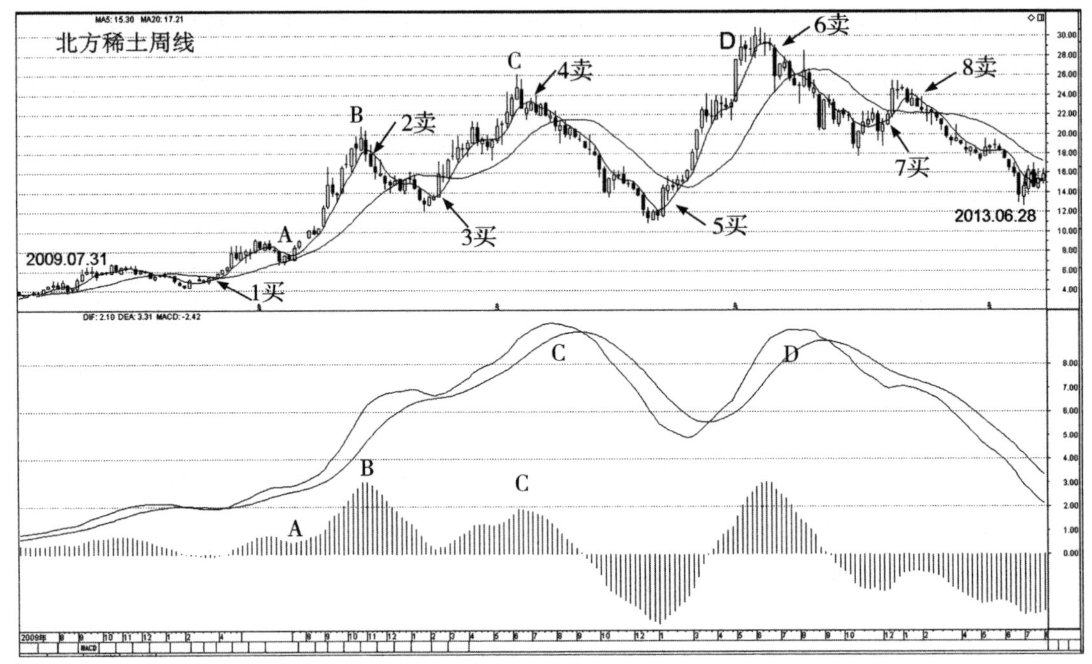

图 1—4—3

图中均线 A 处没有标示买卖，原因是不仅下方有 MA20 线支撑，更重要的是与之对应的指标柱 A，柱群在 0 轴上只是略微下降，随后继续上升。

上下对应的 B 处其实是尖顶，判断依据后面细说。

均线 C 与之对应柱群 C 明显价柱背离。

均线 D 与之对应的指标线 D，与前面指标线 C 比较，价高线低了，价线背离。我在《一招制胜》中说，价柱背离与价线背离比，价线背离力度更大。因此，均线 D 之后，北方稀土走出一段较深跌幅，而大多数股票此时间之后只是微跌便企稳了。

这只股票与大盘相同时段不同走势，给市场投机者一个启示，即不能用大盘衡量看所有个股。有少数个股运行的波浪不同，大盘跌它也跌，但跌幅浅；大盘涨它也涨，但涨得更快。反之，有少数个股大盘跌它也跌，但跌幅深；大盘涨它也涨，但涨得少。2015 年一波上升行情，大多数股票涨两倍以上，北方稀土只涨了一倍。很多市场投机者不能甄别手中个股，吃这种亏的人不少。

图 1—4—4 是深证成指与上证同一时段的走势图，走势同而有异，高点都在 2009 年 7 月 31 日这周，其后箭头 A 指标柱群形态与上证相似，但深证成指反弹点位比前还略高，成双顶。有趣的是，上证跌至 2013 年 6 月 28 日这周点位最低，收

盘价也是最低，深证成指2013年6月28日这周点位也低，但收盘价不是最低，38周之后，大盘点位比前还略低，收盘价却低多了。这是时空的对称性，这是个复杂的话题，以后专题讨论。

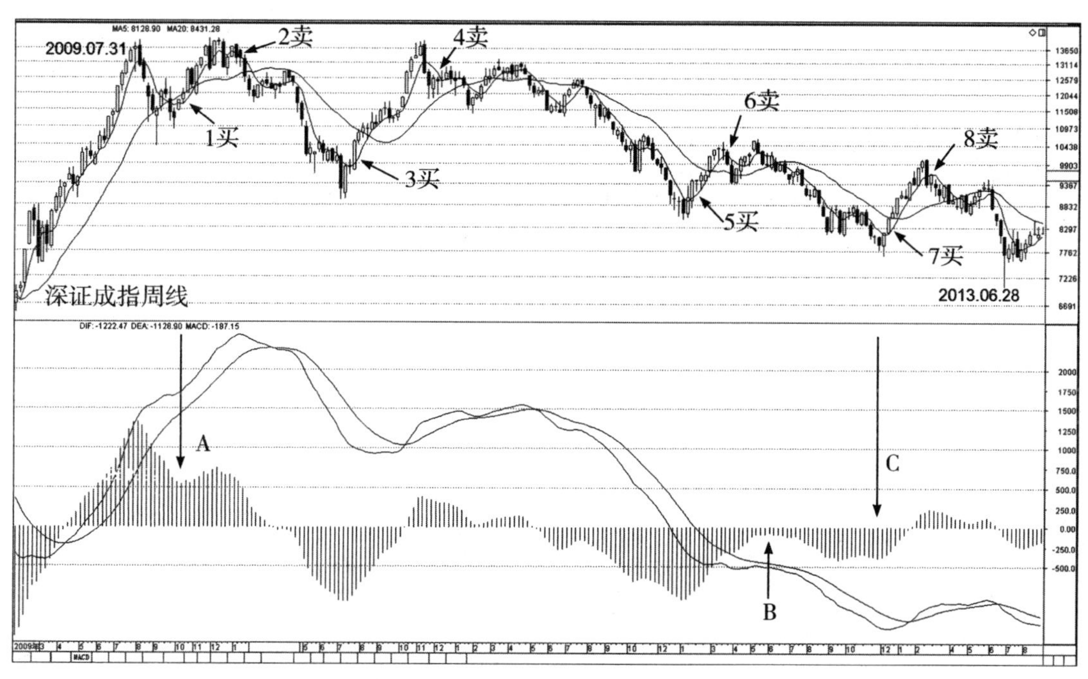

图1—4—4

深证成指在同一时段与上证比，少了两次交易机会，但是每一次操作判断难度小，获利更丰厚。

有两处指标柱形态值得注意，箭头B处，指标柱没能上穿0轴重新向下，其后价创新低。凡是指标柱收敛向上不能穿越0轴，重新向下时，多数时候价会比前低，这是普遍规律。箭头C处，指标柱群比前一柱群高，价又比前低，价柱背离，走势会反向。

图1—4—5是长安汽车（000625）与深证成指同一时段的走势图，走势却又有些差异。2009年7月31日这周，是整个市场反弹的顶部，其后纷纷下跌。长安汽车小跌之后又重新向上，图中1买处与之对应的指标柱群形态也不一样，如果只看大盘脸色，长安汽车1和2这段利润你就会丧失。

这只股票相同时段只有六次交易机会，每一次操作判断都比较简单，获利也丰厚。图中标示A这段走势，步伐看似迟缓，不断沿MA20线轻微波动，仅仅依据均线抉择就不自信，因为这个时段大盘正在下跌。为什么没标示买卖呢？与之对应的指标柱群 A 一带，柱群形态平稳，尤其指标线双线向上明显，这是重要的判断依据。指标线是代表资金流向，资金流入市场，上涨就是必然。

图 1—4—5

前面讨论到北方稀土与上证相同时段的不同趋势，这只股票的走势与深证成指走势也不同。尤其末尾段，大盘在跌它在涨，这也是因为波浪位置不同。还有一个启示是，相同时段交易机会多与少，与获利的多与少成反比。交易机会少说明趋势明朗。

图 1—4—6 是世纪星源（000005）与深市相同时段的走势图，它的趋势虽然与深证成指相同，但走势有差异。这段顶部与前一案例长安汽车相同，其后走势就不同了。

图中均线标示 A 处，虽然 MA20 线还在升，反弹也强劲，但没有贴线买点，况且，与之对应的 A 指标柱群形态也昭示只是反弹。在股市操作中，没有明确可信的买点宁愿放弃操作。要做到这点很难，很多亏损都是因为不懂放弃而造成的。

图中标示 B、C、D 三处，指标柱不能上穿 0 轴，重新向下后价创新低。在标示 E 一带，MA5 线和 MA20 线几乎是平行运动，与之对应的指标线也是平行运动，这种形态下也必须等待。

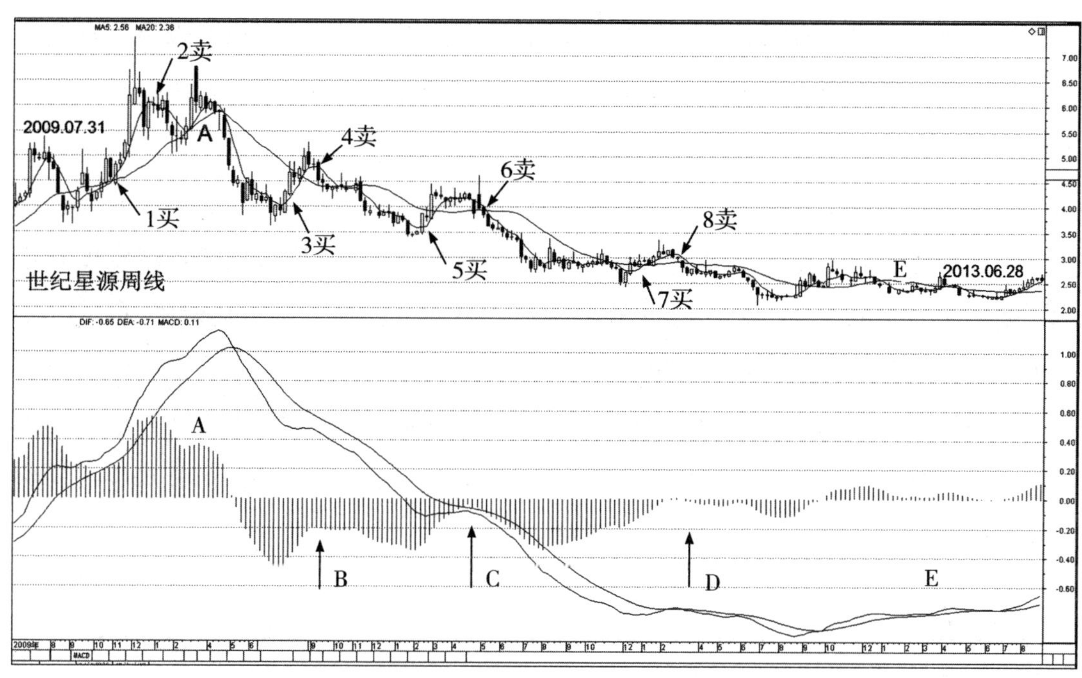

图 1—4—6

图 1—4—7 是中小板指数与大盘同一时段的走势图，中小板与大盘走势差异很大。2009 年 7 月 31 日这周，上证、深证几乎都已到顶，中小板却还正在上升中，虽然受其影响波动，但其后还连上两波，形成底部也比上证提前半年，比深证提前一年多。这就说明了股市运动的复杂性。

图 1—4—7

从走势形态也可看出，中小板上下运行都不拖泥带水，运行速度较快。纵观历史，很少有平行运行的走势。这跟股本小、运动灵活有关，这种走势更易于交易判断。

图 1—4—8 的新和成（002001）就属于中小板，2009 年 7 月 31 日这周它正在上升中，半年之后才做了一个小双顶，其后展开调整，下跌凌厉快速，但幅度并不深。之后又连续上升小三波，到 2011 年 4 月形成顶，然后才随大盘调整到 2013 年 6 月，这个走势与中小板比也不同。

图中标示 A 指标柱群，是一个 0 轴下较深、规模较大的柱群，这种柱群说明筹码持有者出逃多，也就是资金出逃多，短时间不易有较大的上升，尽管图中按均线操作原则标示了买卖，但在实战中宁愿放弃。

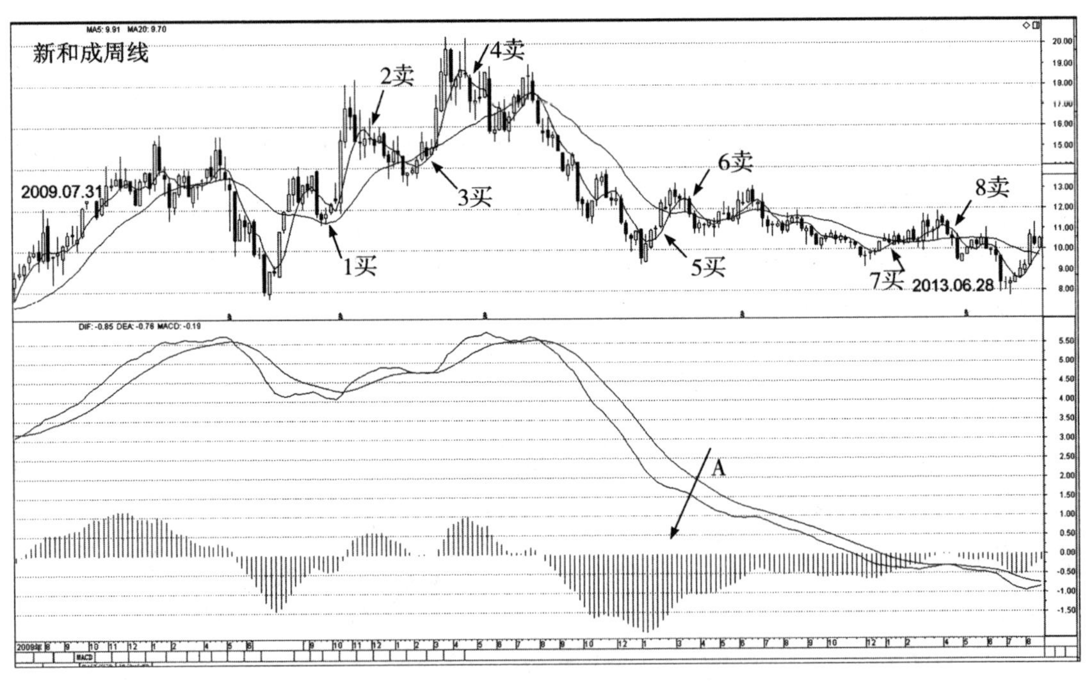

图 1—4—8

图 1—4—9 中，中小板伟星股份（002003）的走势大形态与前一案例新和成相似，高点时间又有区别。2010 年 9 月形成高点后开始调整，下跌很爽快，MA20 线一直向下不犹豫，两年时间没交易机会，尽管中途有 MA5 线向上形态，由于一是没有贴线买机会，二是 MA20 线向下趋势明确，三是图中箭头 A 处，指标柱群在 0

轴下太深，规模太大，这几种因素都明确告知上升无望。直到2012年12月才出现可交易形态。

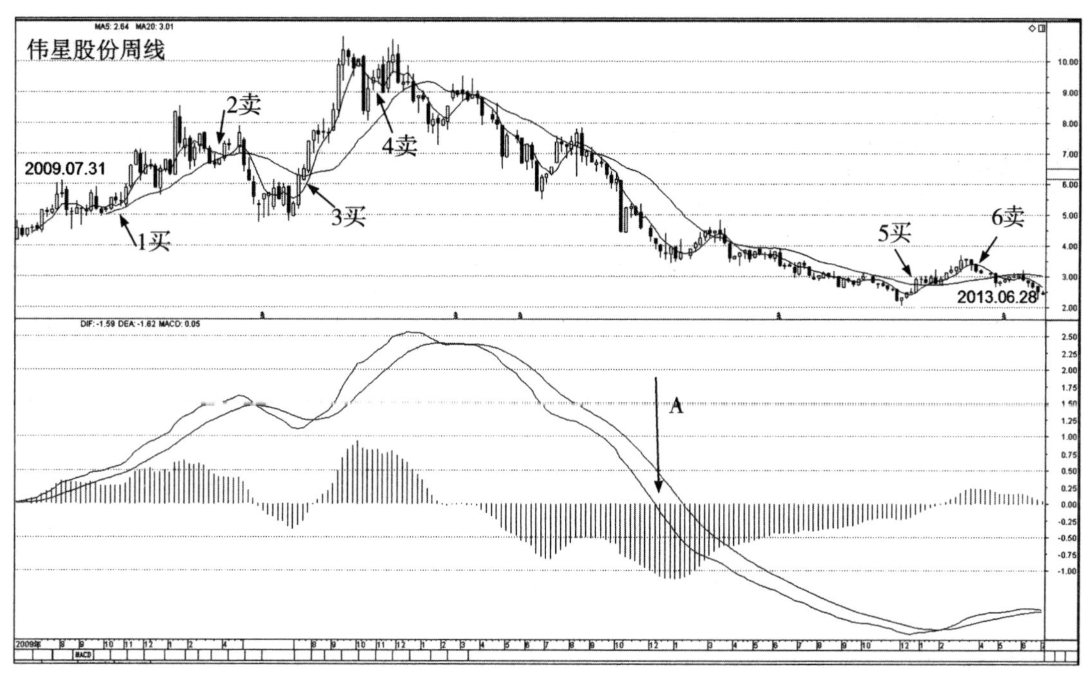

图1—4—9

这只股票的下跌形态很有意味，前半段是明确小五浪，按照波浪理论理解，下跌五浪之后必然上升，它确实也升了一点，然后又跌，为什么呢？在波浪理论中，调整分为ABC三段，A段与C段形态既变化又对称，这只股票下跌前半段小五浪，后半段直线，也构成既变化又对称形态。波浪理论很难掌握。均线模式就没有这些烦恼，简单。

图1—4—10是创业板的一段走势，时间段与前面案例不一致，但时间周期差不多，也是大约四年。有趣的是，时间段不一样，时间周期一样，四年时间也有八次交易机会。其中5和6这段操作获利丰厚，这段上升途中有一根K线瞬时大跌至MA20线，而这一周又正好是2013年6月28日这周，上证、深证、中小板都是这周大跌。这一现象说明，有些因素可以对整体产生影响。对于正在上升的创业板、中小板的影响是暂时的。

图中标示 8 卖处，与之对应的指标柱背离了，均线和指标都预示下跌，这种时候不可犹豫不出货。

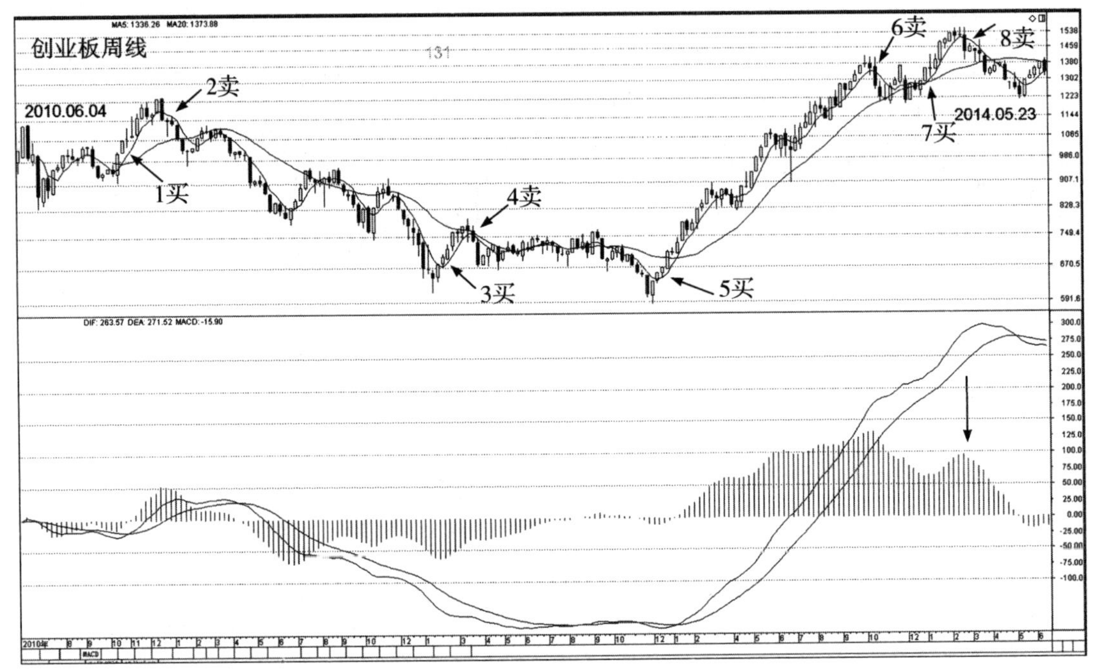

图 1—4—10

图 1—4—11 是特锐德（300001）的一段走势，该股属创业板，截图时段与创业板一致，交易机会只有四次，比创业板指数走势显示的交易机会少一半。这只股票有个特点，上涨下跌趋势很明确，走势波动又很频繁。下跌波动多次，没有一次交易机会，在 A 处，指标柱群从较深处向上收敛，也没有形成交易机会，临近 0 轴时没有突破，重新向下，价格跌得更低。最典型是 3 和 4 这段上涨，走势不断波动，按照 MA5 线向下贴线卖的原则，这段应有 8 次交易，为什么没有标示买卖呢？交易原则中最终以趋势为准则，尽管 MA5 线波动，但 MA20 线向上明确。更为重要的是，指标线双线稳定向上，柱群也是一波比一波高，说明趋势向上。图中均线标示 B 点价最高，与之对应的指标柱 B 点并不是最高，背离了，此时就应出局。标示 4 卖点是依据 MA5 线第一次下穿 MA20 线了。

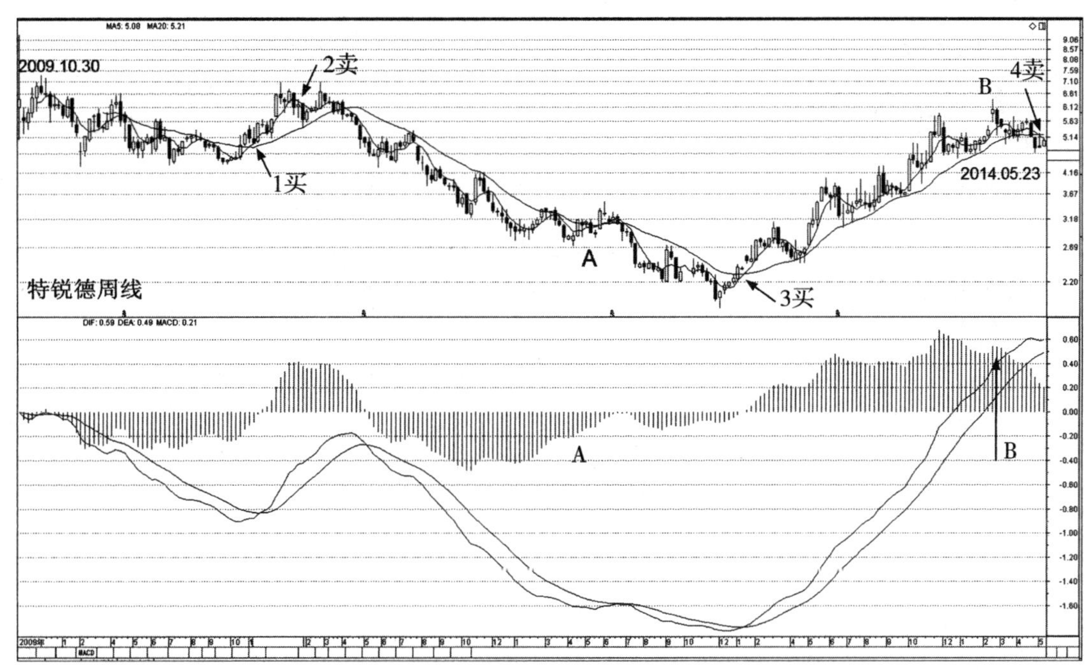

图 1—4—11

这个案例有一个重要启示，即这种频繁波动，在日线中操作很难，翻看这段日线图你会发现，MA5 线不断波动，很多时候掉头向下还很陡峭，多次下穿 MA20 线，诱导人以为趋势向下了。我在前几本书中的案例曾讨论到 15 分钟级别，我仍主张股市投机最稳妥的是交易周线级别。

我再重复一下观点，人有人性，股有股性。这也是我在前几本书中讨论过的话题。股价是人在操作，个股走势主要是主力在操控，体现了主力性格。图 1—4—11 的这段走势，明显是一波上升趋势，主力却不断打压，不断制造恐慌气氛，使看不清趋势者出局。这只股票在后来运行中，于 2015 年 2 月出现连续 12 个涨停板。这个暴发在日线中是抓不住的，可是在周线中按照交易原则就轻而易举。

从这只股票的走势可以悟出主力意图，得出一个经验：在明显的上升趋势中打压，透露出主力赶跑散户，为后来的拉升创造条件的企图。

神州泰岳（300002）也属创业板，图 1—4—12 时段与上例股票相同，却只有十次交易机会。不过，交易机会多并不等于获利多。3 和 4、9 和 10 这两段操作基本无功而返，如果不遵守交易规则还会亏损。7 和 8 这段操作简单流畅，获利丰厚。

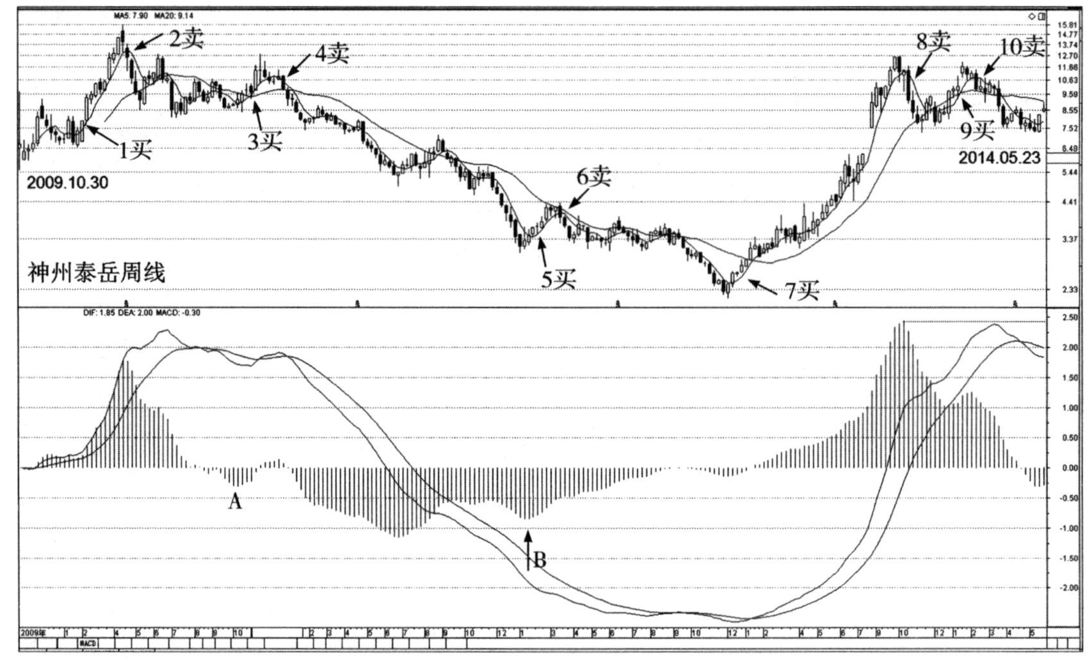

图 1—4—12

同一板块，上市时间相同，趋势方向一样，走势又各不相同。就像我们知道的“龟免赛跑”故事一样，一个是一步一步往前行，一个是走走停停，其实两个终点目标一致。特锐德和神州泰岳的终点都在 2015 年 6 月 12 日。特锐德且不说“走走停停”，中途“休息”就有两次，终点前加速飞奔。神州泰岳中途“休息”只有一次，其余时间都是步伐不停直到终点。

图 1—4—13 是一个期货品种的周线，它跟股票市场的运动特性一样，交易点也一样，只是获利方式不一样。图中标示了 11 个序号，在标示 6 放弃交易，虽然 MA5 线在向上波动，可是 MA20 线平缓，方向不明，而且魏氏指标柱在下降。我前面说过，期货由于资金杠比配置，交易金额放大，亏盈风险同比放大，所以操作尤其要谨慎。

图 1—4—13

注意观察图中魏氏指标，AB 两点价位平行，与之对应的指标柱 B 点比 A 点低，价与柱背离，图中标示 3 空处就要果断决策。图中 D 点价位比 C 点高许多，与之对应的指标柱 D 点比 C 点低许多，而且是相邻柱群比较，价与柱群背离，必然调整，而且时间较长，幅度较深。所以 S 模式加上魏氏指标辅助判断，会大大提高胜算。

在前面所有的模拟交易中，充分证明交易的最佳点是 MA5 线变换方向最初那几根 K 线。一般情况是低位时，第一根 K 线企稳，第二根 K 线站上 MA5 线，并使 MA5 线向上，第三根 K 线回头靠近 MA5 线就是买点。这时抢占了先机，即使是小反弹，它也才刚刚开始。高位时，第一根 K 线下调抵 MA5 线就得高度重视，往往在顶部时，单根 K 线升幅都较大，一根阴线就能把前一根升幅较大的阳线吞噬，表明下跌意愿强烈，第二根 K 线在 MA5 线之下，会使 MA5 线掉头向下，第三根 K 线反弹靠近 MA5 线就是卖点，因为这时调整才刚刚开始，所以是最佳交易点。

前面我们讨论了大盘和个股在周线级别中，按照均线交易原则，结合魏氏指标综合判断交易点，几乎全胜。尽管是模拟，也足以证明按照 S 模式交易原则操作的可行性。模拟这一时段，是中国股市历史主要趋势向下的一段，当然是最难操作的一段。为什么最难操作?过后看来，不操作不就行了吗?我相信任何人都不会这么回答。因为并不知道它何时上涨，不想踏空，因此导致投机者不断操作。如果回溯到历史当初，按照均线交易原则实战操作，把成功率降到一半，从模拟中看出，失败亏损小，成功利润大，两相比较，仍然盈利。

周均线中的S模式交易必须克服心理障碍。从上述讨论的案例看出，MA5线向上以后，一般都上涨了百分之二三十，甚至更高，跌怕了，恐高，心理上不愿参与，看它一直上涨，又忍不住买入，买了就跌。另一种是MA5线向下以后，看见的利润少了，少了百分之二三十，甚至更多，心理上不愿卖出，期盼它涨起来再卖，而涨起来的机会越来越渺茫，忍不住卖了，卖了就涨。我相信很多投机者经历过这种煎熬。

所以我要特别强调纪律，一切按模式交易原则执行。

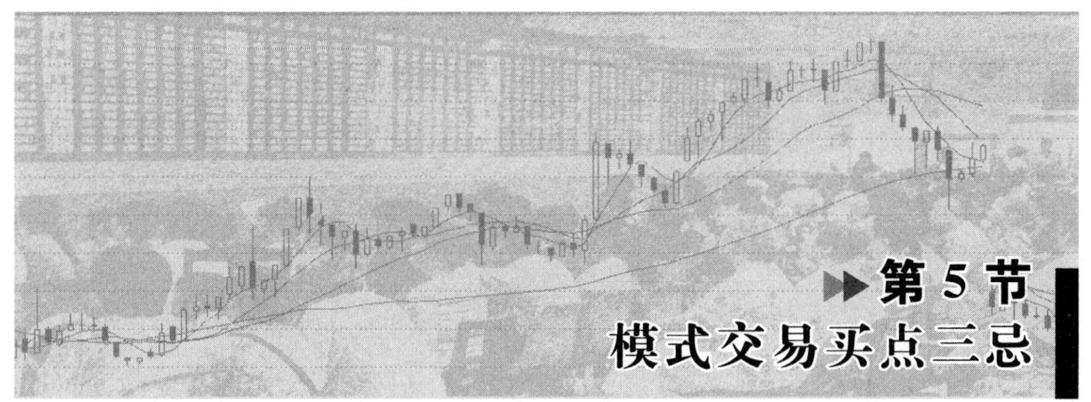

第5节 模式交易买点三忌

忌讳MA5线平缓

S模式本质是均线模式，显然这个均线就十分重要，因为交易抉择的依据就是均线。既然是模式，模式就有一定之规，否则就不成其为模式。我们在S模式交易定义中说，MA5线向上贴线买。向上是个概念，如果要量化，那么MA5线上升角度不得低于15度。实际上我们无法度量，其实是凭目测、经验观察图表。在市场运动中，上升下降的角度都非常重要，涨跌的速度与目标都与角度有关，这在江恩理论中表达最充分。因此，S模式是依据均线操作，均线的角度尤为重要。忌讳MA5线平缓，也就是向上的角度太小，经验目测低于15度，这种形态上下都有可能，可以随时改变方向，不确定性大，风险就大。凡是MA5线向上形态平缓，不可交易，观察等待。

图1—5—1所示，华电国际（600027）这段走势就让人困惑。图中标示1的地方，MA5线向上了，也有贴线买机会，可是角度平缓，如果买进，此后遭遇不断震荡，左右为难，当确认MA5线向下了卖出，无利可图，稍有犹豫还会亏损。一波下跌之后，指标柱群在0轴下深而大，从标示A处看出，反弹时指标柱向上收敛迟疑，指标线两线向下没有减缓迹象，虽有反弹欲望，但上升乏力，MA5线向上平缓，趋势不明朗。

图中标示 2 处，MA5 线向上穿越了 MA20 线，贴线买进机会也不错，可是买进后又跌，这与标示 1 处情况不同了，下边有 MA20 线支撑，虽然 MA20 线平缓不会有多大支撑力，重要的是指标柱群几经犹豫，B 处终于站上了 0 轴，指标线也有向上的迹象了，表明趋势向上已初步确立，危险已经过去。

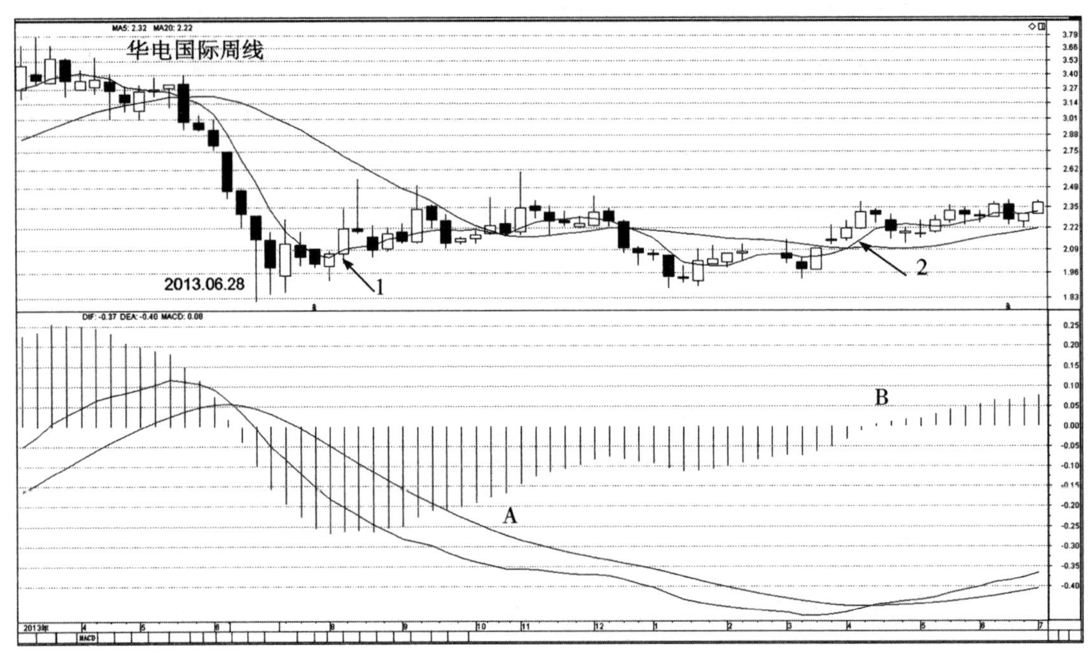

图 1—5—1

图 1—5—2 华邦健康（002004）走势图，图中标示 1 的地方，是刚刚经历一波凌厉下跌之后形成的买点。可是股市投机者一般不敢参与，然而按照均线交易模式，却可以交易，而且正好也有贴线买机会；如果进入，小有利润。这就是均线模式的优势。

在标示 2 的地方，情况正好相反，虽然企稳，但 MA5 线几乎无上升角度，与之对应的 A 一带指标柱群深而大，指标线双线向下开口大，指标柱群在 0 轴下反复纠缠，两条均线极为平缓，最终双双向下。所以说均线平缓不可参与。

图 1—5—3 所示德豪润达（002005）这段走势，均线平缓。标示 1 的地方，MA5 线仅是企稳，几乎没有上升角度，与之对应的 A 一带，指标柱群深而大，形态像是向上收敛，但是均线毫无起色。标示 2 之后，两条均线纠缠在一起，几乎是平行运动，指标柱群在 B 一带抵近 0 轴，始终不突破翻红，这种形态上升无望。

再从策略上说，这个案例 2016 年 2 月的低点之后，价位下降很浅了，也就是说，风险已经过去，可是到截图时的 2018 年初，仍不见上升迹象，调整时间已达 90 多周，虽然没有价位下跌风险，但有时间风险，两年的等待已经过去，后面的等待还是未知数，这就是时间风险。

图 1—5—2

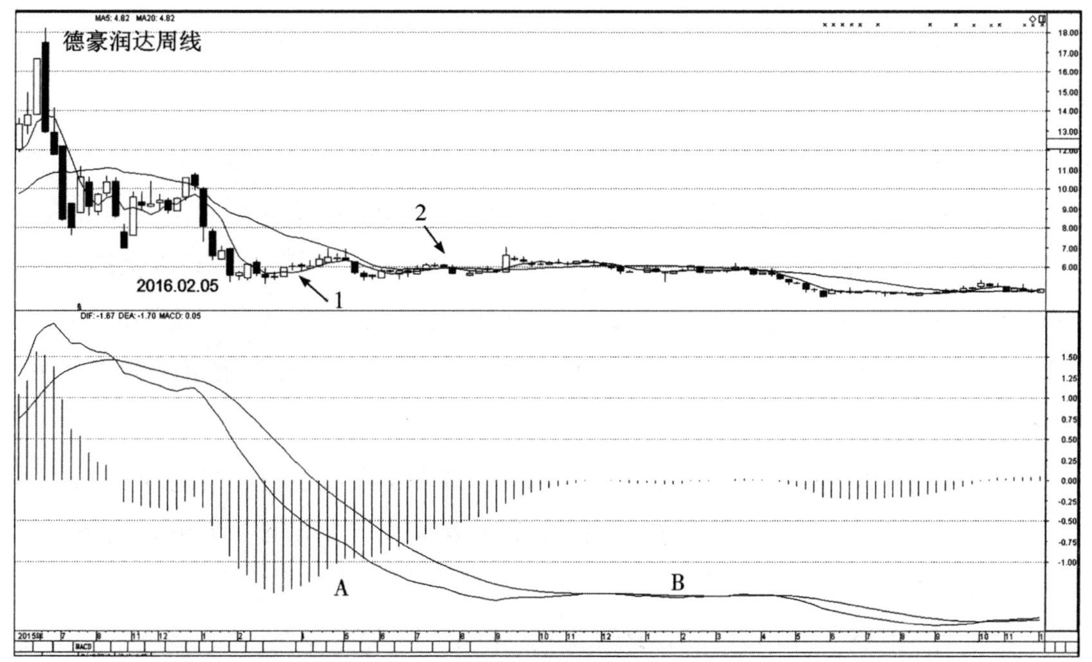

图 1—5—3

图1—5—4所示，莱美药业（300006）2015年6月大跌之后，9月出现一个买点，MA5线上升角度也较好，在标示1处也有贴线买机会，几周之后就强烈震荡，指标柱抵达0轴未能站上翻红，再次向下，于是反弹结束。在标示2之后，两条均线黏合倾斜向下运动，标示A处，指标线与对应的均线形态相似，DIF未能上穿DEA，重新向下，凡是这种形态都不可参与。

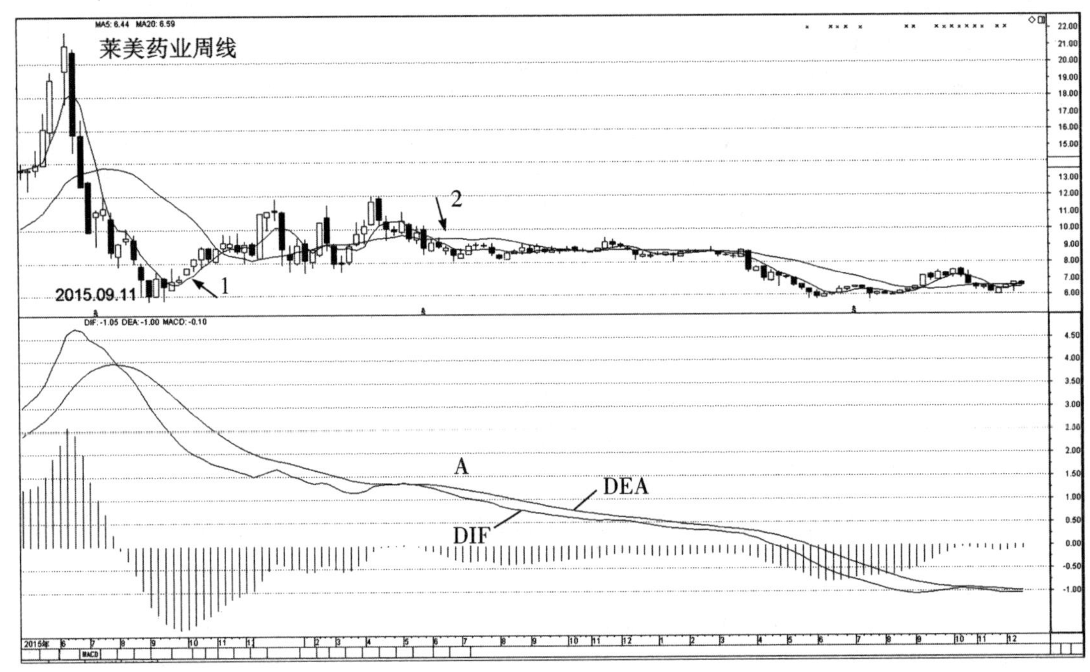

图1—5—4

图1—5—5中歌华有线（600037）这段走势，与前面几个案例差不多，2015年6月之后的大跌，一大批股票都形成了这种走势，歌华有线更典型。图中标示箭头一带的均线，首先表现在MA20线走势平平，MA5线有波动，上下角度都很小，这种走势最容易亏损。为什么呢？看MA5线向上了，投机者怕踏空而跟进，跟进就亏损，反复进出。最典型是它的指标柱，抵近0轴成芝麻点，就是不翻越0轴，目前看见的形态长达一年半。

这种形态出现后要耐心等待，只有当MA5线向上角度较好时才择机进入，因为真正的一波主升，MA20线要跟进向上，而且掉头向上是需要过程的，那种一飞冲天完成一次主升的情况极少。

我说买点忌讳MA5线平缓，是因为我们设定的S模式是从MA5线形态变化之初开始交易，真正要持续上升，MA20线必须有上升角度才有可能，因为MA20线代表的是主要趋势，MA5 线是围绕 MA20 线波动。图 1—5—6 华兰生物（002007）这段走势，充分说明 MA20 线不上升，MA5 线上升不可能持续。

图 1—5—5

图 1—5—6

图 1－5－6 中标示 1 之前，MA5 线有几次上升形态，由于 MA20 线不具备上升形态，所以走势平平。在标示 1 的地方，价最低，与之对应的 A 处指标柱群比之前既小又高，形成一个小柱群背离，意味着走势会反向。此后 20 均线和指标线都有相似的上升，但上升角度太小，在标示 2 一带，还出现较大跌幅，由于指标柱在 B 一带已站上 0 轴，所以只是 MA5 线波动。标示 3 的地方，MA5 线再次下穿 MA20 线，对应 C 处的指标柱也再次下穿 0 轴，跌幅 20%。所以买点忌讳 MA5 线平缓，同时也忌讳 MA20 线平缓。

忌讳暴涨

前面说 MA5 线向上形态平缓不可交易，相反，突发性暴涨，MA5 线向上陡直也不可交易。世间万物讲究“度”，《易・系辞下》说：“刚柔相推，变在其中矣。”《论语》中也有至刚易折，弓满易断的论述。炒股软件工具栏有一个江恩线，其实就是用来测量走势角度，正常走势一般在 15 至 30 度角，角度太陡峭持续时间都很短。突发性暴涨必然使 MA5 线上升角度很大，上升角度大了很容易夭折。所以交易买进忌讳暴涨形态。

图 1－5－7

图1—5—7所示天健集团（000090）的走势图中，箭头指向那根大阳线，一周上涨了32％，前一根K线也是阳线，但它还未能使MA5线掉头向上，其后这根大涨阳线不仅使MA5线掉头向上，而且上升角度还很陡峭，第三周就出现了贴线买机会，但买进就跌。与之对应的A一带指标柱，最终未能站上0轴翻红，随后再次下跌，所以买点忌讳暴涨。

图1—5—8中山东钢铁（600022）的这种形态要小心，一波下跌之后，到箭头所指阳线，一周上涨33％，第二周也有贴线买机会，这周涨幅达46％，收盘价超前高，但好景不长，震荡三周，后一路下跌，跌幅很深，时间漫长。

这段走势在大阳线之前，有下跌小五波形态，根据指标柱群形态，价柱象征性背离，MA5线也企稳，可以冒险抢先进入，此后就宁可放弃不宜追涨。

图1—5—8

我们在讨论均线交易模式时，强调进入时机，一般在第一根阳线使MA5线掉头向上确立后，第二三周就得抓住贴线买机会，否则就不占优势了。因为我们讨论的这种交易模式，不在意它此后是主升还是反弹，强调的是此后可获得的一段利润。

图1—5—9华信国际（002018）这段走势，标示1所指这根阳钱，一周涨幅20％，走势进行中，这根阳线之前MA5线还没掉头向上，当这根阳线确认MA5线掉头向上时，连续三周都没贴线买机会，出现贴线买机会时，反弹却已结束。

标示 2 的地方连续两根大阳线到顶，尽管此后指标柱在 0 轴上形成一个柱群，走势还是调整了 4 个月。可见，暴涨不可追。

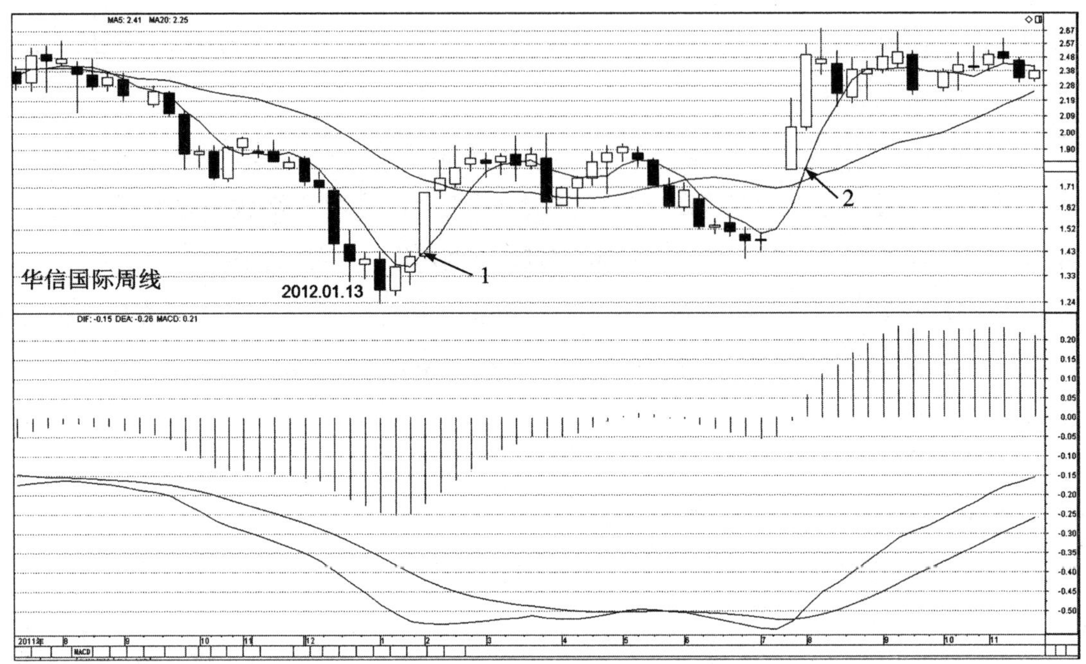

图 1—5—9

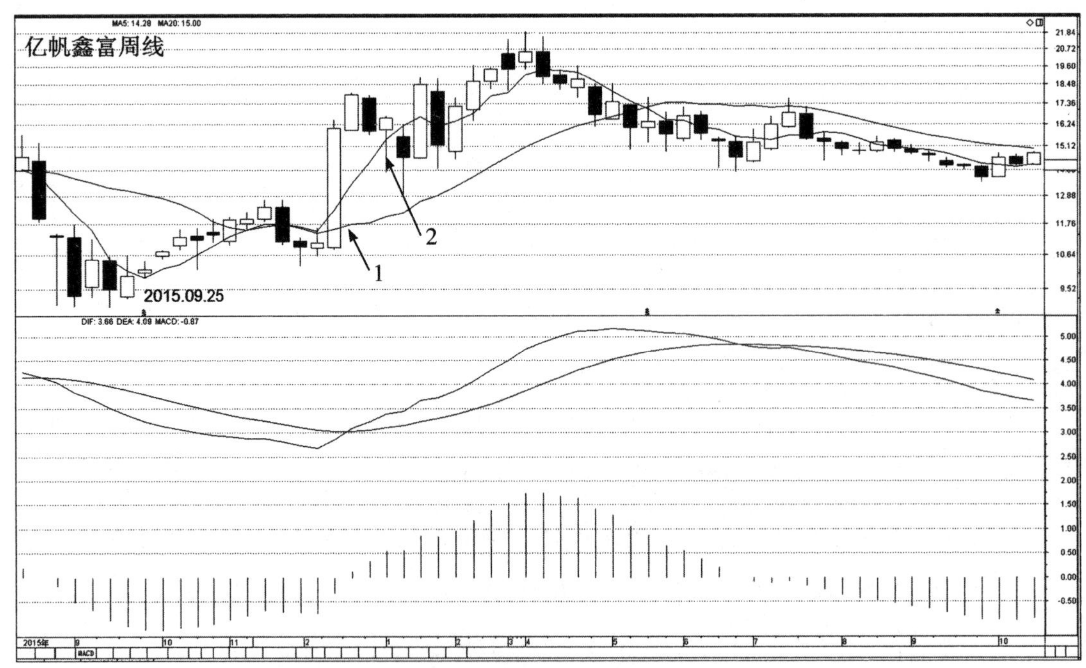

图 1—5—10

亿帆鑫富（002019）这段走势与大盘不同，2015年6月之后，大盘进入漫长调整，亿帆鑫富却逆市上涨。图1—5—10箭头1所指这周亿帆鑫富股价暴涨45%，标示2这周触MA5线，买进，此后上下波动。尽管指标柱在0轴上还形成较大柱群，但从买进到MA5线掉头卖出，无利可图。这就说明，暴涨之前没进入，暴涨之后难以获利。

图1—5—11分众传媒（002027）这段走势，箭头所指这周，MA5线掉头向上确立，这根阳线上涨38%，此后震荡四周下跌，如果暴涨之前没能进入，此后等待机会，不可勉强跟进。

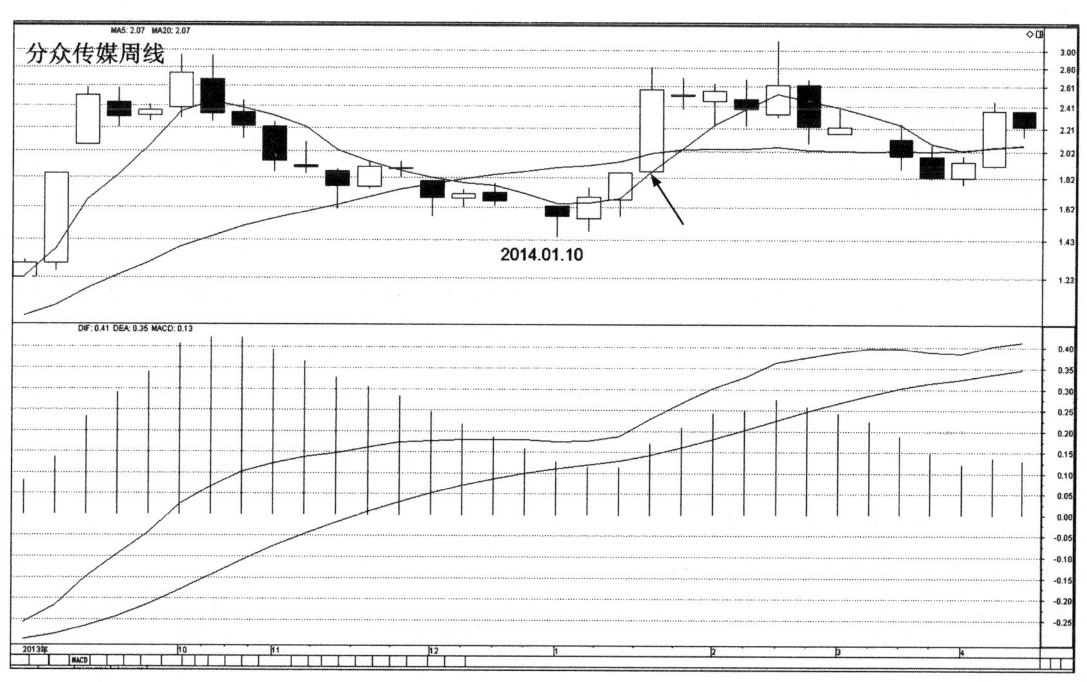

图1—5—11

图1—5—12中，津膜科技（300334）这段走势与前一案例相同，暴涨之前没能买进难以获利。箭头所指那根阳线，涨幅46%，此后还连涨两周，没有贴线买机会，随后便是一泻而下。

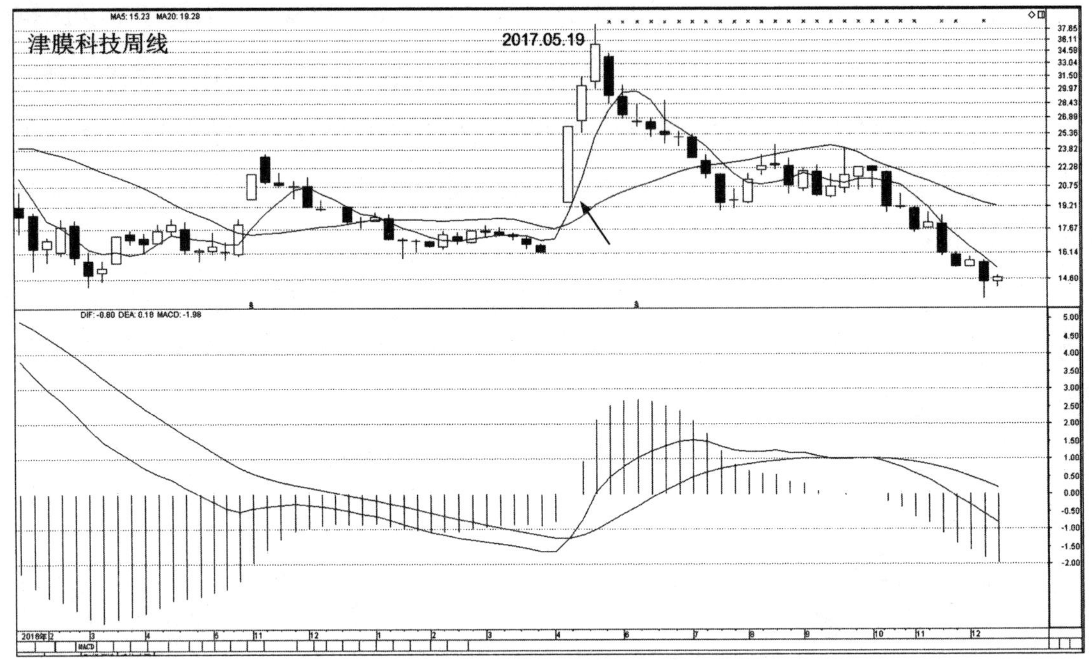

图 1—5—12

说句题外话，这个暴涨是主力所为，开盘就是涨停，散户无法跟进，随后下跌也坚决，不给人希望，散户不愿进入，前后相当于自买自卖。

图 1—5—13

对一波主升之后的调整，要有耐心，基本规律是上升用时短，调整用时长。图1—5—13所示重庆路桥（600106）这波调整，图中标示1和2所指的阳线，一周上涨20%以上，就是这根阳线成为反弹顶，如果没能在阳线前进入，此后进入不仅难以获利，稍有犹豫还会亏。

图中可见，这个图形其实是个头肩底，筑底就用了两年半时间。均线交易模式的前提是确认买入机会，机会不好，宁愿放弃，要么等待，要么另择标的，暴涨形态不可勉强进入。一般规律是反弹或临近顶部才会出现暴涨，所以底部的暴涨不要慌忙。

忌讳柱群收敛滞缓

凡是一波大跌都会形成一个深而大的柱群，这种形态表明有大量资金出逃，短时间很难恢复上升形态，多数时候会长时间在低位震荡。即便反弹，均线也不会形成理想的上升角度。当然，事物都不是绝对的，比如上证一年时间从6124点跌到1664点，指标柱群在0轴下深而大，没有震荡过程，低点第二周就转为上升，几个月时间从1664点上涨到3478点，升幅一倍还多。上升之初看均线形态还不是很理想，关键是指标柱从最深一根之后，渐次向上收敛有序，没有迟疑滞缓现象，MA5线上穿MA20线之后，MA20线也跟随上升，指标柱临近0轴一带，收敛向上步伐更是坚定，MA5线和MA20线上升角度也很理想。再看2015年6月之后的下跌，指标柱群在0轴下的深度高于2008年那一波下跌，但是柱群向上收敛迟疑滞缓，突破0轴以后，指标柱仍然表现平平，由此指标线几乎无上升角度，MA5线和MA20线上升角度也就很不理想，所以走势无起色。可打开任一款交易软件查看。

指标柱的变化表明多空双方的博弈力量，博弈的结果又表现在均线上，指标柱群向上无力，步伐就显疲态。因此，底部交易买入忌讳柱群收敛滞缓。

图1—5—14所示为天晟新材（300169）的一段调整，图中A一带是一个大而深的柱群，指标柱向上收敛一点，又向下降一点，步伐迟疑滞缓。在B处指标柱虽突破0轴，但是芝麻点，随后再次下穿0轴，柱群不延伸，紧贴0轴，比前面柱群高而小，此时价却是最低，价与柱群背离，因此调整才告结束。

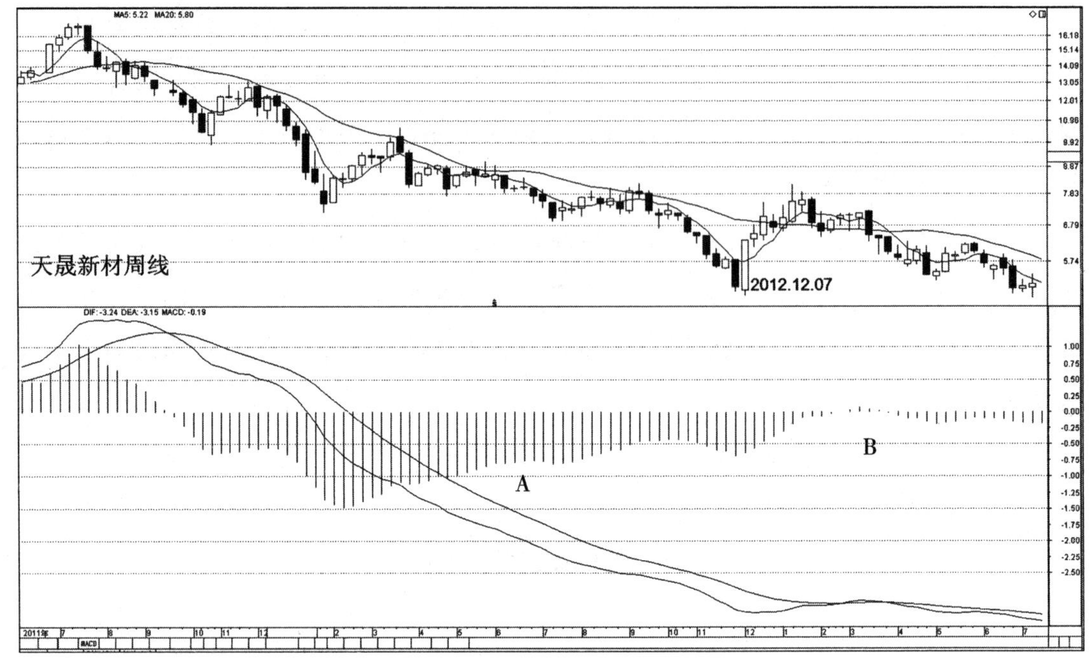

图 1—5—14

这段调整观察均线更为鲜明，MA20 线一直向下，显然是主要趋势向下，不可贸然参与。

图 1—5—15 中葛洲坝（600068）这段调整，MA20 线指向明确，向下！途中还是有几处 MA5 线波动向上，都有贴线买机会，给人诱惑。A 一带，0 轴下是一个深而大的柱群，向上收敛一点又下降，柱群像个肥大的肚子，似乎向上收敛很吃力，这种形态绝不可参与。B 一带柱群抵近 0 轴无力突破，重新向下。C 一带柱群终于站上 0 轴，完全甩掉了包袱，筑底一年后开始上升。

图 1—5—16 中万东医疗（600055）这段调整，指标柱群有所不同，下跌之初 0 轴下柱群并不深，A 之后，柱群下降更深，随后向上收敛，在 B 处再次下降，价格创下最低。整个柱群不深，但在 0 轴下持续时间长达两年半。代表趋势方向的 MA20 线一路向下，这种形态明确提示不可参与。

MA5: 3.19 MA20: 3.25
2011.02.18
葛洲坝周线
2014.04.30
DIF: -1.72 DEA: -1.77 MACD: 0.09
A
B
C

图 1—5—15

MA5: 3.27 MA20: 3.85
万东医疗周线
2012.12.07
DIF: -0.71 DEA: -0.46 MACD: -0.46
A
B

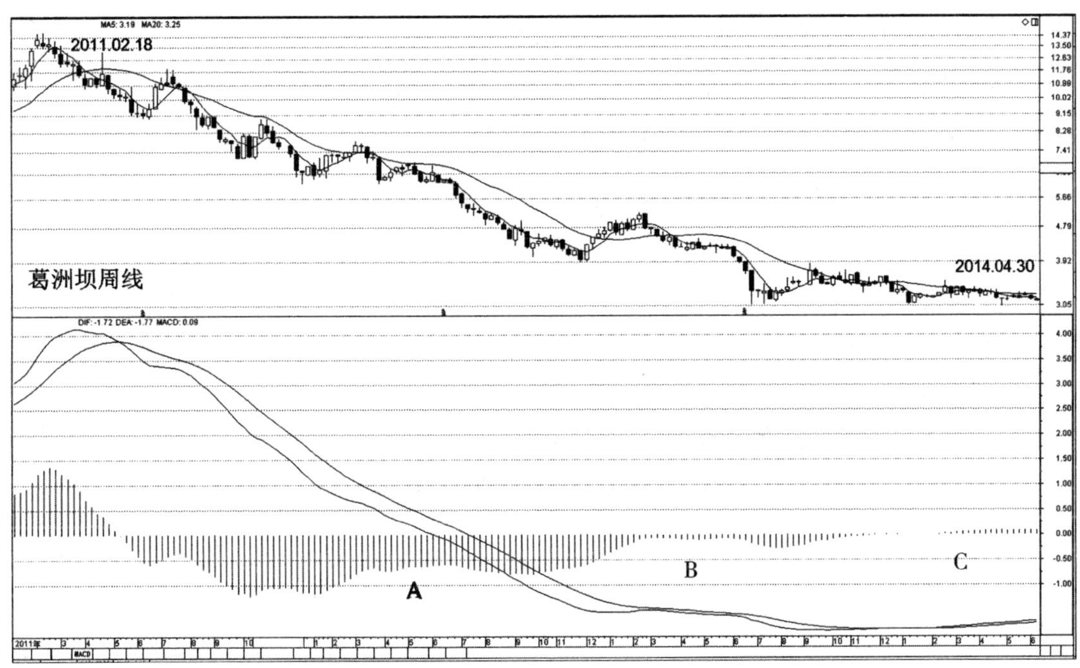

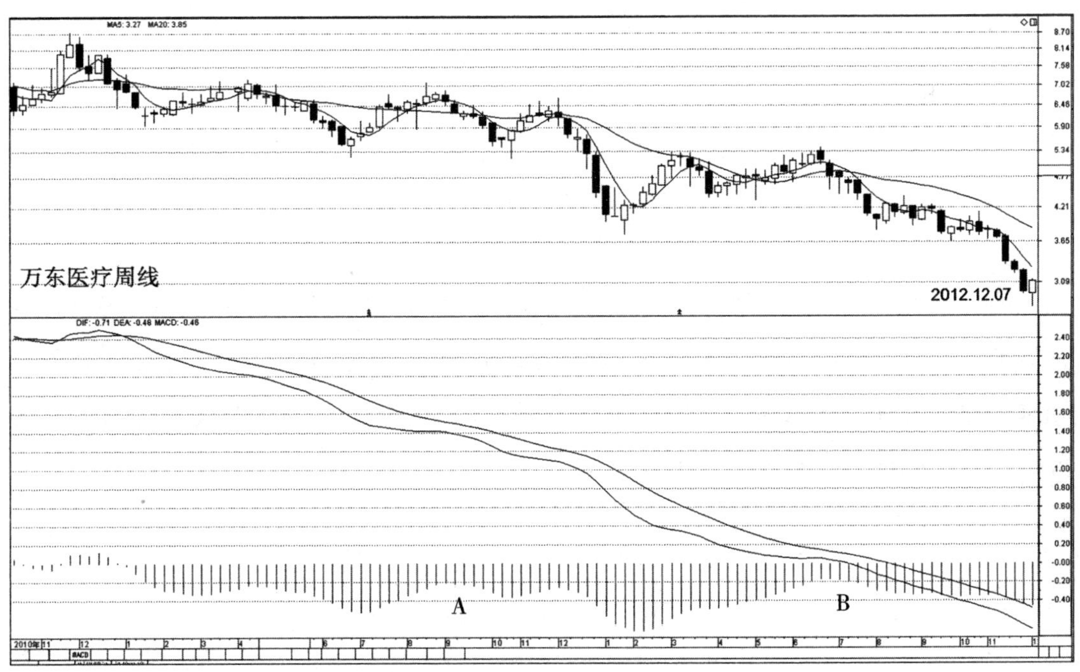

图 1—5—16

2015 年 6 月之后，大盘经历一波凌厉下跌，跌幅基本到位，其后长时间走势平平。图 1—5—17 东富龙（300171）这段走势与大盘不同，第一波下跌后，反弹快速，高度也不错。随后的下跌缓慢，但一直向下，MA20 线下行角度陡，没有减缓迹象。指标柱群在 0 轴下运动迟疑滞缓，没有像样的向上收敛。这种下跌形态，股市术语叫阴跌，非常明确地告诉投资者不可参与。

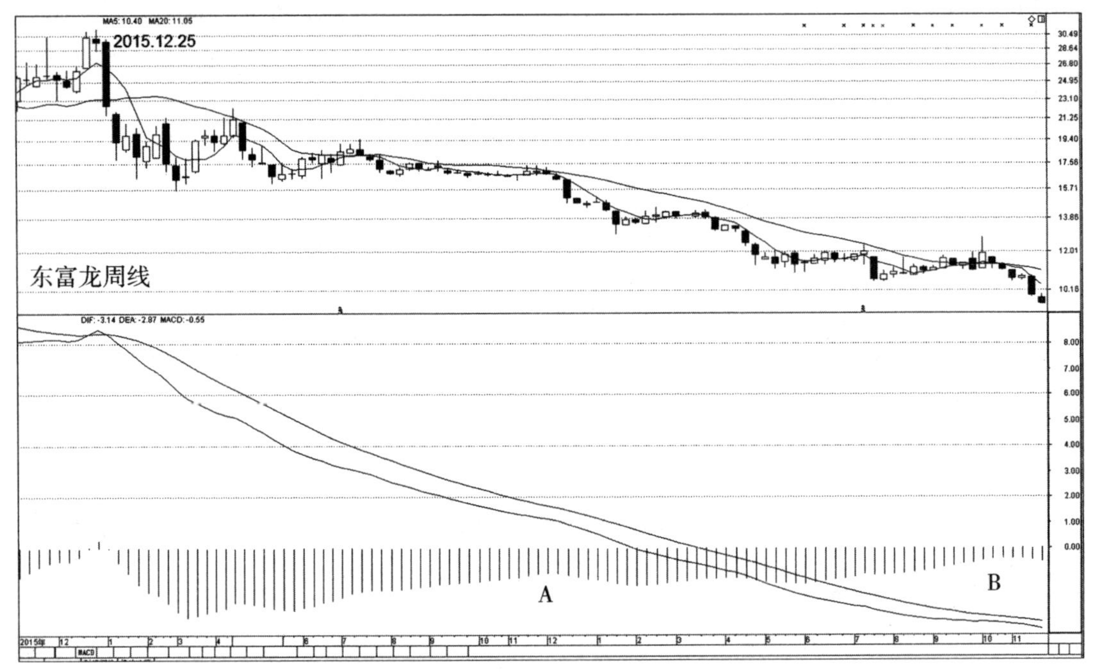

图 1—5—17

图 1—5—18 中象屿股份（600057）这段走势与大盘差不多，下跌一步到位，其后平行运动。标示 A 处，柱群短暂向上收敛一点，又重新下降，B 处柱群象征性翻越 0 轴，芝麻点状几周后，再次下穿 0 轴。MA5 线紧贴 MA20 线平行前进，这种走势意味股价不会有起色，不宜参与。

图 1—5—18

相同时段的调整，五矿发展（600058）又有些不同，它第一波就形成深而大的柱群，如图 1—5—19 所示，A 处后柱群始终在 0 轴下，不向上也不向下，B 处又向下延伸，价创新低。MA20 线圆弧向下，这些都表明下降并未止步。

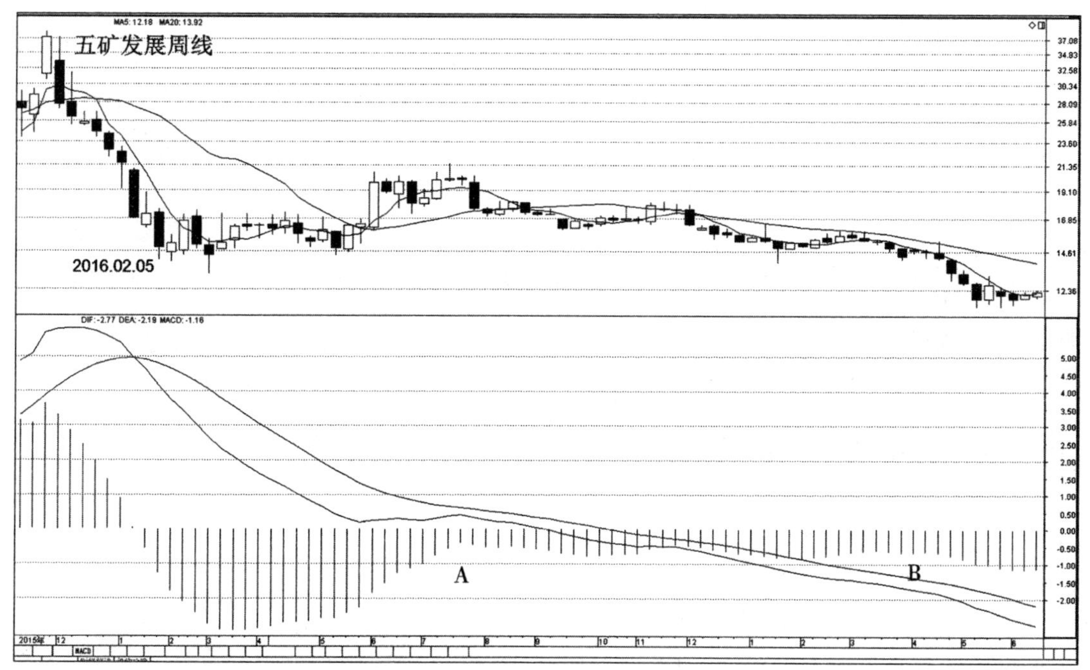

图 1—5—19

图 1—5—20 东风科技（600081）这段走势中，指标柱群滞缓表现更为典型。A 一带柱群下降并不深，但长时间不向上收敛，历经两年，终于突破 0 轴，芝麻点状几周后，B 处再次下穿 0 轴，C 一带又是长时间滞缓收敛，历经两年，D 一带柱群终于站上 0 轴，其后还创出一个最低点。

MA20 线路线也很鲜明，向下！经过四年调整临近下降末尾，MA5 线才有一次微小波动。这种形态不能参与。

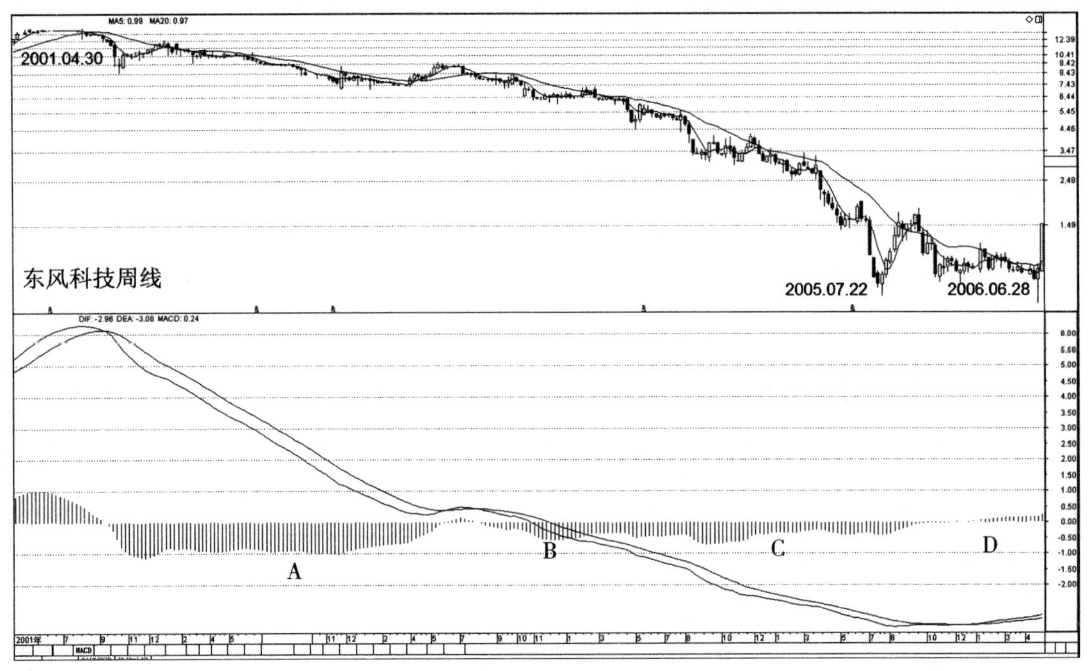

图 1—5—20

从上述几个案例看出，均线结合指标柱观察，凡是 MA20 线向下或走势平缓，柱群向上收敛滞缓切不可参与。

这一节我们讨论买点要注意的问题，买点必然在底，不管是大底还是小底，都是底的概念，是底就会有不同形态，后面有章节专门讨论不同形态底的识别方法。

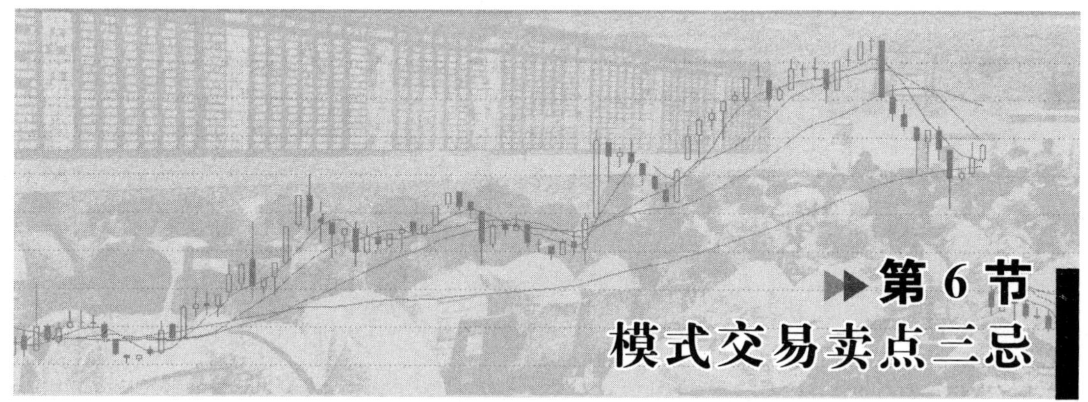

第6节 模式交易卖点三忌

忌讳犹豫

我们讨论的既然是模式交易，就一定有规矩，规矩既立，就得执行，否则就不成其为规矩，也就失去了模式意义。

市场交易必须要有严明的纪律，这个纪律与其他纪律不同，是自我设定，自我执行。尤其这个纪律执行难度大，因为是自我约束，无外力监督。所以我在《抄底与逃顶》一书序言中特别说到术身兼修，指出操作行为习惯的修炼与技术一样重要。我们前面作模拟交易时，有案例按规则当卖，卖了以后，均线形态又当买，买价比卖价高，尽管增加了成本，看似错误，也得按规矩做，否则会铸成大错。

市场在2015年6月12日这周形成顶部后，开始一波凌厉大跌，跌势之猛烈，史上罕见。图1—6—1所示古越龙山（600059）这段走势，就是当初的形态。

我们在讨论均线模式交易时，特别重视趋势变化的第三周，调整的第一周，价格一般会抵近MA5线，第二周价格会低于MA5线，若低于MA5线较远，就会使MA5线掉头向下，第三周就要寻高点出局。均线处有个箭头，就是下跌的第三周，走势进行中MA5线掉头不太明显，下方有MA20线支撑，会造成侥幸心理，企望它回头向上。但从日线观察，价格一路向下，下跌已成定局。图中魏氏指标框箭头所指处，DIF线掉头向下，指标柱下降幅度大，这时寻高点出局就不能犹豫。

图 1—6—1

图 1—6—2

图 1—6—2 所示海印股份（000861）这段走势，与前一案例时段相同，也是 2015 年 6 月 12 日这周之后下跌，稍为不同的是，图中箭头所指下跌第三周收盘前还看不出 MA5 线掉头向下，但是观察日线，走势向下已很鲜明，此时稍有犹豫，

其后连想卖也没机会，因为开盘就是跌停。这种整个市场同时全面下跌的态势下，个股一旦价格低于 MA5 线，果断出局，绝不能犹豫。

图 1—6—3 所示宝德股份（300023）这段走势很另类，整个市场 2015 年 6 月 12 日这周之后下跌，箭头 1 处，宝德股份也随之下跌，而且下跌更果断凌厉。其后大盘调整之路绵绵，创业板指数到 2017 年还在一路下行，宝德股份属创业板，却在大跌之后很快走出一波上升行情，价格远超前高。

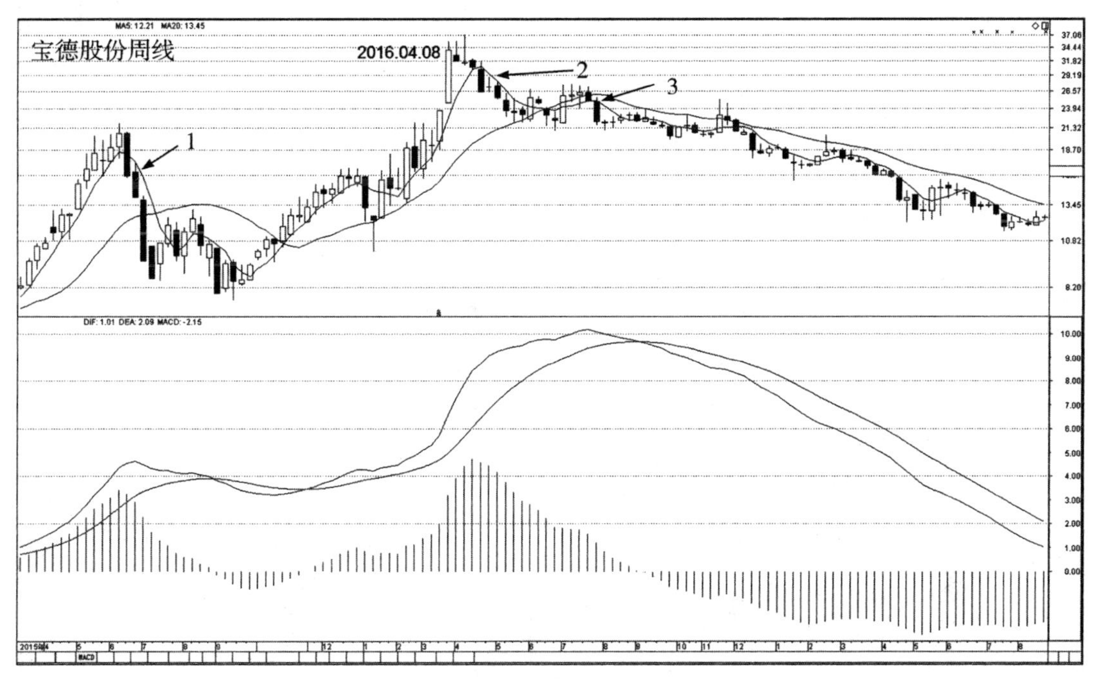

图 1—6—3

按照一般思维，大盘趋势向下，是不敢轻易参与的。而这个案例印证了模式交易的优势，只要符合模式条件，就可大胆参与，不在意大盘是主升还是反弹。

宝德股份从 2015 年 9 月上升到 2016 年 4 月又开始调整，图中箭头 2 处，MA5 线掉头向下，也有贴线卖机会，按交易原则当卖，这个机会错过，在箭头 3 处就没有犹豫的理由了，因为 MA5 线没能上穿 MA20 线而选择重新向下，双线向下调整会漫长。

图 1—6—4 是中船科技（600072）的一段走势。标示 1 的地方，MA5 线也掉头向下，错过贴线卖机会，心有不甘而犹豫，一周后又回稳向上，让人心生侥幸。在标示 2 的地方，MA5 线贴近 MA20 线不能上穿再掉头，这种形态要果断出局，不要有任何期盼。

图 1—6—4

凡是 MA5 线贴近 MA20 线不能上穿再掉头向下，随后 MA20 线也跟随向下，双线向下，其后跌幅都会快而深，这种形态在各个级别都一样。

图 1—6—5

华孚时尚（002042）的一段走势如图 1－6－5 所示，箭头标示 1 的地方，如果犹豫放弃卖出操作，随后一段反弹，价格超过前高。正当庆幸没卖出时，标示 2 的地方 MA5 线又掉头向下，这时最容易犹豫，期盼再次像前面一样，再次向上走得更高，殊不知此后飞流直下。

图中箭头所指指标柱群，收敛向上不能翻越 0 轴，重新向下，柱比前深，这种形态跌幅会很深。

模式交易必须按原则执行，当卖则卖，不可犹豫。

忌讳贪婪

恐惧和贪婪是人性的弱点，贪婪被基督教义列为七宗罪之一，佛教认为贪婪是由于被某一事物积极方面夸大的印象所迷惑引起的。在股市中，人性贪婪表现得具体而形象，尤其市场到达某段顶部时，正好应验了佛教的这一认识。因为顶部的上涨表现很疯狂，人性心理期望它持续，即使下跌了也还期望它再次像先前一样再发疯，而机会就在期望中破灭，最终给贪婪者沉痛教训。

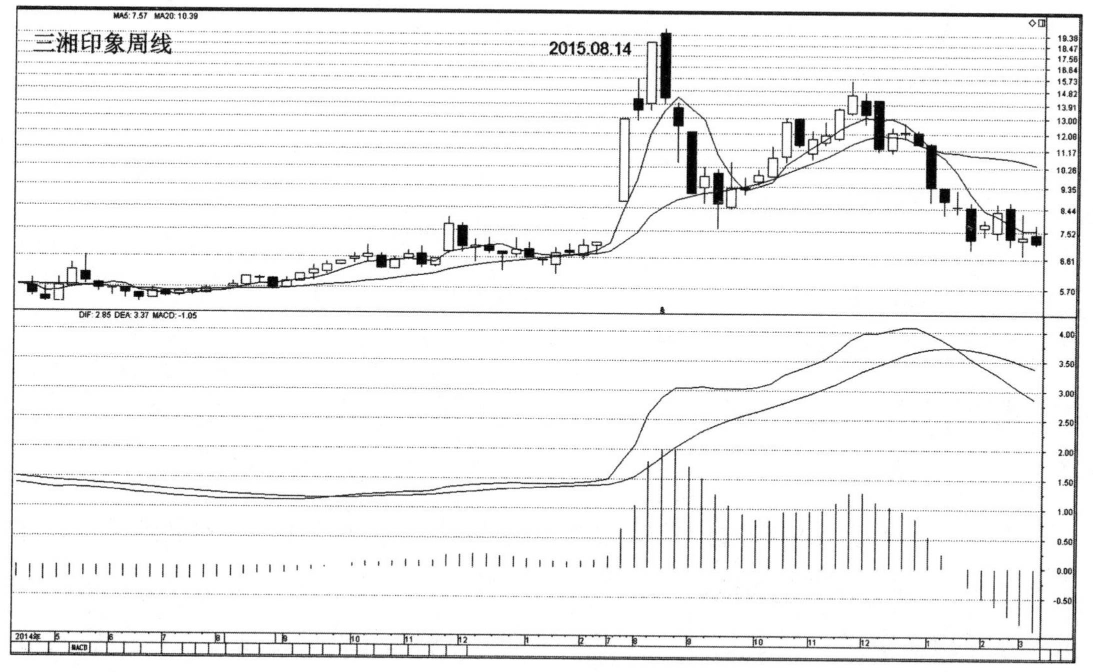

图 1－6－6

市场在一波大跌中，极少有个股幸免，即使正在运行的推动上升浪个股，也会被波及影响。如图1—6—6所示，三湘印象（000863）在2015年2月之后停牌，7月才复牌。像赛跑途中三湘印象终点未到，复牌后才补涨赶路，而此时大盘早已开始调整，个股几乎全部凌厉下跌。

胆小者最大可能在结束涨停后出局，一根周阳线涨幅64%，最佳时机是8月14日这周，又一根阳线再涨40%，贪婪应当止步。按照均线模式也应该在8月19日卖出，因为日线已开始明确下跌，同时，整个市场已开始恐慌，此时不出局，一波行情的利润就没了。

图1—6—7所示吉电股份（000875）2015年的行情，从起点到顶部上升了8倍，如果投机者操作这只股票，在2015年4月30日之后，就应寻高点出局，这周上升46%，此时已有5倍以上利润。上升总是有止境的，按照均线模式，在触MA5线时出局也有满意利润。贪心过大，此后的走势，操作就会一塌糊涂。

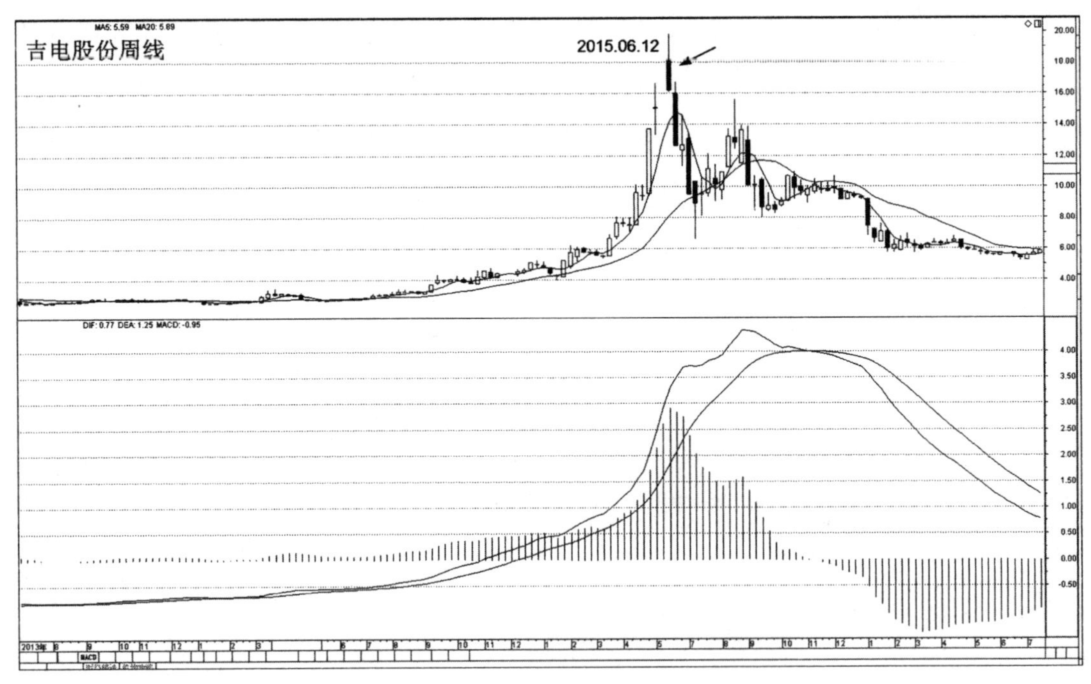

图1—6—7

图1—6—8显示中天金融（000540）这波行情也非常可观，从起点到顶部，涨了约13倍。从心理欲望角度说，2015年4月的第一个高点也有10倍，也可落袋为安。按照均线模式，6月12日之后触MA5线就应出局。错过机会，其后就难操作。

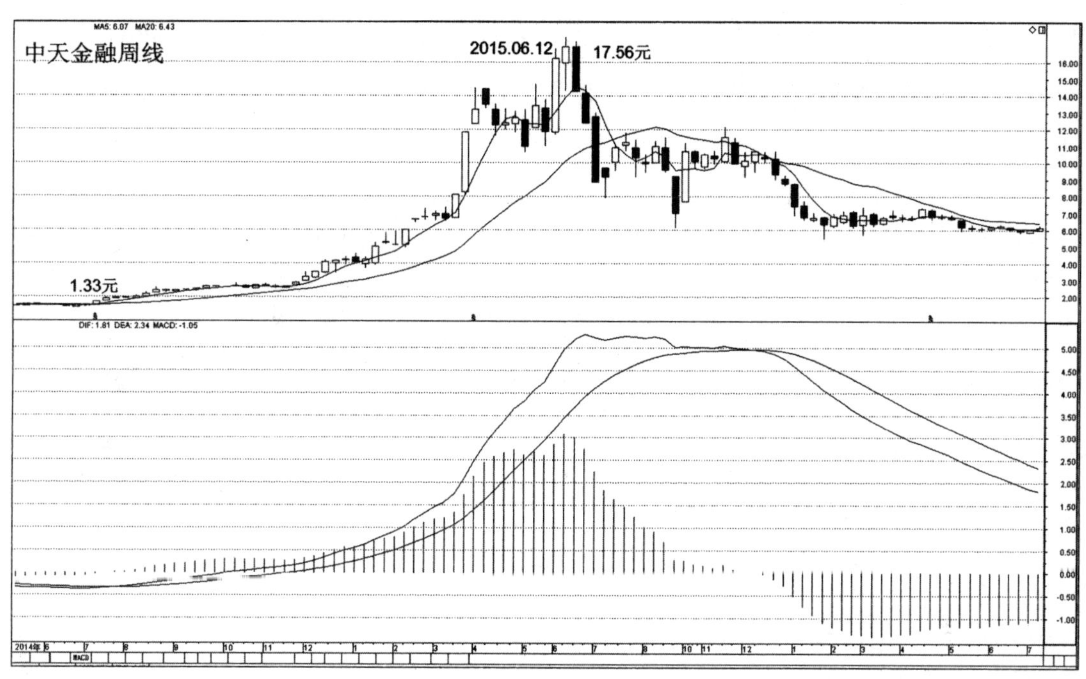

图 1—6—8

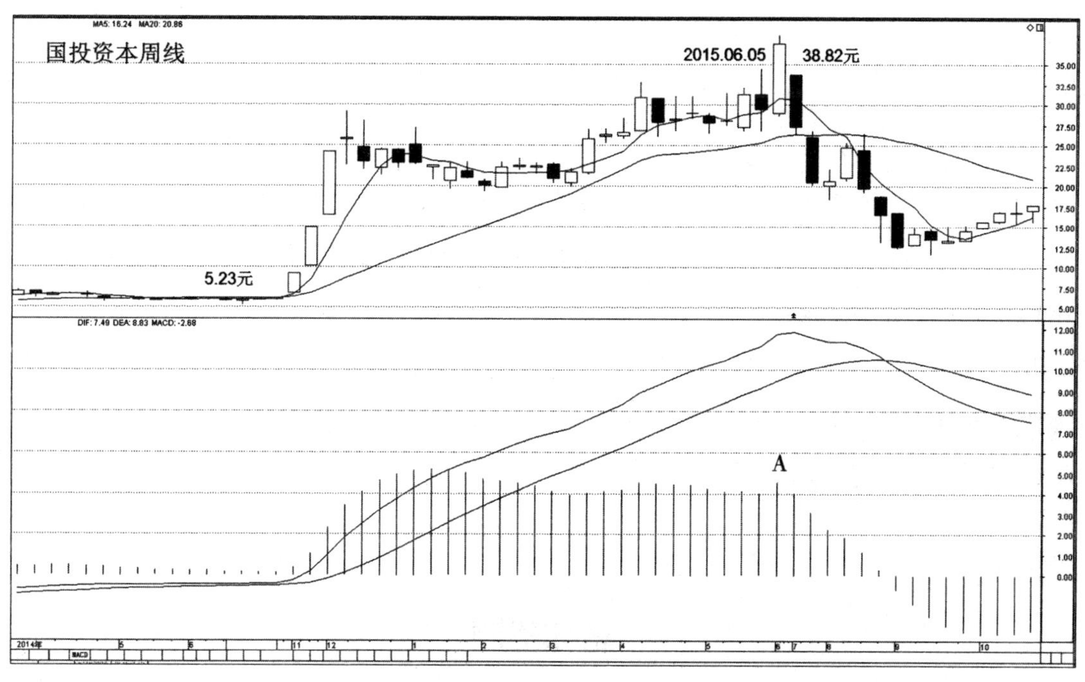

图 1—6—9

如图 1—6—9 所示，国投资本（600061）这段走势如果不贪心，完全可以卖在高点。2014 年中途有过短暂停牌，11 月复牌后连续 14 个涨停板，到 12 月价触

MA5 线时出局，短短六周，价格涨五倍，这应该是难遇的一次投机。此时大盘上升强劲，期望它再涨，结果此后涨不动了，到 2015 年 6 月 5 日这周形成高点，后下跌。

图 1—6—10

相同时段，同样是一波上升，亿利洁能（600277）这段走势表现平平，从低点到高点，涨幅只有一倍多一点。同一波行情，一般有几倍，甚至有十几倍的涨幅，比较起来亿利洁能涨幅很小。如图 1—6—10 所示，2015 年 5 月 29 日这周高点之后即开始调整，下跌凌厉，第一周跌幅达 25%。如果投资者心有不甘，期望它有与其他股票同样的涨幅，心理上不情愿卖，则违背交易原则，观望等待，其后的结果是不仅利润全无，还大亏。

忌讳猜测

《列子·说符》中有则“疑人偷斧”的故事：有个人丢了斧子，怀疑是邻居偷了。特别留心观察邻居的一举一动，如走路的样子、神色、说话的表情，越看越像个小偷。后来，这人上山，在草丛中发现斧子。原来是他上次砍柴时忘在山上了。下山时碰到邻居，他又留心看了看，咦？怪事，怎么神色、举止竟然没有一点小偷的模样了？

这个故事说判断事物，不能凭某些主观臆想的线索推断猜度，那样是会犯错的。

在股市交易中，人们常常会犯这种错。

图1—6—11显示，张裕A（000869）2010年9月30日之后，价格从高点渐次下降，MA5线也明显掉头向下，可是走势波动大，连续4周价格高点还远超MA5线，下方又有MA20线支撑，之前也有几次MA5线波动下穿MA20线后又很快上行，这种情况最容易让人猜测它会再次上演前戏，因而明知MA5线下降而不卖。随后MA5线下穿MA20线，利润大大缩水。

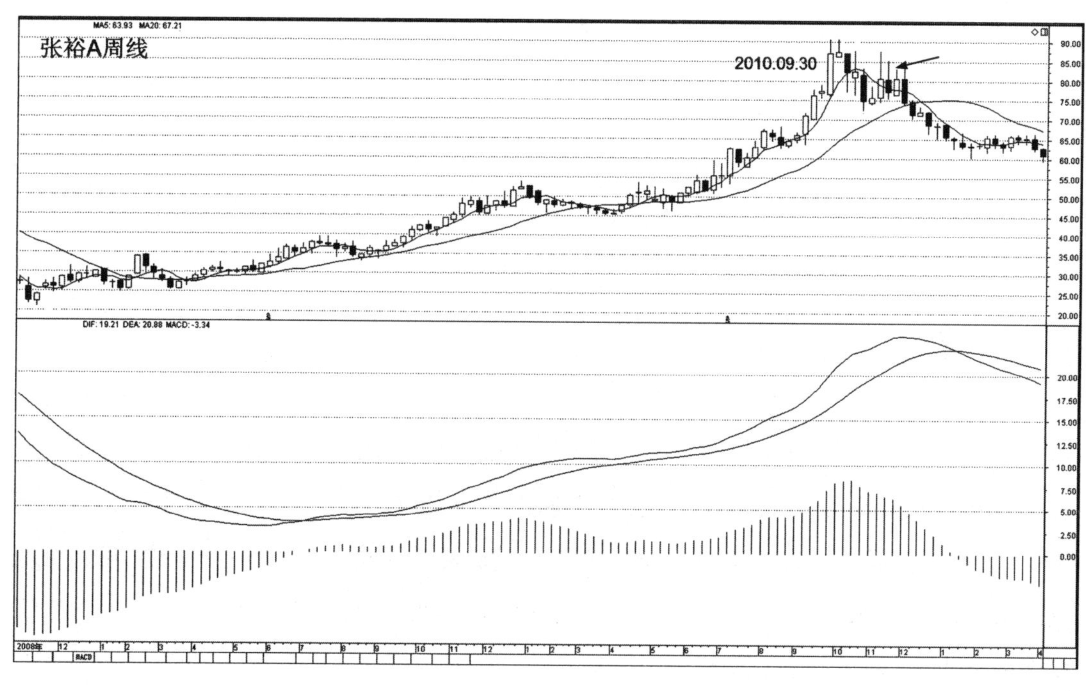

图1—6—11

鲁抗医药（600789）这段走势也会造成猜测，如图1—6—12，2010年9月高点之后，也如前一案例，MA5线明显掉头向下，可是价格不断上穿MA5线，MA20线也在上行。图中箭头1和2两处都是MA5线下穿MA20线马上又返身上行。这种形态按均线模式交易，会造成低卖高买不讲原则而放弃交易。图中，MA5线确实有多次上行并上穿了MA20线，到标示3处又下降出现大阴线，之后上升到标示 4 的位置，这时价格越来越低，心理上极不情愿出局。

市场就是这样让希望一点点破灭，最终以大亏告终。

本案例的指标柱，高点之后指标柱渐次下降，最终下穿 0 轴，与之前 MA5 线返身上行大不同。与标示 3 对应的指标柱群收敛一点后重新下降，预示完全没有上升希望了。

图 1—6—12

图 1—6—13 所示五矿发展（600058）这段走势，标示 3 的地方，MA5 线未能上穿 MA20 线，重新掉头向下，与之对应的 A 处指标柱下穿 0 轴，DIF 线也下穿 DEA 线了，表明一轮调整确定，这时绝不要犹豫。可是走势当期，总是期望和幻想，因为前面标示 1 和 2 两处也是 MA5 线下穿 MA20 线重新向上，猜它会重演前戏而错过卖出机会，结果是大跌。

人看见利润越来越少，心有不甘，就等待。下跌一段确实又上升了，到标示 4 的地方，价格比顶部还差很多，仍不甘心，想着等待到前高的时候出局，可是指标柱标示 B 处没能突破 0 轴重新向下，意味着再创新低，这样再次错过机会。

人往往在希望破灭的时候就不抱希望，破罐子破摔，任凭它跌下去。在标示 5 之前，一根大阳线，一周上涨近 30%，重新燃起了希望，其后再次下跌，耐心完全被磨灭，极有可能愤然出局。

图 1—6—13

华仪电气（600290）2008 年曾创下 29.72 元的高点，其后大跌到 2.80 元，图 1—6—14 这段走势，是大跌之后的第二段上升，从 2010 年 7 月上升到 2011 年 5 月，价格到了 17 元多，与前期最高点相差甚远。此时 MA5 线掉头向下，如果期望到达前高而不卖出，此后又会经历漫长下跌直至回到最低点。

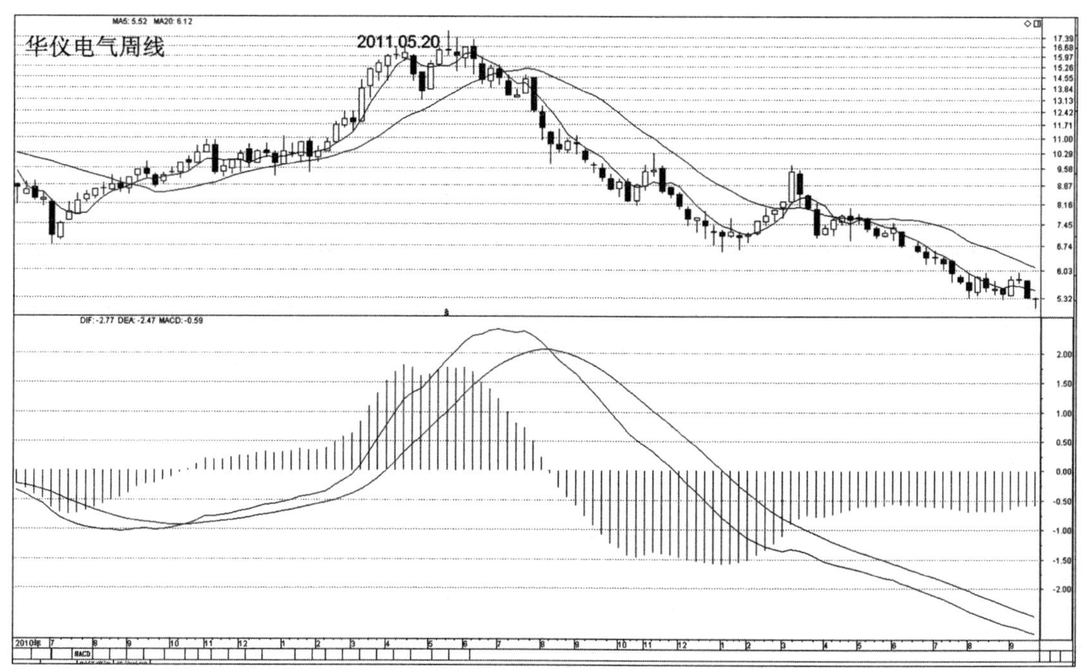

图 1—6—14

图 1—6—15 是太化股份（600281）的一段反弹，2015 年 6 月之后的大跌，股价跌去三分之二，缓慢反弹到 2017 年 2 月 17 日这周，股价从低点已上升一倍。这时 MA5 线掉头向下，抵近 MA20 线反弹，如果猜测将有一波行情，对这个升幅不满意，那么，其后连这个利润也保不住，又会回到原地。

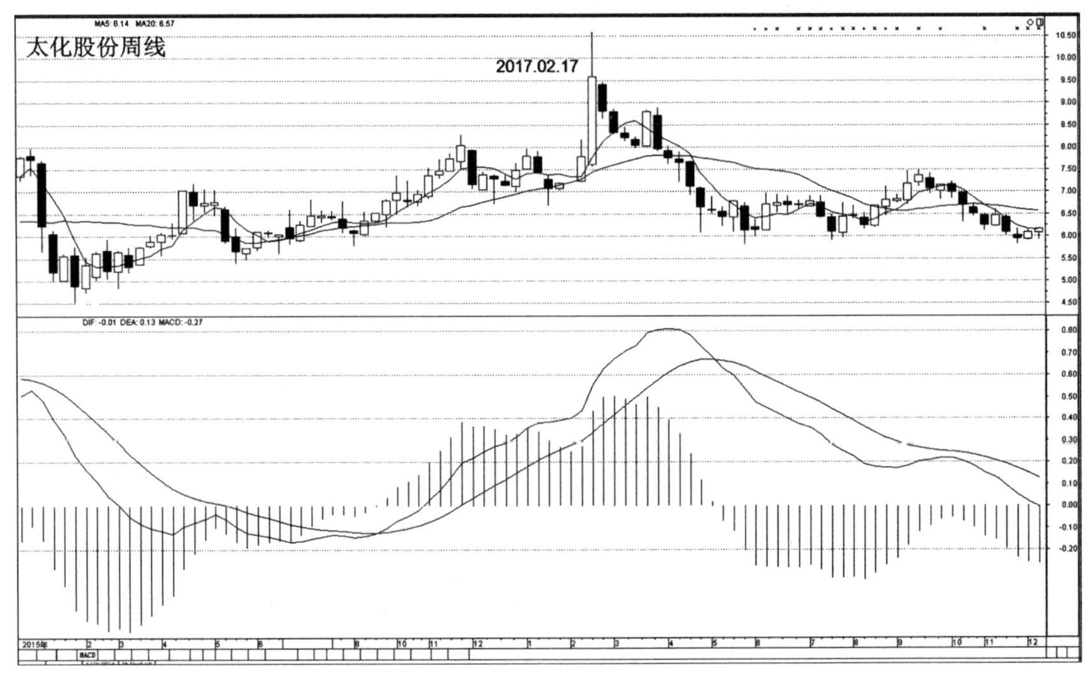

图 1—6—15

图 1—6—16 显示沧州明珠（002108）的走势与大盘不同步，2007 年上市，2017 年 4 月股价创历史新高。2015 年大盘大跌时，它短暂调整后继续上行，大盘在调它在涨，会以为它是强势股。股市中有种说法，强者恒强。图中标示 1 和 2 两处都是下降后又上升，在标示 3 处 MA5 线向下，猜它还会像前面一样就错了。指标显示，价高线低，价线背离，调整会深，时间会长。

图 1—6—16

综上所述，这一节我们讨论的其实是执行力，卖点必然是顶，不管是波段顶还是反弹顶，而顶有不同形态，在后面章节将详细讨论顶的特征。

走势忌讳猜，市场千变万化，一切按规矩执行，有依据地交易，则处之泰然。

第 2 章

底部形态六模式

对市场走势的判断，研究者们各有其法，各有其妙。道氏理论在研究历史的基础上，归纳了若干种经典形态，比如头肩底、圆底、三重底等。波浪理论则把上升称为推动，下降称为调整，认为推动和调整都由大小不同波浪构成。

令人钦佩的是，百年前计算机还没诞生，还没发明更多指标，道氏理论奠基人查尔斯·道完全用手工绘图，依据K线组合形态，创建了股市交易理论，至今为人们所利用。

波浪理论可以精准预测上升和下降的时间和点位，但是要判断浪形很难。比如同样是上涨，究竟是推动上升还是调整中的反弹？浪形判断不正确，就会导致错误。道氏理论归纳的形态非常形象，一般人易于掌握，这是它的优点。

北齐人刘昼说："人目短于自见，故借镜以观形。"我们将要讨论的底部模式，其中就借鉴了道氏理论。我把底部形态归纳为：尖底，双底，三底，左背离底，右背离底，柱群背离底。

由于魏氏指标对多空博弈的结果有较精准的反映，因此，借助这一重要的辅助作用，对于不同底部模式的判断更为准确可靠。

我们讨论的底部，是指S模式中某一段的底，这个底是大底还是小底，未来的发展是推动上升还是调整中的反弹，我们不在意，就按模式原则执行，在意的是确认底，抓住此后向上的一段利润。

另一点需要说明，我们从模式交易的比较中选择周线级别操作，故在讨论顶底形态时只选择了周线案例。其他K线级别虽未涉及，但各级别操作原理一样。

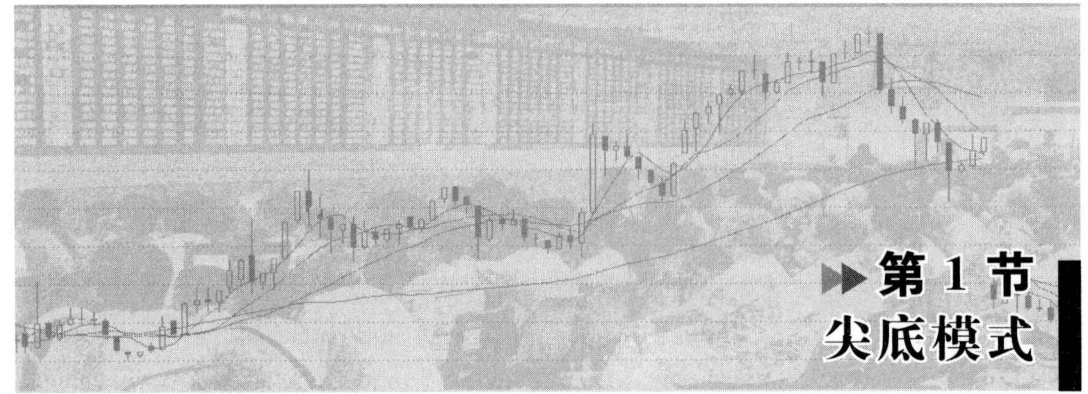

第1节 尖底模式

尖底，市场常称“V”形底，就是收盘价最后一个低点之后，价位逐步走高，对应那根魏氏指标柱是最低，此后呈梯形逐步向上收敛。（此时魏氏指标线尚未改变方向，观察缺乏意义。）

尖底这种形态出现概率小，随后的走势多是反弹性质，只要它开始不是爆发形态，就预示会持续一段时间，上升也会有较大幅度。这种形态多发生在大跌之后，上升初期令人怀疑而犹豫不决，较好的办法是均线结合魏氏指标观察。

这种形态必须注意的是，指标柱呈梯形逐步向上收敛，临近0轴时密切关注是否能突破并站上0轴。倘若不能突破重新向下，价位就会创新低。

图2—1—1是上证从6124点跌下来的一段走势，2008年10月31日这周最低点是1664点，周收盘是1728点，图中竖线对应的指标柱，是下跌以来在0轴下最深的一根，第二周未创新低，收盘也比前一周高，指标柱开始向上收敛，位置比前一周略高，第三周K线出现一根中阳，使5周线不再下降，收盘价位在5周线之上，指标柱也呈梯形逐步上升，这时可以确认底了。对于交易来说，其后便是寻找进入点了。

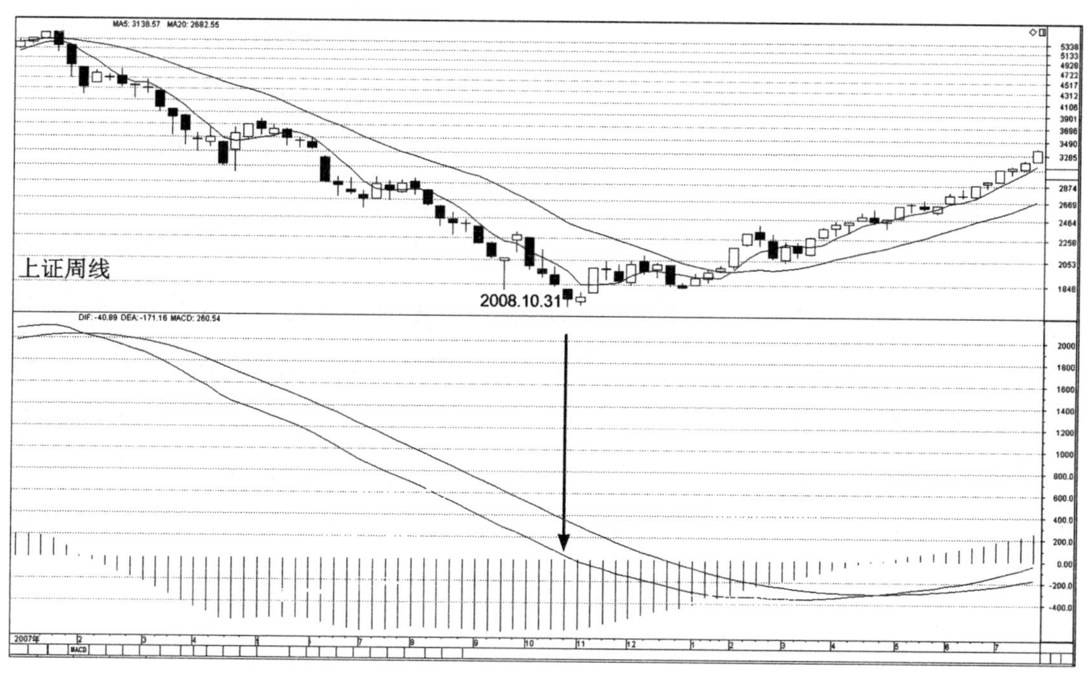

图 2—1—1

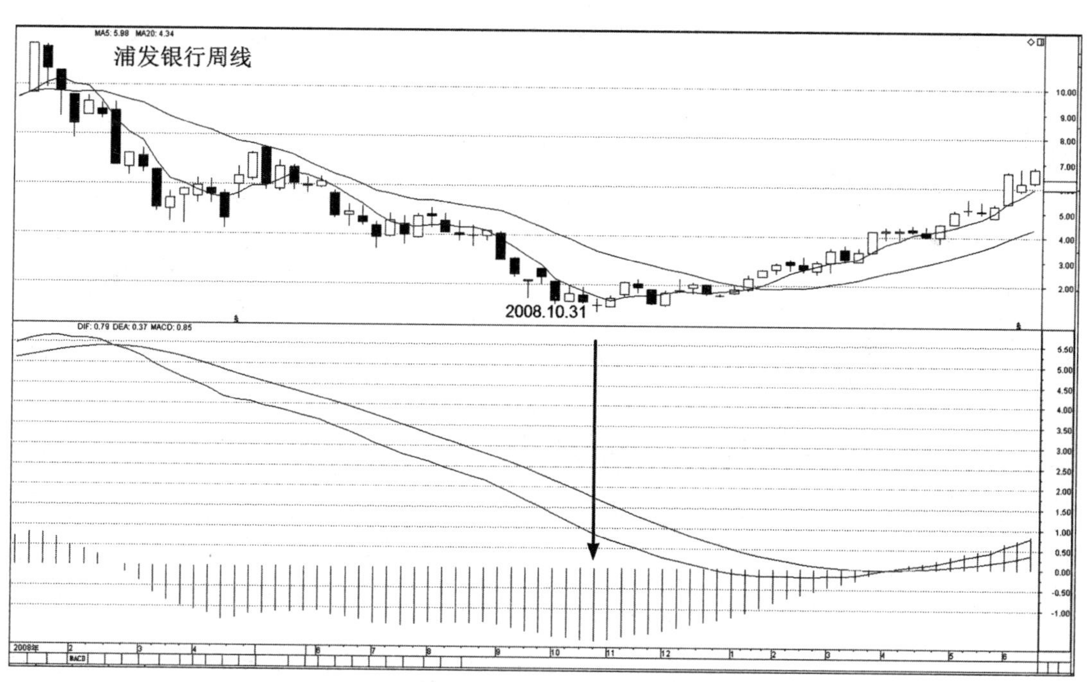

图 2—1—2

大盘是多数个股的集中体现，如图 2—1—2 所示，浦发银行（600000）也是 2008 年 10 月 31 日这周是最低点，指标柱也是最深的一根，其后走势几乎与大盘一样，第五周还出现一次低点，但无论最低价和收盘价都未创新低，说明底部确认。

其后几周价位变化不大，但5周线已看出明显转向，几次出现贴线进入机会。我说过，只要是贴线买，即使下跌也不会造成太大亏损。这段缓慢运动进行了11周，长达两个多月时间，稳健型的操作也应当在5周线上穿20周线那周进入，因为5周线的上升趋势已确立，随后就是密切关注指标柱能否突破0轴。

凯恩股份（002012）2008年10月31日之前这段走势，如图2—1—3所示，具有典型的下跌特征，下跌之初缓慢，后期加速。一般下跌都是这样，当你企盼反弹后出局，走势出现小反弹也透出了一线希望，可是贪心让人犹豫不决，突然下挫丧失机会，随后只有躺下硬扛了。这幅图下跌之初出现了一个小反弹，还持续了3周，为什么就不可以认定为见底呢？在图中可以清晰地看到，周K线十字星之后，连续3周上涨，收盘价也比十字星那周高，而且5周线也企稳走平，十字星对应那根指标柱之后，柱还在渐次走低，价高柱低属背离，这些迹象都表明上升无望，为什么呢？读者可以缩小图形，回头看前期高点，顶部是头肩顶形态，右肩对应的指标柱属于柱群背离，在周线级别中，顶部形态一旦成立，跌幅不会很小，这是第一。第二，20周线平行半年，刚刚开始下降，MA20线代表本级别趋势，就像一辆大货车下坡，短时间是难以停车转向的。我前面说过忌线平，线平角度小，支撑无力，随时可能下跌。其后一根阴线，收盘价低于十字星K线，价下降和柱下降又匹配了。

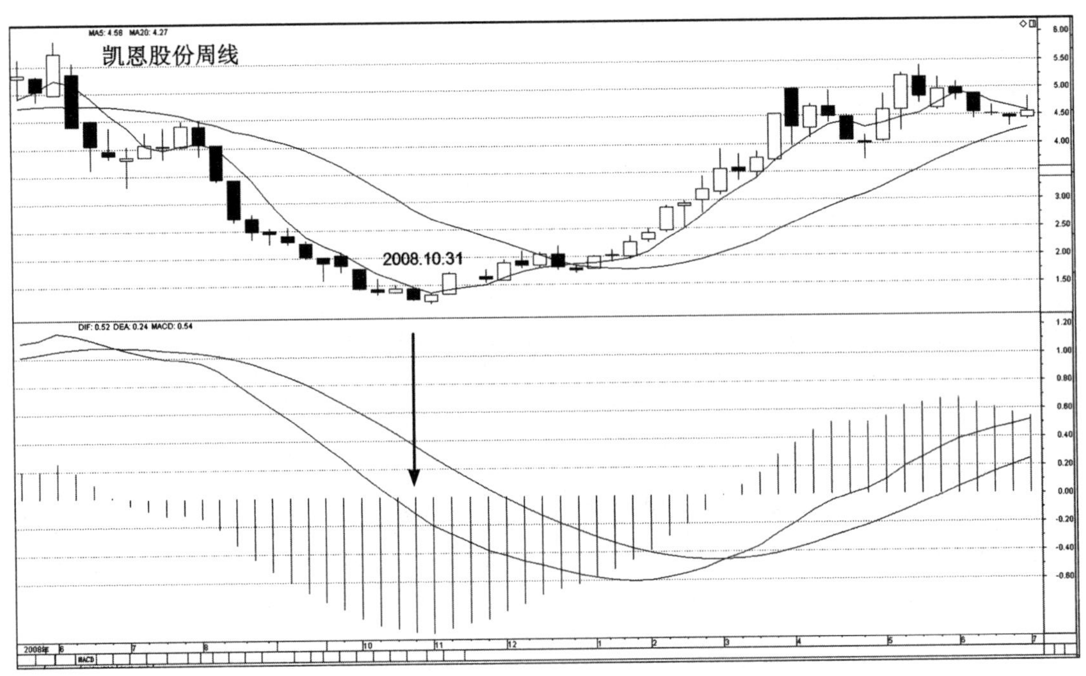

图2—1—3

这段下跌的柱群颇具代表性，前期的指标柱下降呈梯次，到 2008 年 10 月 31 日这周，指标柱创下最深一根，其后又呈梯形渐次向上收敛，属于比较典型的尖底。

如图 2—1—4 所示，百利电气（600468）这段走势也与大盘同步，也是尖底形态。有微妙不同的是，5 周线突破 20 周线后，连续两周下跌，跌幅最深时还低于 20 周线，这种情况让大多数持股者惊慌失措。我在均线模式操作原则中说，5 周线向下贴线卖。此处价虽低于 20 周线了，但 5 周线只是平行，并未向下，况且当时市场趋势明确向上，可理解为主力打压，即便再跌，等待 5 周线掉头也还不亏，这种时候值得冒险扛一扛。其后还有两次下跌打压，当然更不用惊慌了，因为下边有 20 周线支撑。

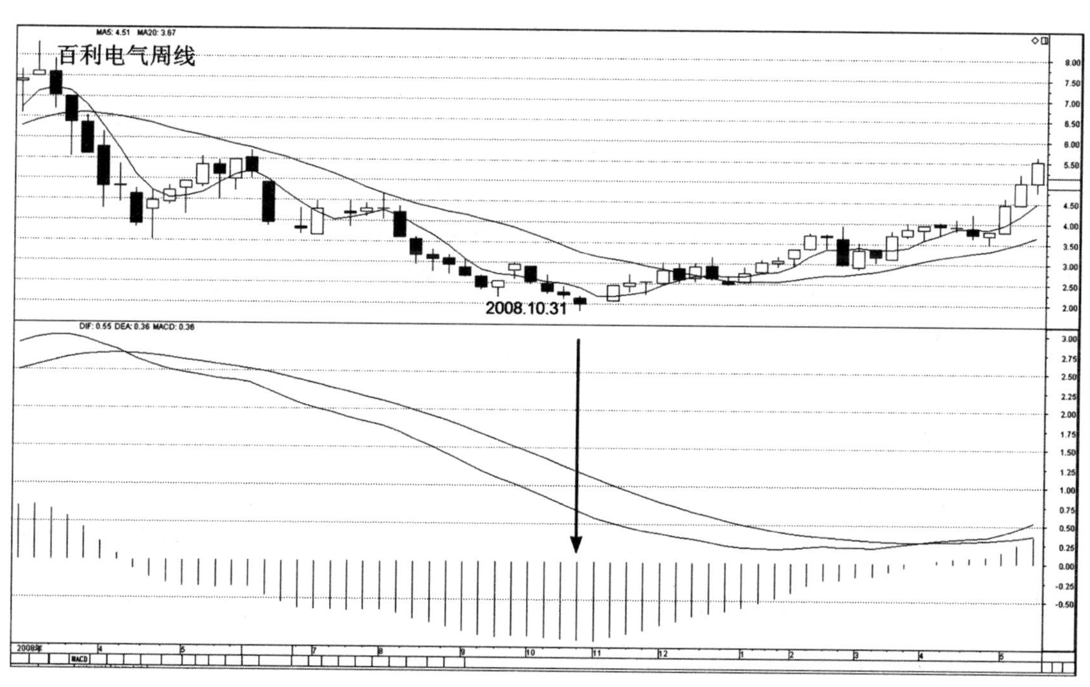

图 2—1—4

凌云股份（600480）的一波调整比大盘早一周止跌，如图 2—1—5 所示，虽然 2008 年 10 月 31 日这周价格创新低，收盘价与前一周持平，但是这周是红阳报收，而且指标柱已比前一周收敛，因此 2008 年 10 月 24 日这周是底。

凌云股份这波调整，下跌途中有两次反弹迹象最终失败，原因是5周线仅是有止跌迹象，没形成上升角度，这种形态不容易改变价格趋势。如果从波浪运动规律分析，话题就更复杂了。

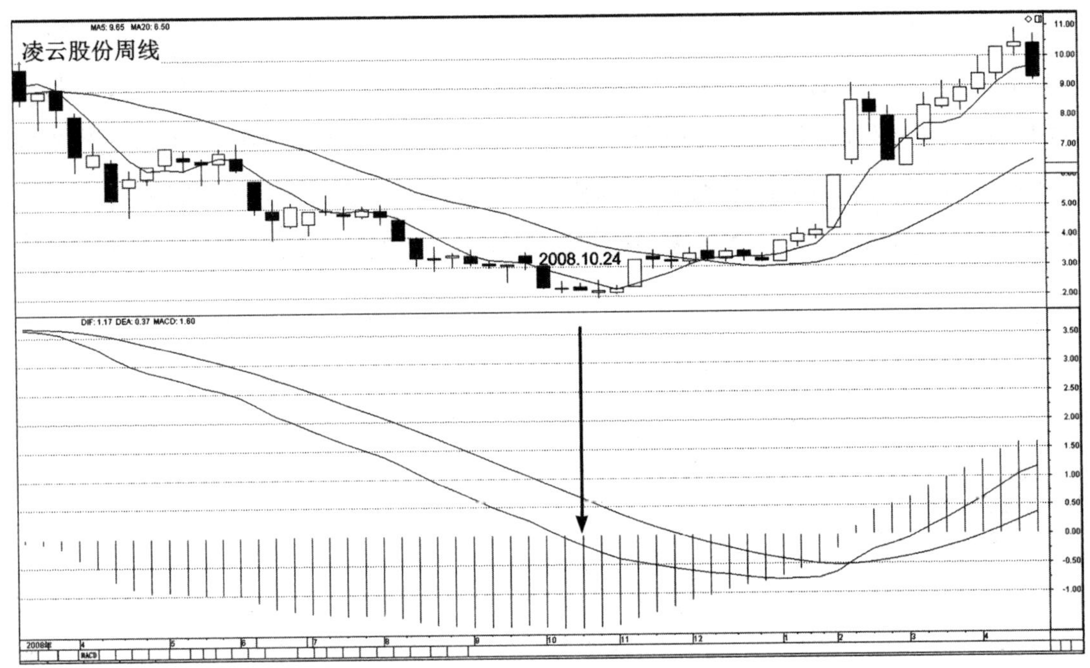

图 2—1—5

图 2—1—6 显示，盾安环境（002011）这波止跌点又比大盘迟一周，2008 年 11 月 7 日这周是收盘最低一周，其后一根阳线改变了 5 周线方向。从图中可见，这波下跌途中，有过一次反弹，连续两周中阳线，改变了之前的急跌态势，5 周线都形成了上升角度，指标柱也略微向上收敛，好景不长，毕竟 20 周线才刚刚向下，大趋势所向，小趋势只能服从。就如我前面所说，20 周线代表主要趋势，5 周线只是波动。

这只股票底部开始稳定上升，5 周线上穿 20 周线后，还出现过两周下跌，其中一周价位完全在 5 周线下，但是 5 周线并未掉头向下，所以一根中阳线重新站上 5 周线。这种波动出现在上升之初可以不计较，如果在高位，价位在 5 周线下就得小心了。

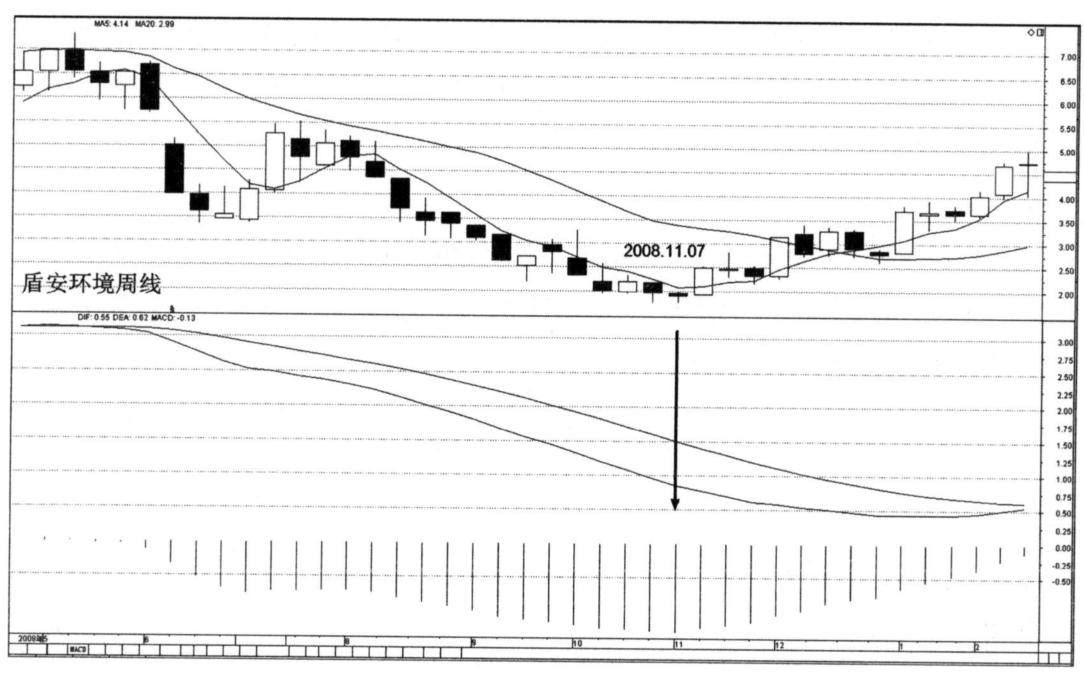

图 2—1—6

图 2—1—7 显示六国化工（600470）也是 2008 年 11 月 7 日这周是收盘最低一周，其后指标柱也向上收敛，5 周线止跌向上，但是角度很小，贴近 20 周线时还有一次下跌，有一周价位完全在 5 周线之下，这种情况可参考观察日线，此时 MA20 线已向上，调整低点有 20 日线支撑，那么就只是波动而已。

图 2—1—7

在这幅图中，下跌那段有两次反弹，两次都有4周上升，在周线中，这两处显然都不是底，均线和魏氏指标都不具备底的特征。一波主升之后，20周线才刚刚下降，调整时间和空间都不会这么短结束。2015年6月大盘初现调整，有人问会调多深多久？我说40周以后再说，当时没人信。

图2—1—8所示中国动力（600482）的这段也是尖底，竖线所指这根指标柱最低，价格也是最低，第二周出现一根中阳线，使MA5线掉头向上，第三周靠近MA5线处就是买点。此后MA5线临近MA20线还有过下跌，一周后就企稳，突破MA20线，这是一个重要的上升信号，随后重点关注指标柱群能否突破0轴。

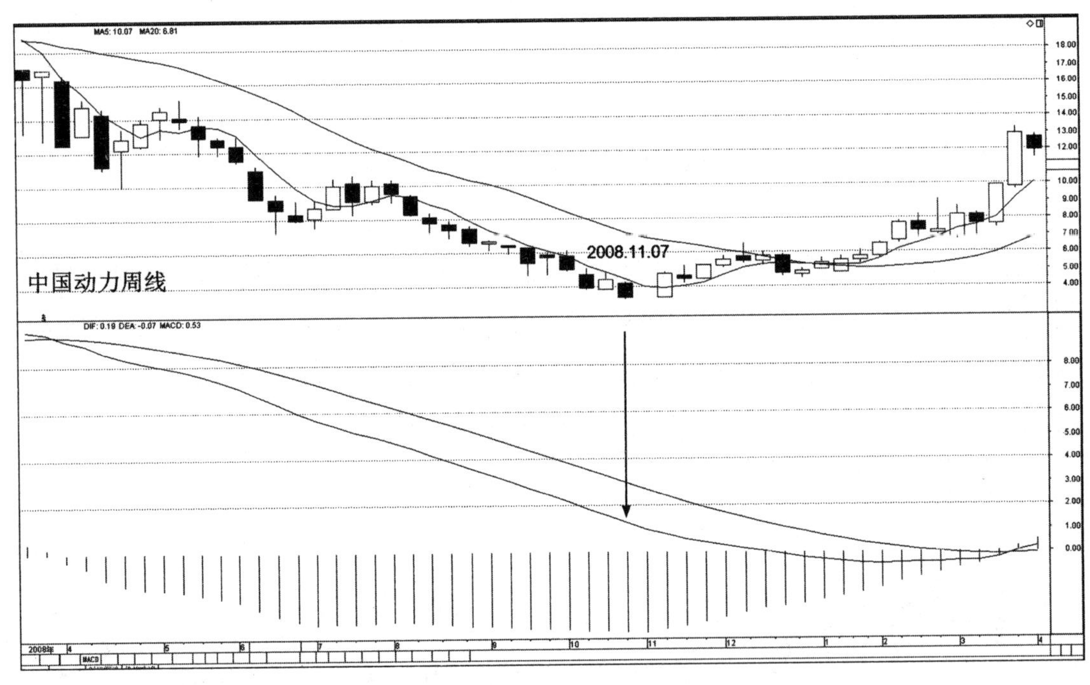

图2—1—8

华润双鹤（600062）是只强势股，2008年之后，与大盘走势形态不一样，总体看似乎是平行运动，其实波动节奏感很强，10年时间出现较大的4段起伏。前3个底几乎都是尖底，图2—1—9中这个底也是尖底。2016年3月11日这周是收盘最低点，指标柱也是最深一根，其后价格缓慢向上，指标柱也向上收敛，最终突破0轴。

MA5: 18.94 MA20: 19.18
华润双鹤周线
2016.03.11
DIF: 1.48 DEA: 1.89 MACD: -0.82

图 2—1—9

MA5: 4574.00 MA20: 4505.95
豆一指数周线
2008.12.12
DIF: 491.66 DEA: 486.94 MACD: 9.44

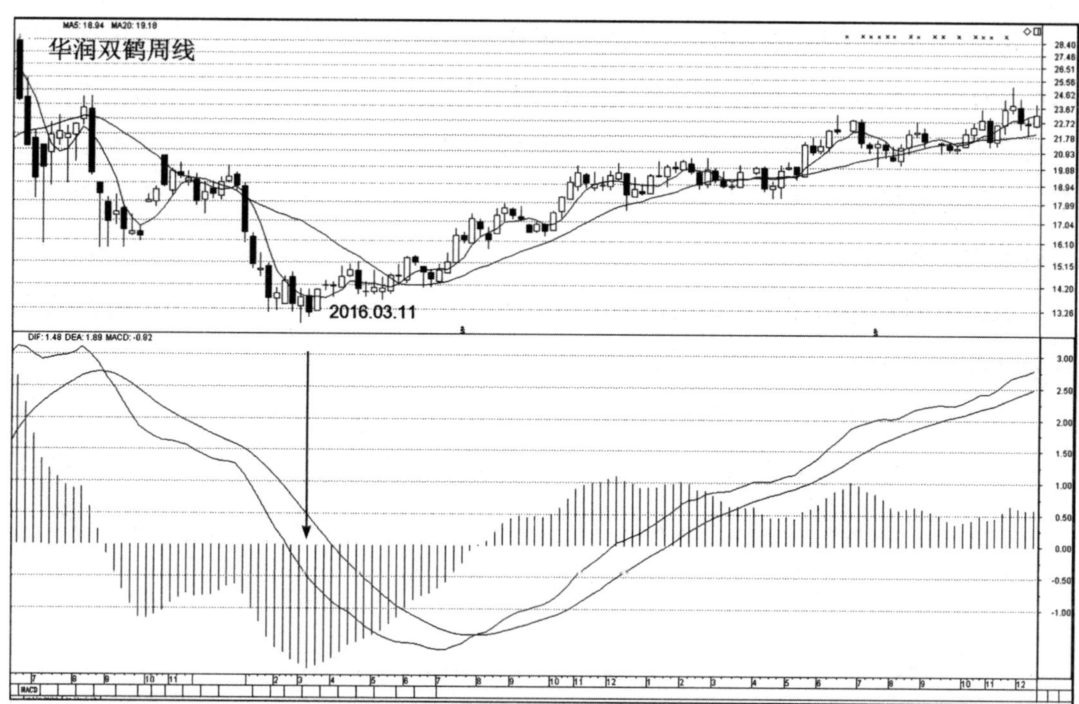

图 2—1—10

图 2—1—10 是期货市场一个品种的走势，2008 年 12 月 12 日这周，收盘价最低，指标柱也是最低，此后价位上涨，指标柱也向上收敛，最终突破 0 轴。该品种从此处上升运行 3 年，时间不短，但速度较慢。从图表中可以看出，20 均线上升角度小，指标柱虽在 0 轴上运行，也是升幅小，因此，该品种这波上升，后来证明仍属调整中的上升性质。

从这个期货案例可以看出，市场的运动形态，不论品种，包括货币，它们的市场表现都具有共性。

图 2—1—11 是个尖底衍变案例。如图所示，悦心健康（002162）2012 年 1 月 6 日这周相比之前创下收盘低点，与之对应的指标柱也是最深一根，其后股价反弹，指标柱也收敛向上。到 B 处时，价还比 A 处略低。由于指标柱比 A 处高多了，价与柱背离，价位下降便在这个水平止步，形成底部。

图 2—1—11

图 2—1—12 所示中国石化（600028）这段走势是不是尖底呢？

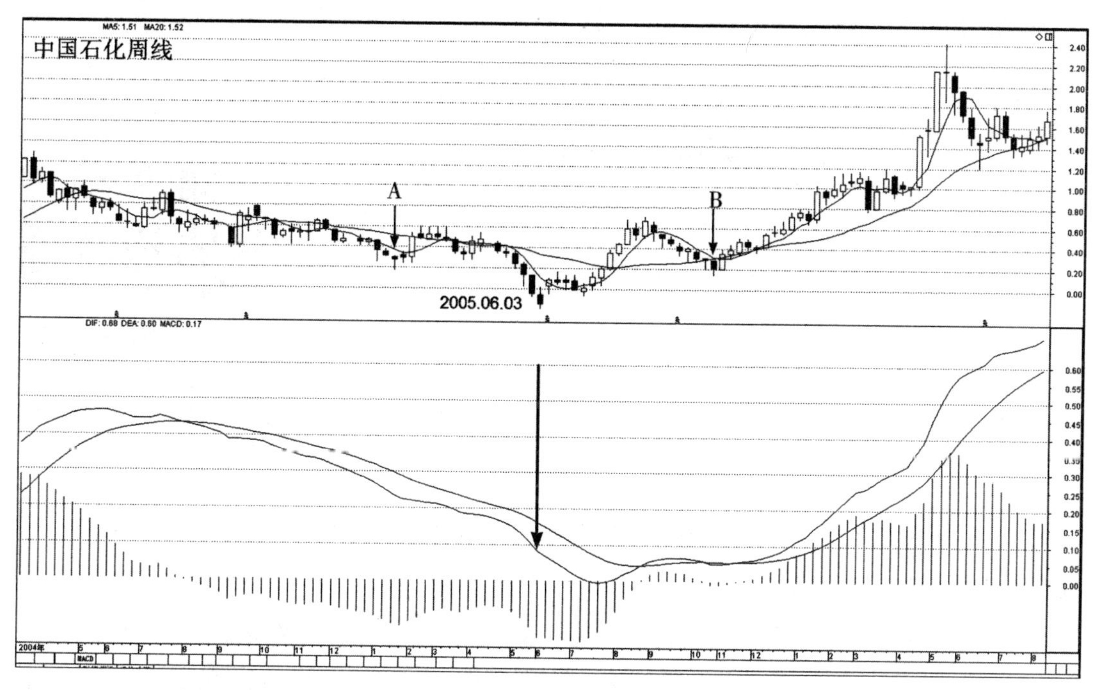

图 2—1—12

2005 年 6 月 3 日这周价最低，此后企稳向上，与之对应的指标柱这周不是最低，5 周后那根才是最低。

中国石化这段走势最容易判断为尖底，因为最低价那周之后就企稳向上，可是指标柱不是快速形成大而深柱群，而是缓慢形成并不深的柱群，指标线也没下穿 0 轴，最重要的是 A、B 两处 K 线收盘价基本平行，这个形态是道氏理论中描述的头肩底，这个形态后面专门描述。

我前面说，首先确认底，不在意它是反弹还是主升，抓住此后一段利润就行。如果两个标的是不同形态的底，就有选择了。尖底之后的发展多是反弹性质，头肩底就是一个波段的底，其后会有一波像样的行情。

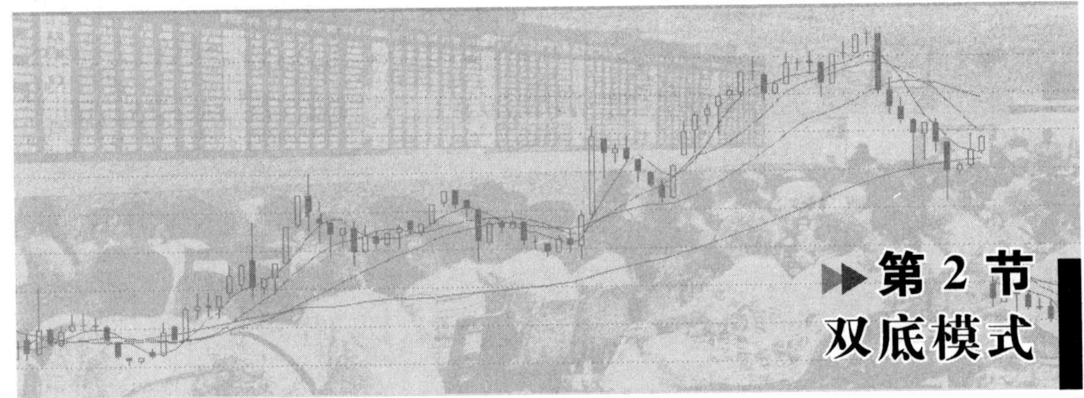

第2节 双底模式

什么叫双底呢，就是K线收盘价出现一个低点，此后微弱反弹，不是相邻，而是数根K线之后，收盘价与前一个低点大致平行，也就是说出现两个相邻低点。

不过，说有两个相邻低点就是双底，也不一定，它还有发展为三个低点的可能。确认双底还需要魏氏指标配合判断。第二个低点出现后，此时指标柱群已向上收敛抵0轴，或翻越0轴，或指标柱破0轴，指标线在0轴之上。这些条件成立，随后MA5线向上，才能确认双底，也才可能形成一波行情。

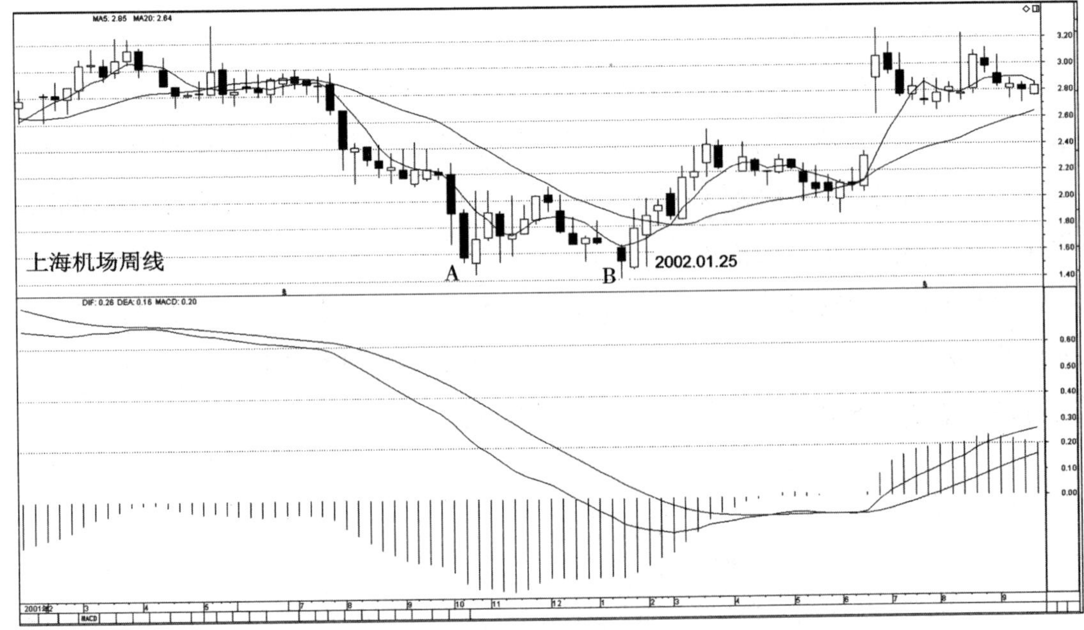

图2—2—1

上海机场（600009）这波筑底用了3个月，图2—2—1标示A处，是2001年10月19日这周，收盘价是1.57元，B处是2002年1月18日，收盘价是1.53元。

上海机场这个双底判断条件，一是第一个收盘低点后数周再出现相同低点，此后没有更低点。二是B低点时，指标柱已不是最低，有价柱背离现象。

上海机场这个双底，间隔时间非常有趣，刚好3个月，这不是偶然。在股市中，其实时间对称也是一个重要现象，我会在以后专门论述。

图2—2—2所示双林股份（300100）这段走势有些特别，2015年6月12日之后，市场全面调整，下跌凌厉，市场一片恐慌。双林股份还提前一周下跌，5周跌去三分之二，可见跌势之凶猛。

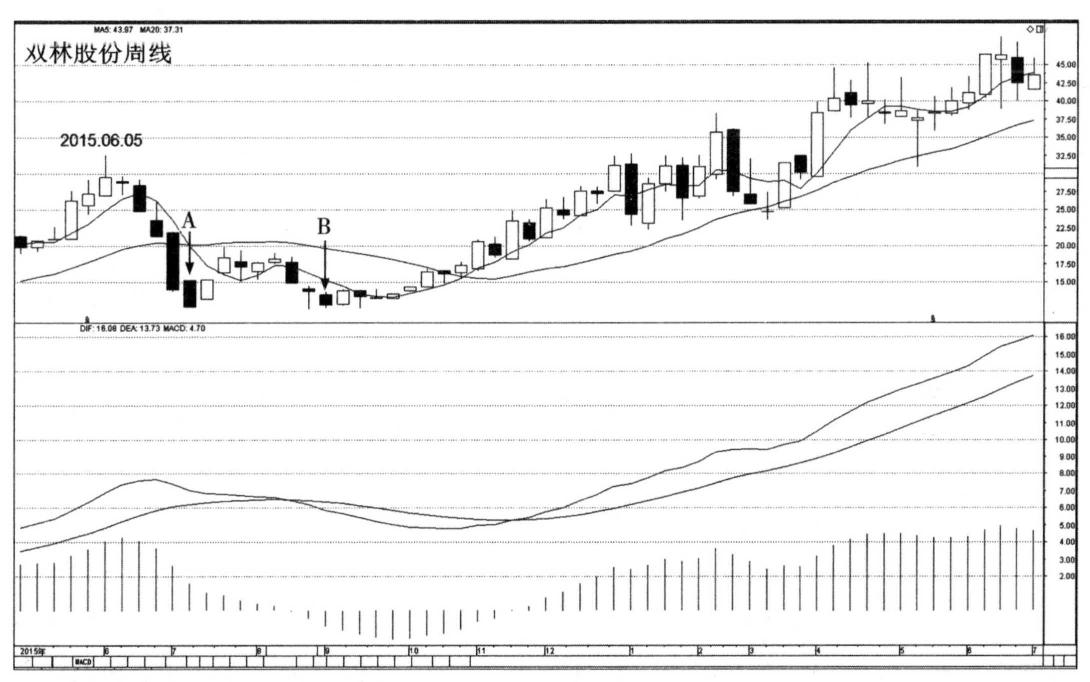

图2—2—2

图中A处是2015年7月7日这周，收盘价11.52元，双林股份就此止步，微弱反弹后再跌，到B处2015年9月2日这周，收盘价11.78元，与前一低点相当。此后还出现一个低点，但收盘价高多了。为什么不以最低价判断呢？其实K线设计很科学，有开盘价，收盘价，最低价，最高价，它们各自代表博弈双方心理行为和力量对比。很少人关注收盘价，而它对于观察时空运行节奏非常重要。

双林股份B点之后不再下跌，震荡3周后开始另一波行情，而大盘仍下跌不止。该股逆市上行，涨到 2016 年 6 月，比 2015 年 6 月价格更高。

图 2—2—3 是中远海能（600026）一段早期走势，图中 A 处是 2005 年 7 月 15 日这周，收盘价 2.69 元，随后微弱反弹，14 周之后，到 B 处 2005 年 11 月 4 日这周，收盘价 2.54 元，股价从此处起涨，走出一波大行情。

B 处与 A 处收盘价相当，B 处指标柱群已明显向上收敛。MA20 线走平，只要 MA5 线掉头向上，升势就确立。

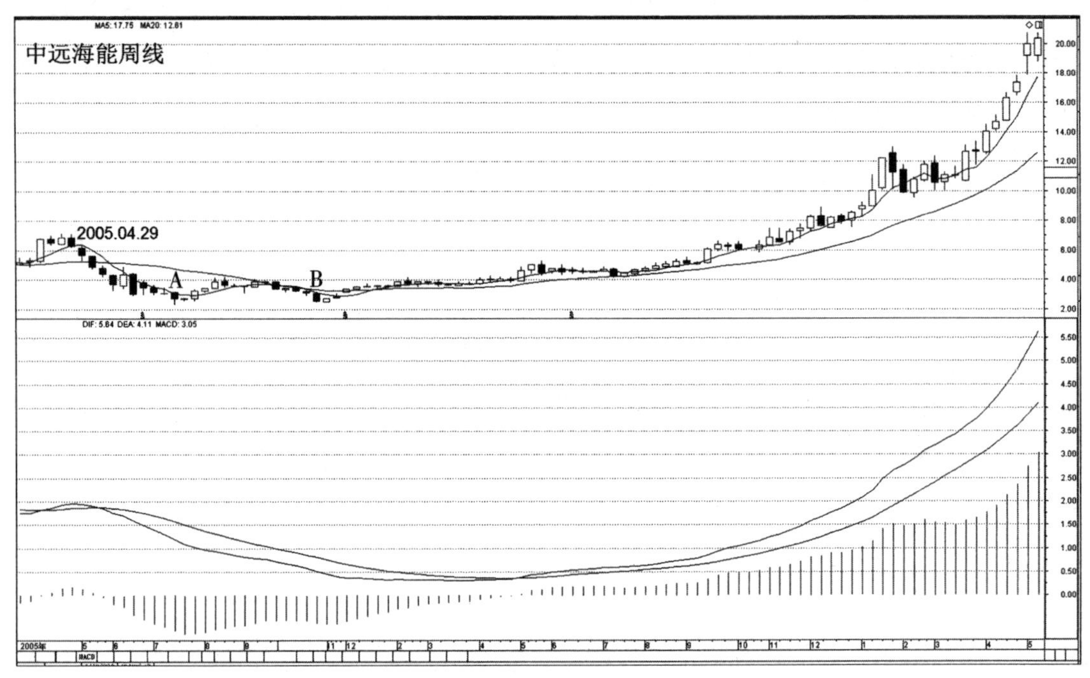

图 2—2—3

图 2—2—4 所示为兖州煤业（600188）2014 年的一段底，A 点 3 月 14 日这周收盘价 5.89 元，B 点 4 月 25 日这周收盘价 5.90 元，中间相隔 5 周，这是间隔较近的双底。

观察全图，从历史高点下来，还有过两次两根 K 线收盘价相当，中间间隔两周，为什么不是底呢？因为间隔时间太短，如果就此上升，必然表现在 MA5 线向上角度和指标柱向上收敛有序，而这两个条件都没表现出来。况且 MA20 线下降角度太大，没有力度，一时半会儿扭转不了趋势。

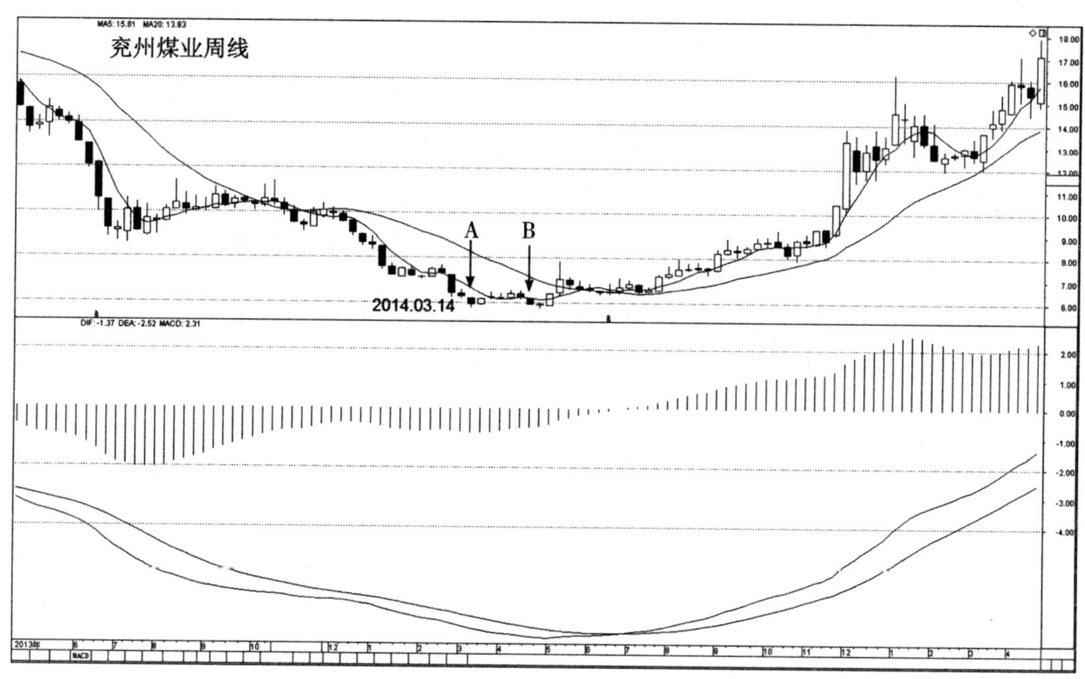

图 2—2—4

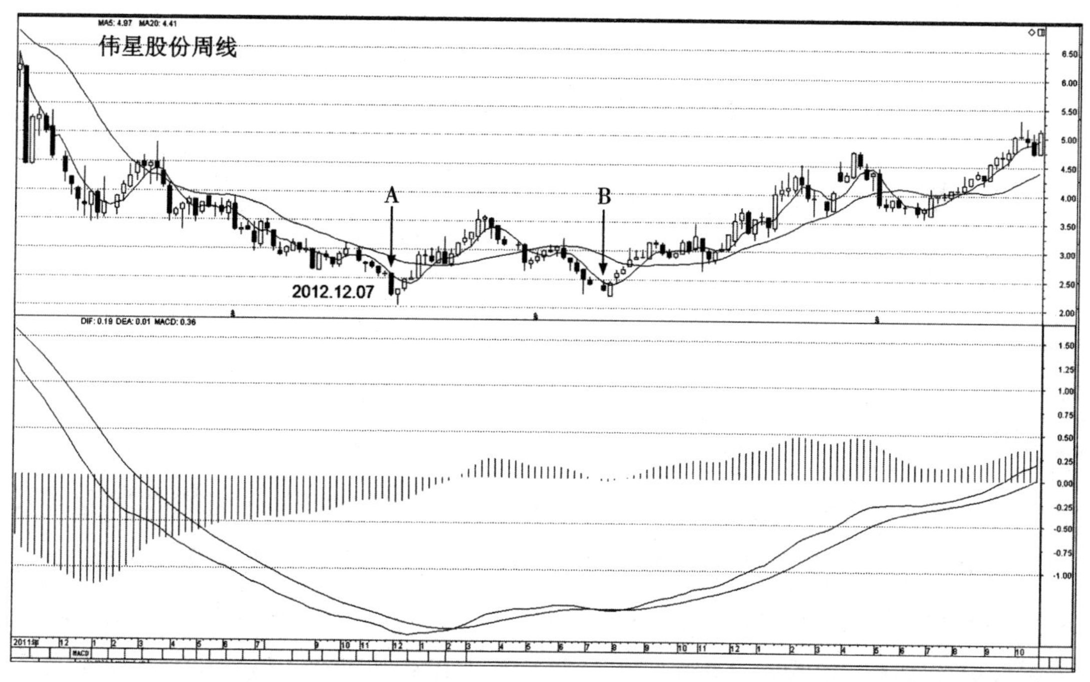

图 2—2—5

如图 2—2—5 所示，伟星股份（002003）这个底表现很充分，图中 A 点是 2012 年 12 月 7 日这周，收盘价 2.20 元，B 点是 2013 年 7 月 19 日这周，收盘价

2.31元，与前一低点相当，两个低点间隔32周。更重要的是，第一个低点后反弹了一小波，再次回到低点，而此时指标柱还保持在0轴上，指标线已抬高，价与线背离，指标线代表资金流方向，这是重要的向上信号。

绵石投资（000609）这个底的时段，与上一案例差不多，见图2—2—6。A点这周是2012年12月7日，收盘价5.17元，B点这周是2013年7月5日，收盘价5.32元，两低点间隔30周。B点对应的指标柱已多周站上0轴，指标线也转而向上，A到B一段MA20线也走平，这些因素足以说明底部成立。

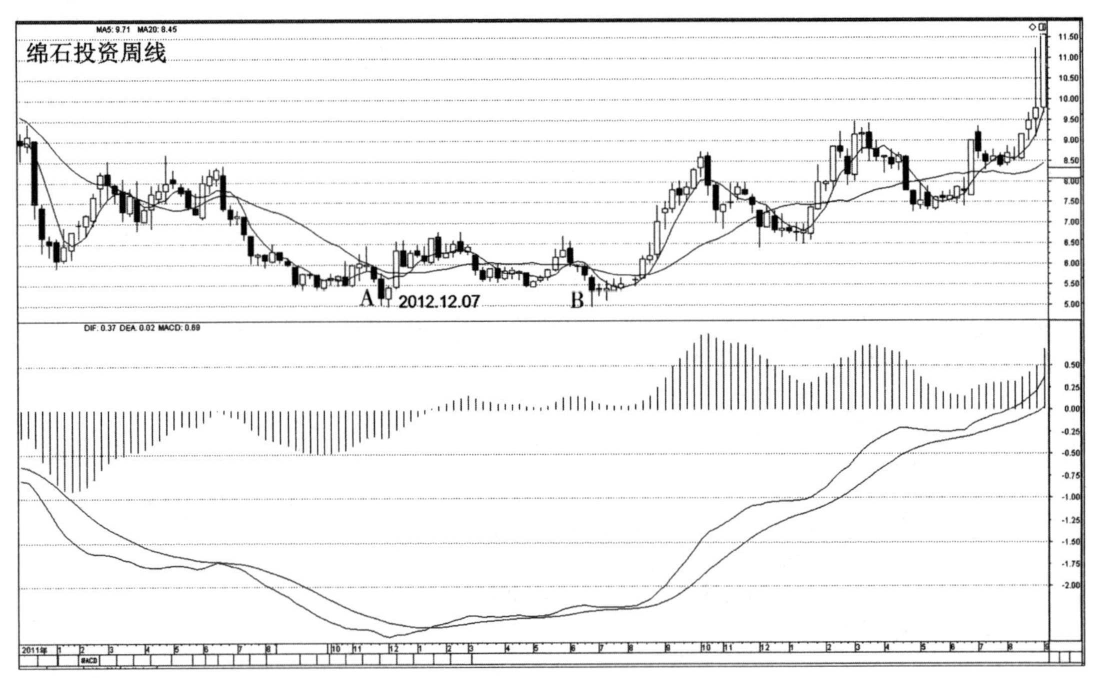

图2—2—6

图2—2—7所示川化股份（000155）这个底耗时长，图中A点是2012年8月10日这周，收盘价3.32元，之后反弹还很可观，60周之后，2014年1月17日这周，再次形成低点，收盘价3.17元，两低点价格相当，可是指标柱比A处高多了，指标线更高多了，价线背离这个信号，预示未来有不俗涨势，此后股价上升5倍。

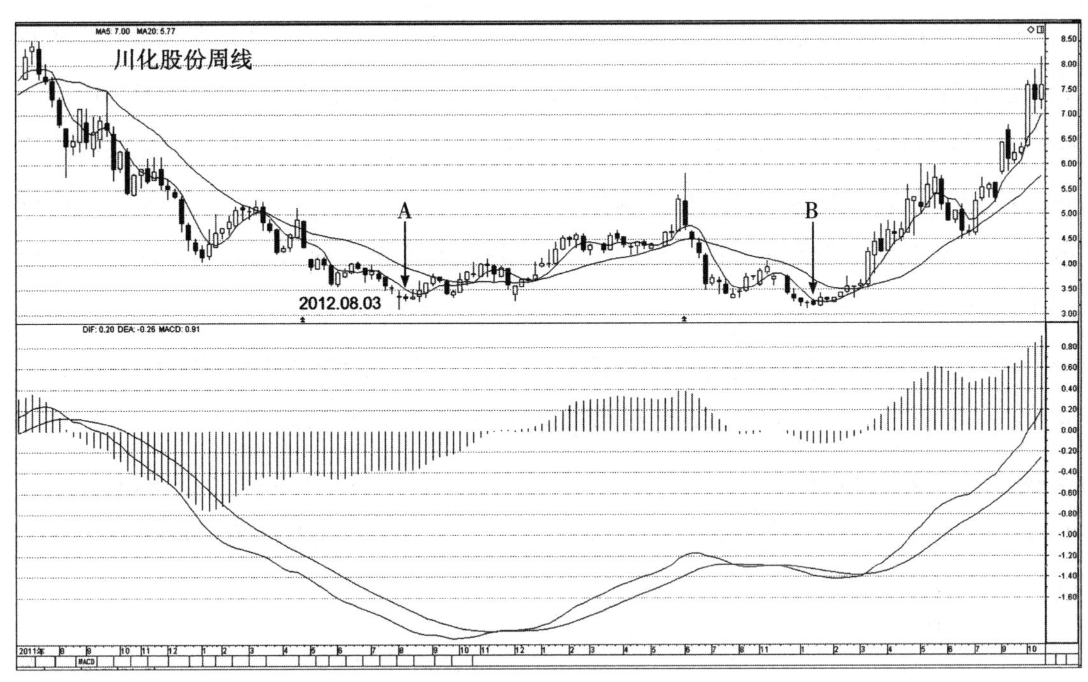

图 2—2—7

如图 2—2—8 所示，天奇股份（002009）在 2012 年 1 月 6 日这周形成低点，收盘价是 6.59 元，46 周之后，2012 年 12 月 7 日再次形成低点，最低价比 A 处低 10%以上，收盘价是 6.31 元，略低。有一个重要细节，A 处指标柱群深而大，B 处指标柱群高而小，已抵近 0 轴，价与柱明显背离，这是底部的重要信号。

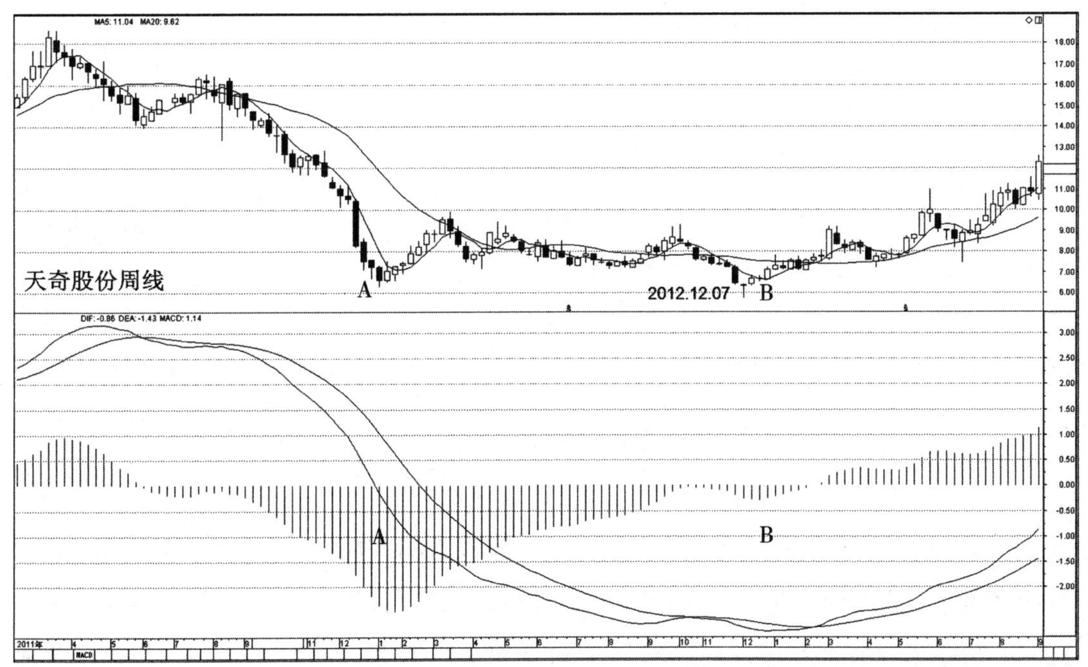

图 2—2—8

图 2—2—9 所示方大化工（000818）2013 年这个底容易确认，从 2011 年高点下来，连续 3 年指标柱群都在 0 轴下，柱群由深而浅，到 2013 年 7 月 19 日这周，标示 A 处收盘价 2.62 元，此后微弱反弹，这周之前还有一个最低点，但它收盘不低。25 周之后，2014 年 1 月 10 日这周，标示 B 处收盘价 2.58 元，收盘价与前低相当，此时的指标柱群已抵近 0 轴，价与柱群背离，只要此后 MA5 线向上，就可确认趋势向上。

这只股票的底，如果用波浪理论观察，A 处是 C 浪的第 4 小浪底，B 处是 C 浪的第 5 小浪底，按照波浪发展，B 处应该低于 A 处，但此处收盘价只是象征性低了几分钱，是波浪理论说的 5 浪失败。下跌浪 5 浪多会失败，所以形态上成双底。就如我前面说，道氏理论讲形态，波浪理论讲数浪。问题是波浪理论运用更难，一般读者不甚了解。

图 2—2—9

图 2—2—10 中山东海化（000822）这个底要借助指标柱观察，才有把握确认。2015 年 6 月之后市场大跌，大批股票走势疲软，股市投机者谨小慎微，不敢轻易参与。山东海化有底部特征，从顶部下来到 A 处，收盘价 4.77 元，此后反弹，15 周

后到B处再创低点，收盘价4.72元，两低点平行。与之对应的B处指标柱不是最低，比之前高，有价与柱背离迹象，只要此后MA5线掉头向上就可以参与，随后便是密切关注MA20线是否向上，指标柱能否突破0轴，这两个条件是确认一波行情的要素。

图2—2—10

图2—2—11中北大医药（000788）这个走势，也具有双底特征，但是筑底仓促。这只股票价格高点是2014年，2015年的高点与2014年平行，是个双顶。说它仓促，是从指标柱观察，A处对应的指标柱群在0轴下很深，最低收盘价是9.76元，随后尖底反弹，23周后再创低点，最低收盘价是9.32元。与之对应的指标柱群已比A处抬高，有价柱背离迹象，只要MA5线向上，指标柱有序收敛就可参与。我们前面说过，不管它以后是主升还是反弹，我们的目的是抓住此后一段利润。

此股之后约上升了60%。

这个案例用波浪理论判断，2014年已经走完5浪，2015年受大盘影响，走出一段延长浪，我们讨论的这个底，其实是调整浪A底，所以升幅有限。

图 2—2—11

图 2—2—12

图 2—2—12 所示，沪铅指数经历一段漫长调整后，2015 年 1 月 18 日这周是最低点，此后微弱反弹再次下降，到 B 处再次出现低点，价位几乎与 A 点相同，此

后不再有低点。魏氏指标的表现是，C处指标线最低，价不是最低，D处指标线比C处高，价却比C处对应的价低许多，价线背离，价在B处出现第二个低点时，指标线已明显向上了，价线背离比价柱背离力度更大，随后会出现一波较大上升行情。

图2—2—13所示华信国际（002018）的底不是双底，放在这里作为特例讨论。图中A处收盘最低点是2008年10月31日这周，收盘价是1.35元，间隔63周之后，2012年1月6日这周，再次出现低点，收盘价是1.28元，形态位置几乎与前一次低点平行。无论是形态和价位，都与双底相似，不同的是间隔周期太长，形态又没有双底特征。它与前面讨论的双底性质不同，这里其实是两个不同的底。用波浪理论观察，A处是一波调整的A浪底，C处是C浪的终结点。只是它们价格正好平行，具有了双底特征，这种情形很多时候都会发生。如果我们要确认双底，而A处不能确认底，那么就会失去一段利润。

图2—2—13

第3节 三底模式

三底又称三重底，就是说底部有3个低点。3个低点多数时候呈现的是道氏理论描述的头肩底。头肩底是一种形象比喻，如人的头部和两肩，在底部如倒立的形态。此处为什么不说头肩底而说三底呢，因为有些形态“头”并不突出，几乎是三个平行低点，圆形底也近似于头肩底，为了简单明了，统称为三底。

三底这种形态有个特点，三个低点相互之间有时间间隔，相应的筑底时间就长。筑底时间长的底部，后来的涨幅就大。

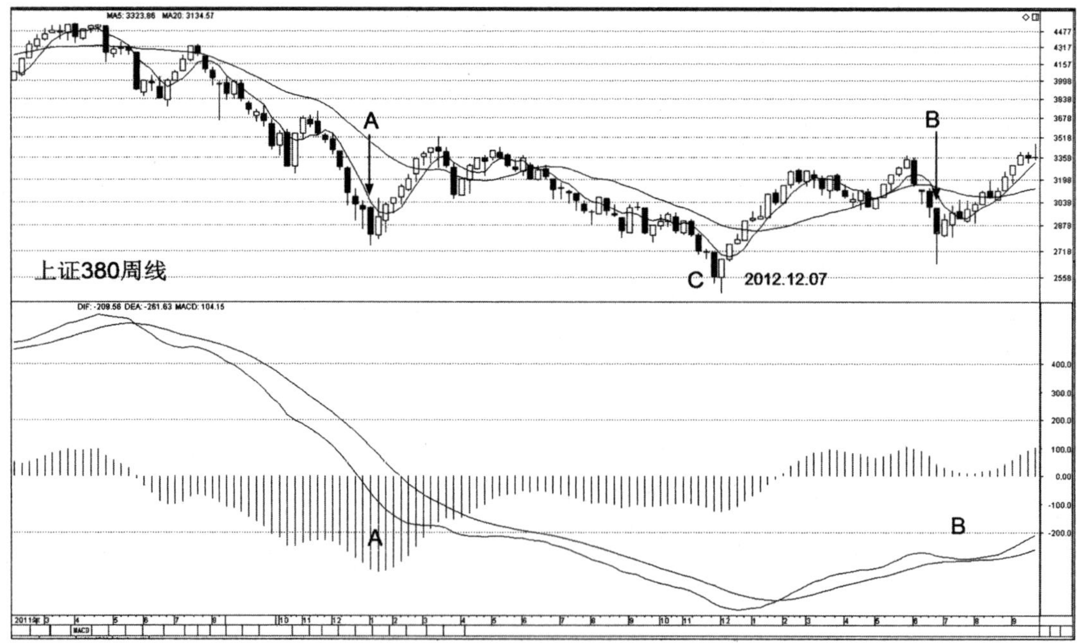

图 2—3—1

图2—3—1所示上证380（000009）指数这段底是一个比较典型的头肩底形态。图中C处价最低，收盘点位2559，就像倒立的头部，A、B两处相距74周。A处为左肩，收盘点位2814，B处为右肩，收盘点位2824，左右两点平行。B处收盘比A处略高，最低价比A处低，与之对应的B处指标柱已在0轴之上，尤其指标线已明显转为向上，这表明一波调整结束，其后进入主升。

图2—3—2所示大西洋（600558）这段走势与上证380板块相似，稍微不同的是"头部"不太突出，几乎是3个平行点。图中，A处左肩收盘价为1.87元，与之对应的指标柱群大而深。C处头部时，最低收盘价为1.83元，与之对应的指标柱群紧靠0轴为芝麻点状。B处右肩时，收盘价为1.92元，与之对应的指标柱群已在0轴之上，指标线也转为向上，价与线背离，说明资金流向完全改变，一波主升开始。

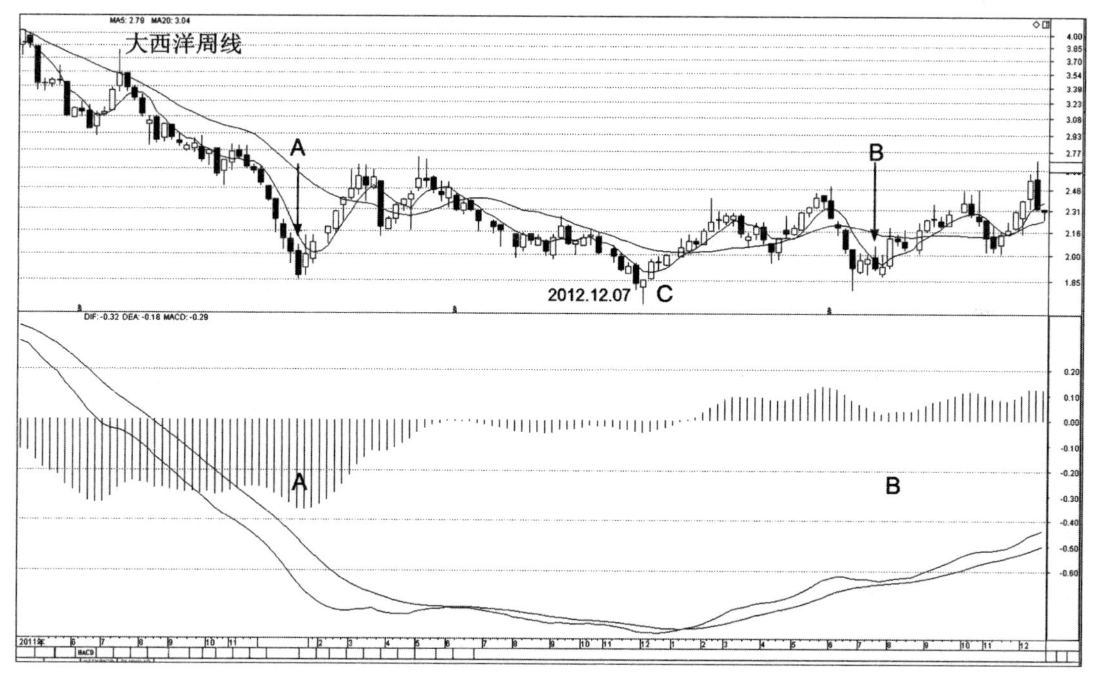

图2—3—2

华兰生物（002007）这个案例有些特别。图2—3—3中，A、B、C三处近似三底，三处收盘价基本平行，可是相距时间不长，只有30周，更重要的是指标柱群形态没有三底特征。C之后微弱上升后再跌，到E时创下最低价，指标柱群仅象征性下穿0轴，价与柱背离。到D时再出一个调整低点，收盘价与C处平行，C、D两处成为左右肩，两处分别距头部27周，形成对称格局。

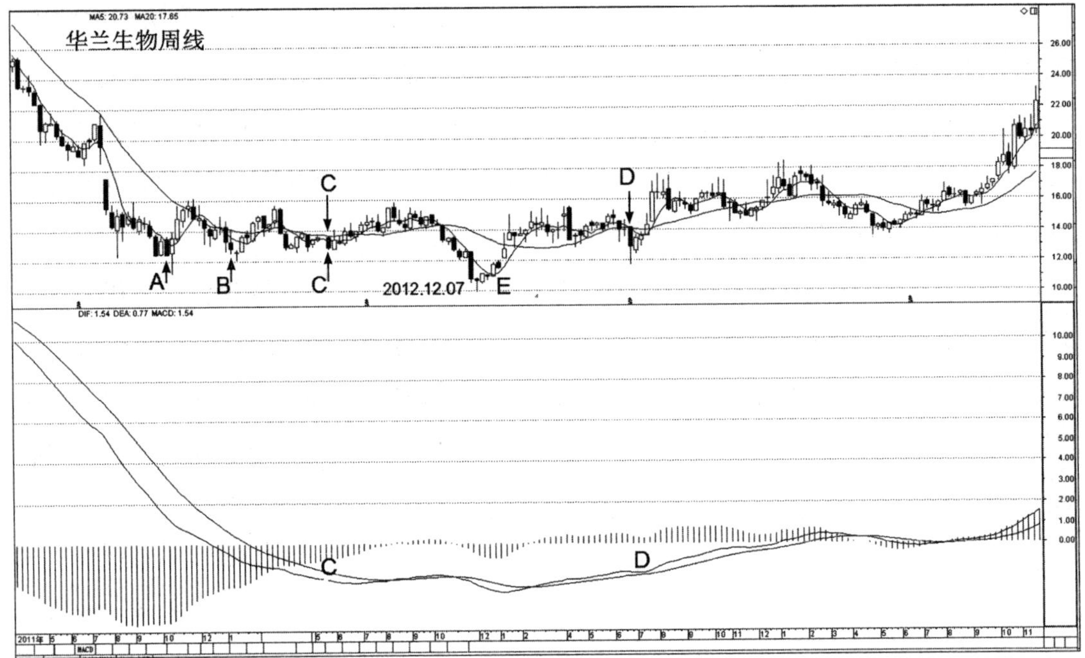

图 2—3—3

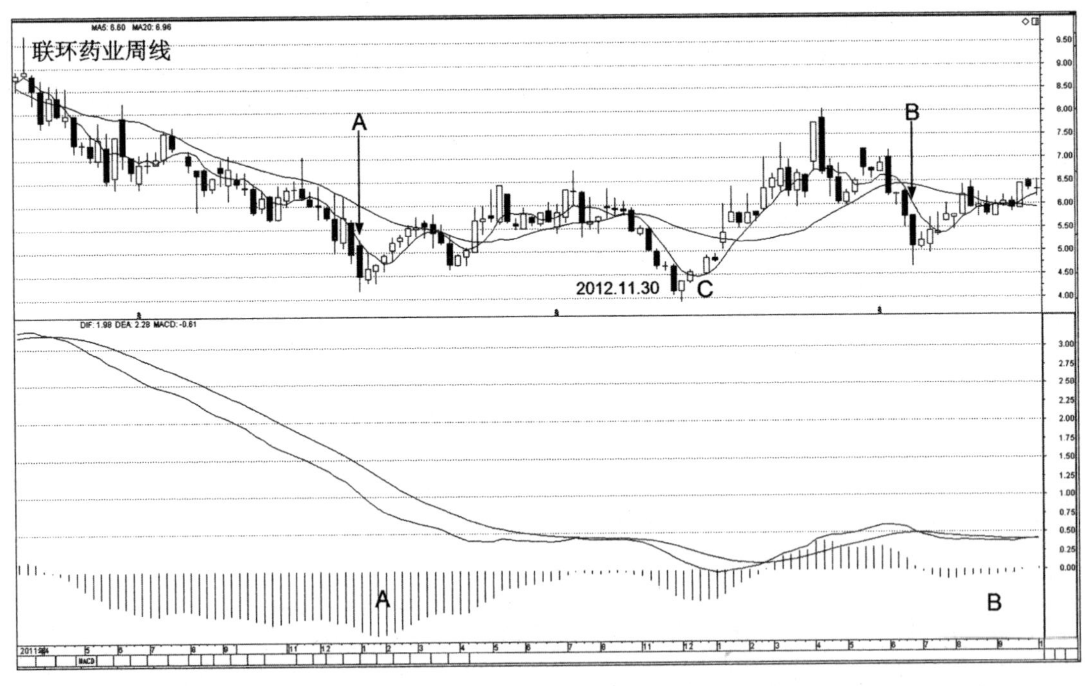

图 2—3—4

市场非常有趣，既有规律可循，又有超出想象的奇妙，尤其在小级别 K 线图中。图 2—3—4 联环药业（600513）这个案例的 B 处右肩，比 A 处左肩收盘价高出

10%以上，这种变异性与华兰生物相似，给判断造成困难。好在我们依据均线模式操作，不会放过一波主升。

图 2—3—5 所示中原高速（600020）这个底十分对称，A 处收盘价 1.63 元，B 处收盘价也是 1.63 元，A、B 两处分别距 2013 年 6 月 28 日这周低点都是 28 周。这周虽然创了价格最低点，但收盘价却不是最低，连续 5 周平行波动。如果观察日线，你更加不知所措，所以我在几本书中都反复强调，股市投机依据周线操作是比较适当的选择。

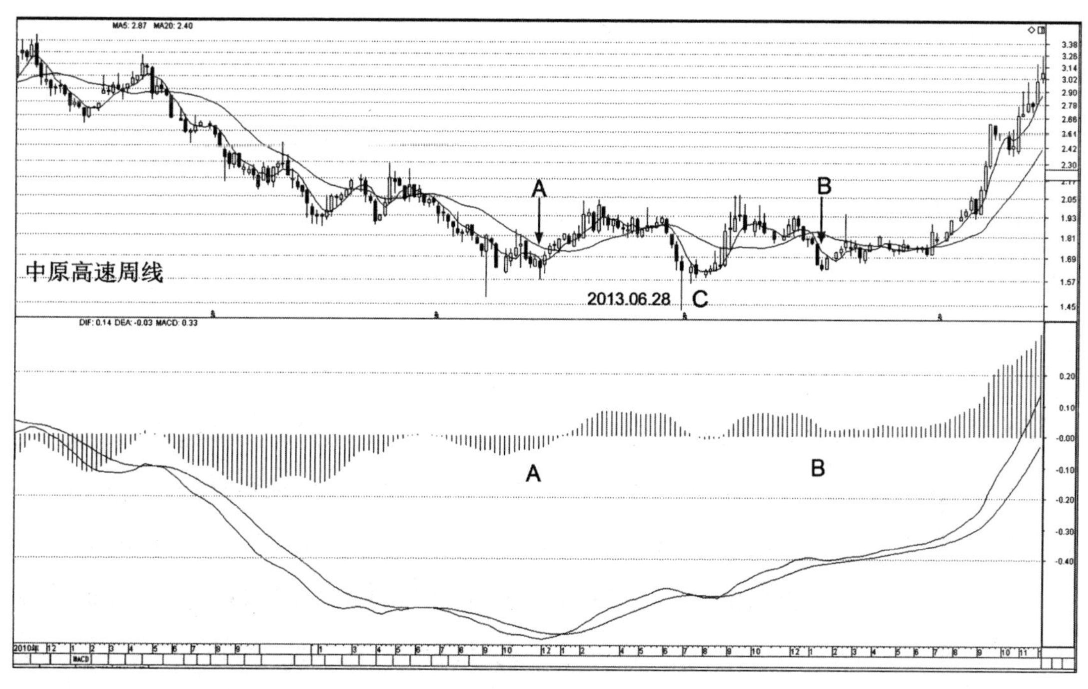

图 2—3—5

图 2—3—6 中，东风汽车（600006）这段底也很特别，说它是平底头肩底都不准确。收盘价 AB 两处价格比 C 处低，但是 C 处又确实出现最低点，只能说是三底。AB 两处分别距 C 处 29 周，又是一个时间对称形态。

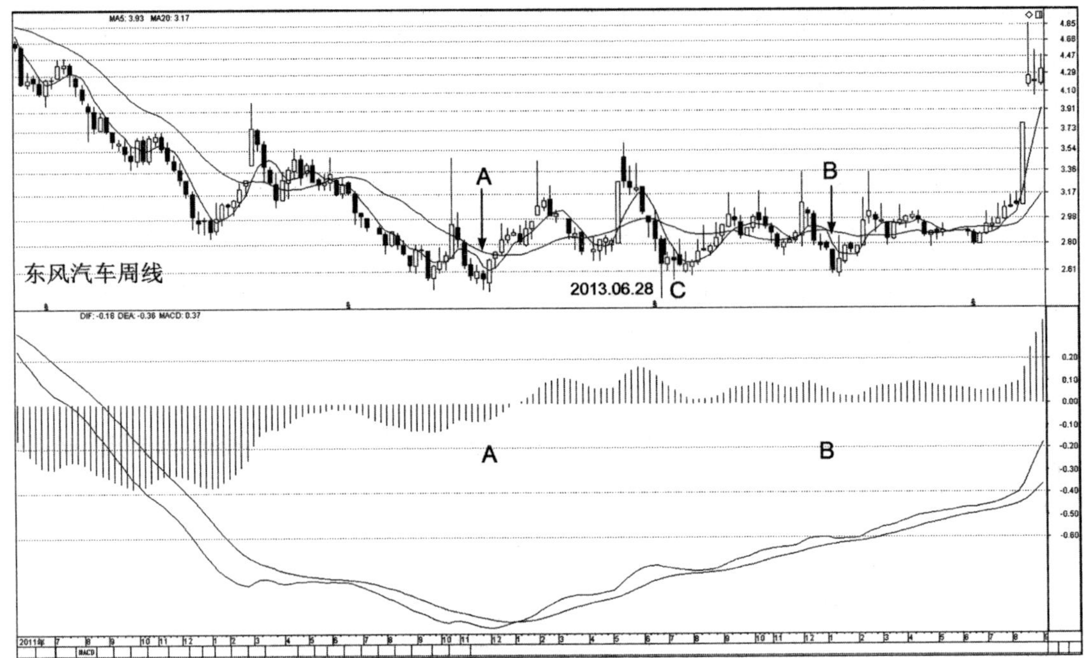

图 2—3—6

我在 2015 年出版的《一招制胜》一书中，有一节专门讨论了价线喇叭形，价在走低，指标线在走高，未来必是黑马。东风汽车从 A 处开始，指标线转身向上，56 周之后到 B 处，价还出现与 A 处平行低点，与之对应的指标线已经上行很多了，虽然不算典型的价线喇叭形，但也有其特征，后来此股到 2015 年 6 月上升 7 倍。

图 2—3—7 中，安徽水利（600502）这段底部又是一个时间对称。AB 两个低点分别相距 C 点 34 周。股市中的对称是个奇妙现象，有多种不同形式对称，我会在以后的《时空节奏》中细说。

我多次强调观察收盘价的重要性，就像拳击、足球等比赛一样，比赛进行中看似强势一方，可是最后一刹那却被对方击中而输掉。收盘价是多空博弈的最终结果，这幅图中，A 处不是最低价，3 周后出现最低价，比 C 处还低，但当周收盘在高位。C 处也不是最低价，3 周前更低，但 C 处 2013 年 7 月 19 日这周收盘最低，瞬时低点不足为凭，最重要的是收盘价。要相信 K 线设计者的科学性和良苦用心，就如均线设计者一样，他们不是想当然，其科学性经得起时间检验。

图 2—3—7

图 2—3—8 中腾达建设（600512）这段底复杂而形成漫长，A 处是 2012 年 1 月出现的第一个收盘低点，D 处是 2012 年 11 月出现第二个收盘低点，也是最低点，B 处是 2013 年 7 月出现的第三个收盘低点，C 处是 2014 年 6 月形成第四个收盘低点，在这 125 周中，价格几乎是平行波动，其中 A、B、C 三个收盘低点平行，D 处比 A、B、C 三处低，相当于底部的头，右肩是 B、C 两个低点构成。

腾达建设构筑这段漫长的底，用时近两年半，对于股市投机，如果持有此股，备受煎熬，两年半时间无功消耗，甚至守到绝望而放弃。这就是我前面说的，投机不外乎两种获利方法，一是心智判断顶底，最终也能丰厚回报。二是模式操作，不具备交易条件不做，免受等待煎熬之苦。

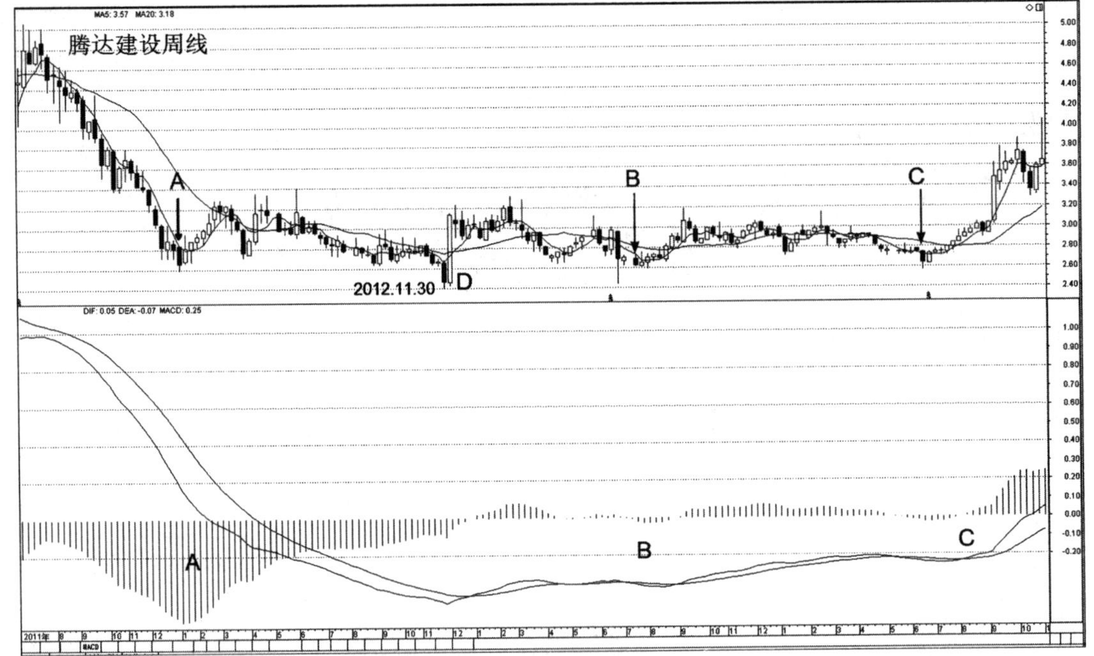

图 2—3—8

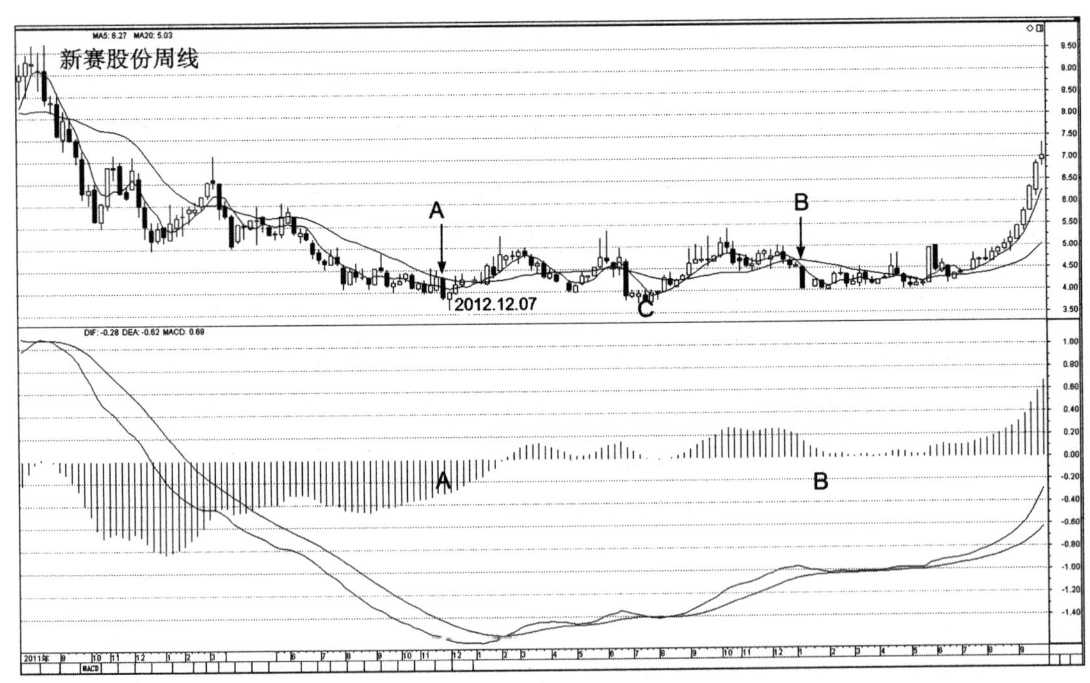

图 2—3—9

图 2—3—9 所示新赛股份（600540）这个底，价位不明确形态明确，图中 A 处收盘价是第一个低点，第二周价格创下整个底部最低，但收盘价不低，C 处收盘价

才是最低，B处再次出现收盘价低点，与A处几乎平行。A、B、C三个收盘低点，形态上酷似头与肩，更重要的是，指标柱在C处时就站上0轴，一直持续到B处也没下穿0轴，指标线也从C处开始明显走高，价与柱、线都背离了，表明一波上升即将开始。

福田汽车（600166）这段底，几乎是三个平行低点构成，如图2—3—10中所示。图中A处收盘价略高，但瞬时点位最低，B处与C处价位几乎平行，头肩形态不明显，就是三个底。指标柱表现鲜明，C处之前已有两次站上0轴，C处再次站上0轴，说明已连续价与柱背离，可以确认底。

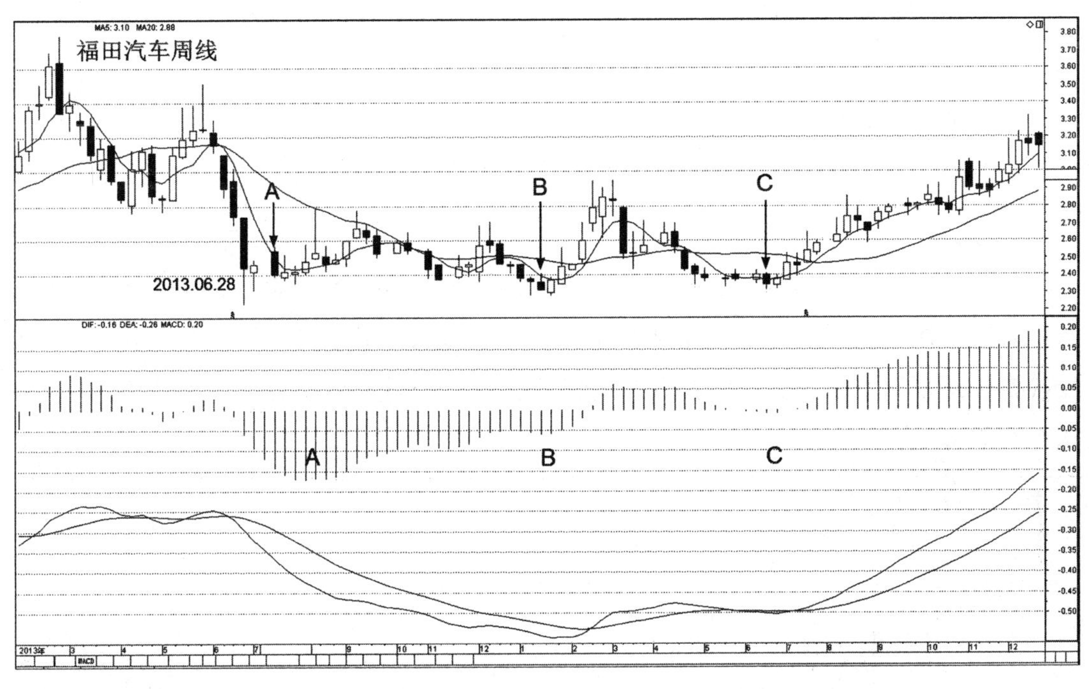

图2—3—10

图2—3—11中韶能股份（000601）这段也是三底，完全没有头肩形态。图中A处价位最低，收盘价也是最低，B处价位比A、C两处都高，三个低点基本平行。确认底部结束的重要依据价与线背离。C处价几乎与A处平，指标线已明显高很多。指标线代表资金流向，价线背离的底十分可靠。

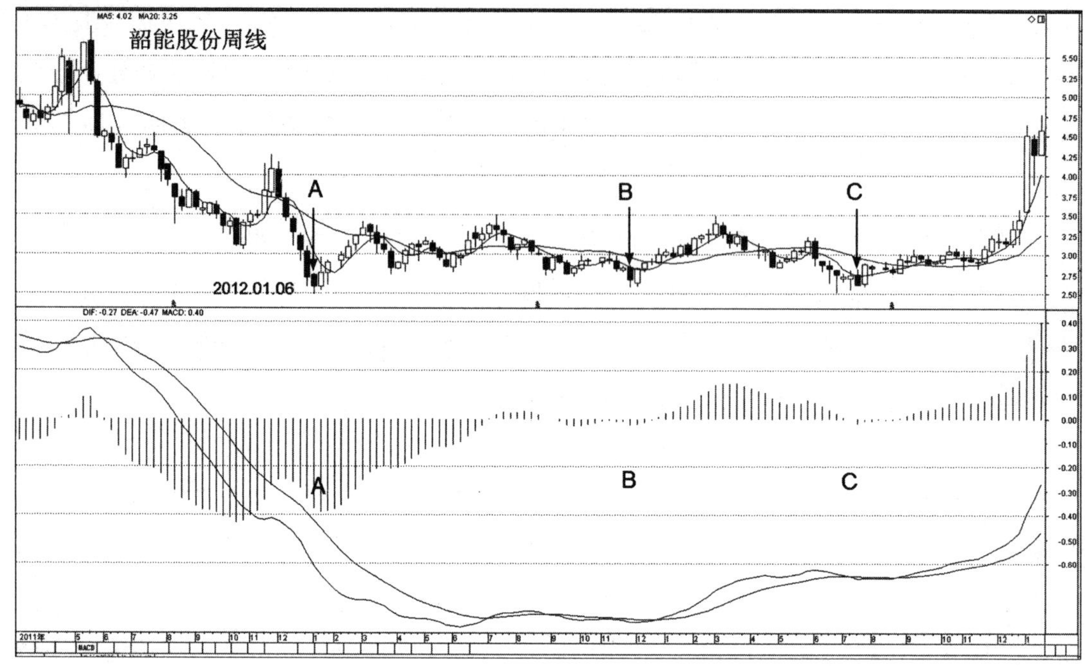

图 2—3—11

图 2—3—12 所示汇通能源（600605）这段底，形态上看是个圆底，又有双底三底特征。图中，B 处与 C 处是两个平行低点，酷似双底。A、B、C 三处比较，B 处收盘价最低，那么 A、C 就具有双肩特征。确认的重要依据是 C 处价与指标柱和指标线双背离。

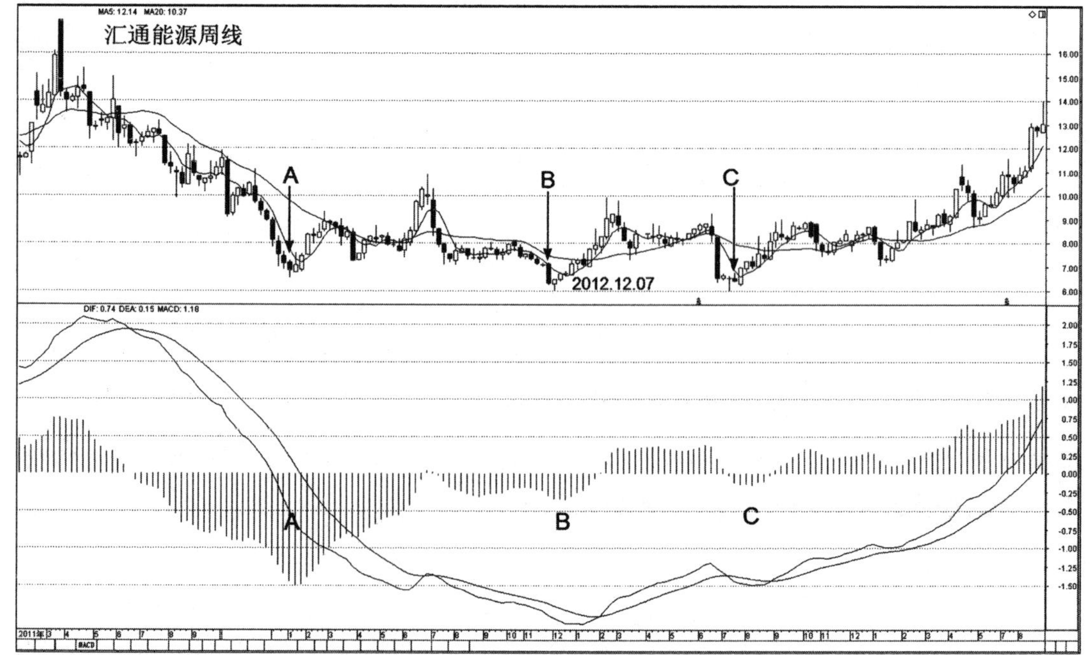

图 2—3—12

图 2—3—13 所示盛运环保（300090）这段底形成仓促，总共只用了 37 周。上面案例的底，不仅筑底时间长，而且价与指标柱反复背离，盛运环保只有一次背离。图中有 4 个收盘低点，从形态上观察，AB 两处虽然平行，走势上看 B 处才能算作一波下来的低点，因此实际是 B、C、D 三底。D 处价低柱高，背离，此后 MA5 线向上，依据均线模式也可获一段利润。

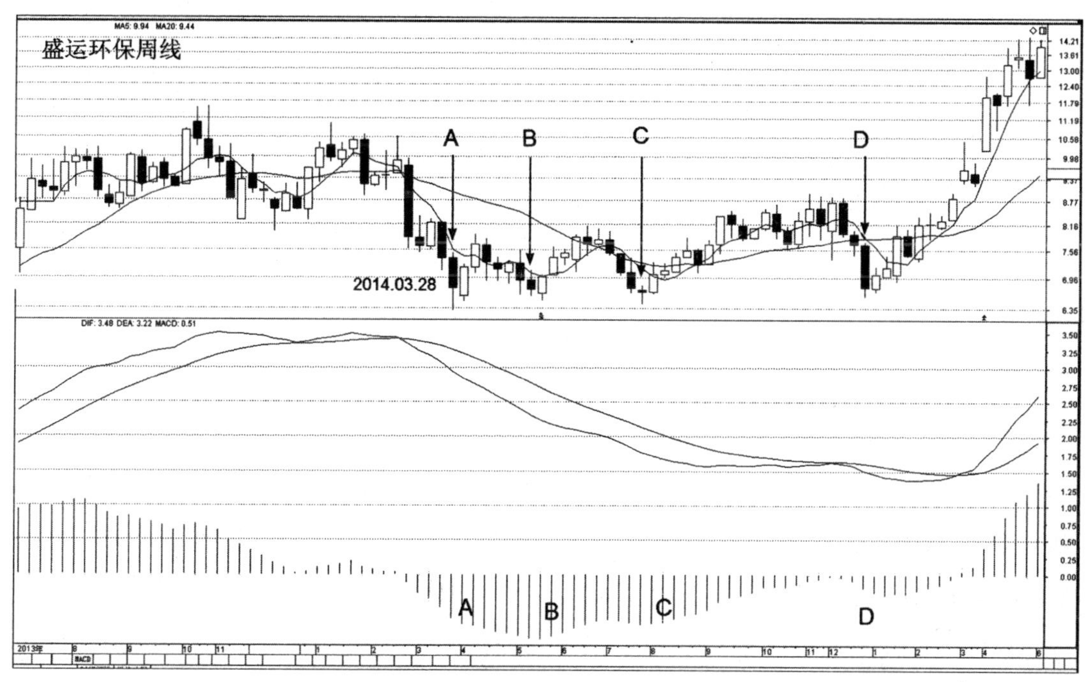

图 2—3—13

图 2—3—14 所示万年青（000789）这段底也很仓促，总共用时 40 周。A、B、C 三处价位平行，不同的是 B 处指标柱群已抬高，价与柱背离，C 处价与柱再背离，随后 MA5 线缓慢向上。

这个背景是 2015 年 6 月顶部之后，大盘一波调整未止步，凌厉大跌惊魂未定，敢不敢参与呢？万年青这种形态有三底特征，MA5 线也向上，依据模式大胆跟随就是。

2018 年 1 月截图时，该股价位已超 2015 年顶，创历史新高。

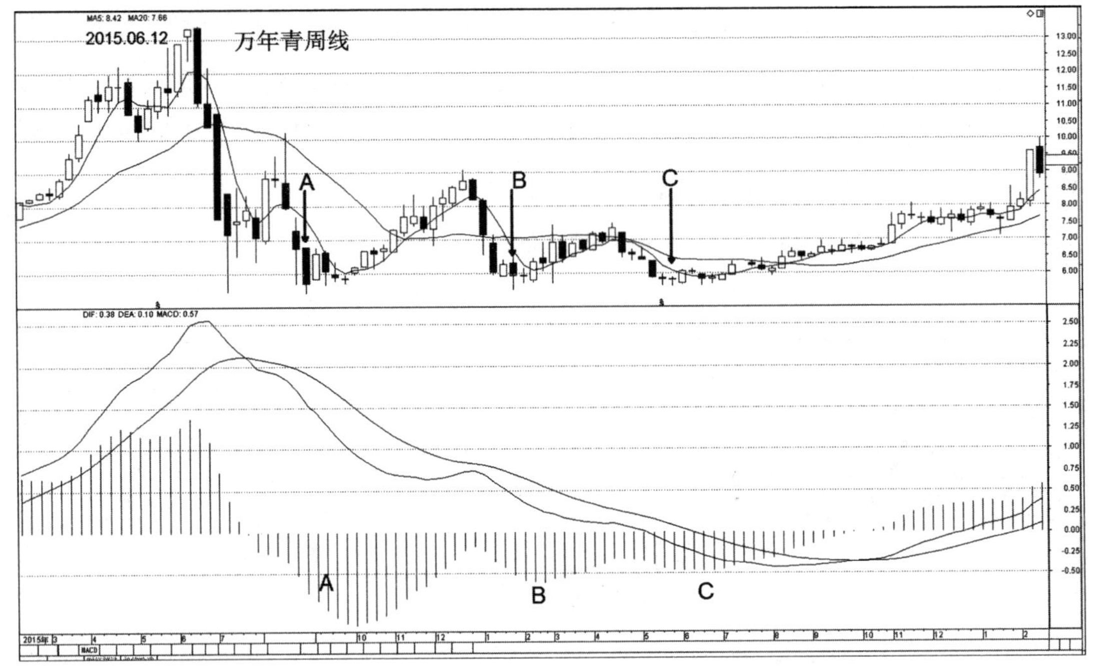

图 2—3—14

大盘 2015 年 6 月顶部之后大跌，有人问跌多久，我说 40 周以后再说，为什么说 40 周？这是从一个波浪上升时间，随后需要的最少调整时间作出的判断。浪级大，调整时间会长，浪级小，调整时间会短，上涨的时间和幅度也一样，股市运行有自身规律。这个话题牵涉到波浪理论，几句话说不清楚。

图 2—3—15 是期货市场淀粉指数的走势图。2016 年 9 月 30 日这周形成低点，随后向上再没有更低点，用道氏理论描述的形态说它是尖底也无可非议。从指标柱观察，价位最低点时，与之对应的指标柱群已比左面柱群高多了，说它是柱群背离底也对。市事如人事，有时候要正确定性很难，尤其是波浪判断更是如此。

淀粉指数这幅走势图，我把它定义为三底，是道氏理论描述的头肩底，头肩底形态突出。2016 年 9 月 30 日这周的低点是头部，以头部为中心点，左肩距离为 48 周，右肩距离为 52 周，周期基本对称。左肩收盘价 1926，右肩收盘价 1953，价位基本对称。图中画了一条水平线，左右都有两次价位触及这条线，也是一种形态对称。依据这些定义为三底是比较恰当的。不同的底，后来的发展性质会不同。

图 2—3—15

市场中有几种不同对称的底，这一现象包含很多奥妙，对研判走势大有裨益，我会在以后专文描述。

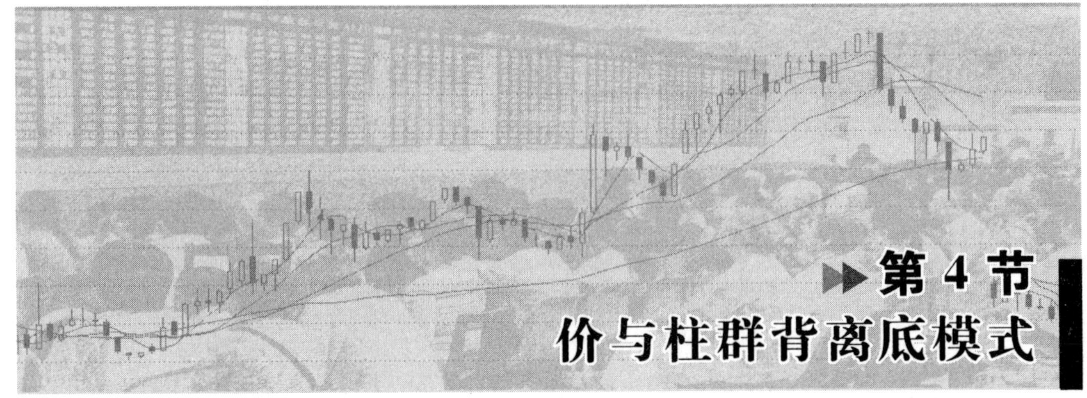

第4节 价与柱群背离底模式

我在第一部分第4节中，对魏氏指标作了简要说明，《一招制胜》一书详细论述了这个指标。柱，指的就是魏氏指标柱，柱群，就是指标柱形成的规模。价与柱群背离底，就是股价调整最低时，指标柱群在0轴下却不是最深最长，比较浅小，称之为价与柱群底背离。

价与柱群背离这种底，显然是经过长时间调整才形成，它与三底相似，但形态又不是三个低点。这种底也如三底一样，预示后来会有一波较大的升幅。

图2—4—1

图 2—4—1 所示包钢股份（600010）这段调整，从 2012 年 12 月到 2014 年 7 月，经历了 122 周。A 处价与 B 处价平行，这个形态不能算双底。

波浪理论描述调整形态为 A、B、C 三段，其中 B 段是向上的。那么，图中 A 处为 A 段底，A 底之后为向上 B 段，标示 B 处为 C 段底。这是一个标准的调整浪，从 B 段高点到 C 段底，也就是标示 B 处，还有明显的向下运行 5 浪形态。

波浪理论看似简单，实际运用很难，像包钢股份这段调整，有鲜明波浪形态的情况少，它会有若干变异。因此，柱群形态观察更直观。

图中 A 处指标柱群深而大，一波上升之后，柱群再次回到 0 轴下长时间运行，价也渐次走低，随后还有过一次急涨，但柱群未能成功突破 0 轴，这种柱群形态预示股价会创新低。B 处时价与 A 处平，柱群与 A 处比小而浅，价与柱群背离，这种形态未来涨幅一般都很好。

图 2—4—2

图 2—4—2 中，华煤控股（000607）这个柱群背离更鲜明，A 处是一波下跌最低点，微涨之后就平行波动，74 周之后到 B 处，价格出现低点，只略比 A 处高，但是柱群在 0 轴下很浅，规模也小多了，价与柱群背离，随后上升到 2015 年 6 月，

涨幅达 7 倍。

图 2—4—3 中，神州易桥（000606）这段调整，指标柱群有序背离三次。A 处价位是第一个低点，与之对应的柱群大而深。B 处价位是第二个低点，与之对应的柱群比 A 处浅而小，第一次价与柱群背离。C 处价位比 B 处低，与之对应的柱群比 B 处浅，比 A 处更浅，第二次价与柱群背离。D 处价位最低，柱群已抵 0 轴，第三次价与柱群背离。

图 2—4—3

我在《一招制胜》中说，背离不会超过 3 次。周线属于较大级别，很少发生 3 次，况且，随后柱群站上 0 轴，MA5 线也向上了，完全可以确认底。

前面我说波浪理论不易把握，同样的波浪它会有变异。盛达矿业（000603）这段调整，同样是 A、B、C 三段，其中 C 段就变异了。A 处就是调整的 A 底，之后上升为 B 段，B 段顶到 C，前半段是鲜明的 5 浪，到 B 处以为下跌结束，结果升一点再跌到 C 处。统观 C 段，又由 abc 组成，B 处为 a，其后半段又由更小级别 abc 组成。我们讨论的是柱群背离底，因此图中 ABC 并不是波浪调整 ABC 概念。

图 2—4—4 中，A 处是调整中的第一个价位低点，与之对应的指标柱群深而大，上升一段后再跌，到 B 处时，价比 A 处低，柱群比 A 处高，第一次价与柱群背离。到 C 处时，价位最低，柱群比 B 处浅，比 A 处更浅，第二次价与柱群背离，

随后柱群上穿0轴，MA5线向上，调整结束。

图 2—4—4

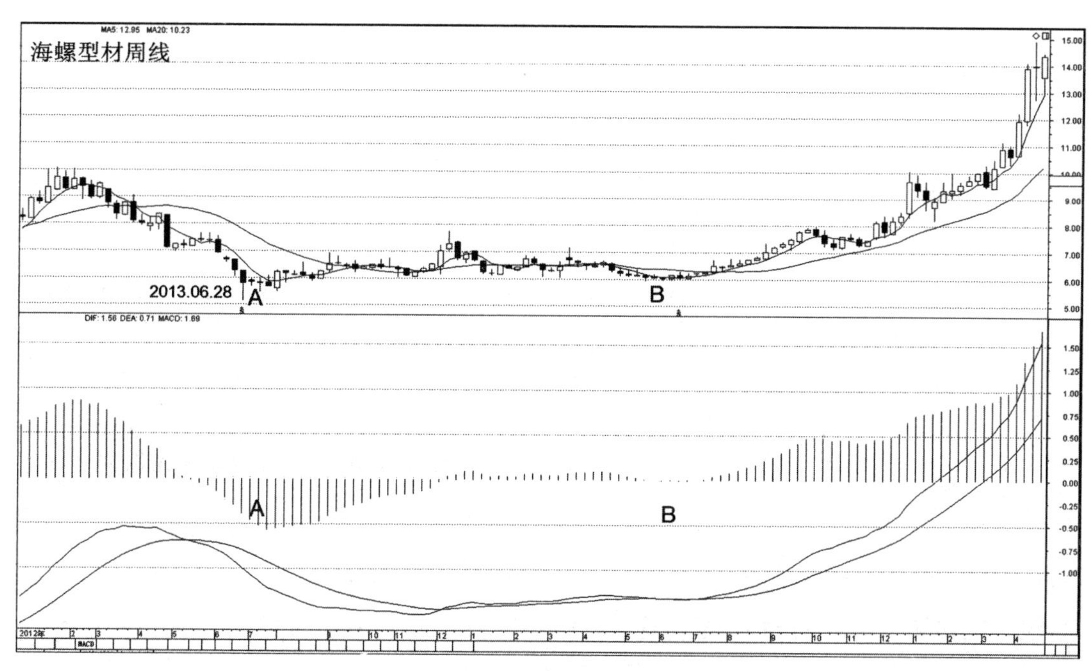

图 2—4—5

图2—4—5所示海螺型材（000619）的情形与前面案例不一样，它这段调整很简单，一波下跌，0轴下形成一个柱群，升一点点，柱群还上穿了0轴，然后再跌，

跌幅很浅。B处价略比A处高，也不是双底，B处与A处柱群比较，B处的柱群很小很浅，价与柱群背离，随后柱群上穿0轴，MA5线上升坚定，开始了一波上行。

图2—4—6所示锦龙股份（000712）这段底，酷似双底，但A处与B处收盘价相差较大，令人生疑，好在有价与柱群背离为判断依据。A处之前经过长时间调整，指标柱在0轴下形成一个规模较大的柱群，A处之后反弹，然后再跌到B，与之对应的柱群下穿0轴，但与A处比较浅而小，属于价与柱群背离，之后MA5线上升陡峭，走出一波上升行情。

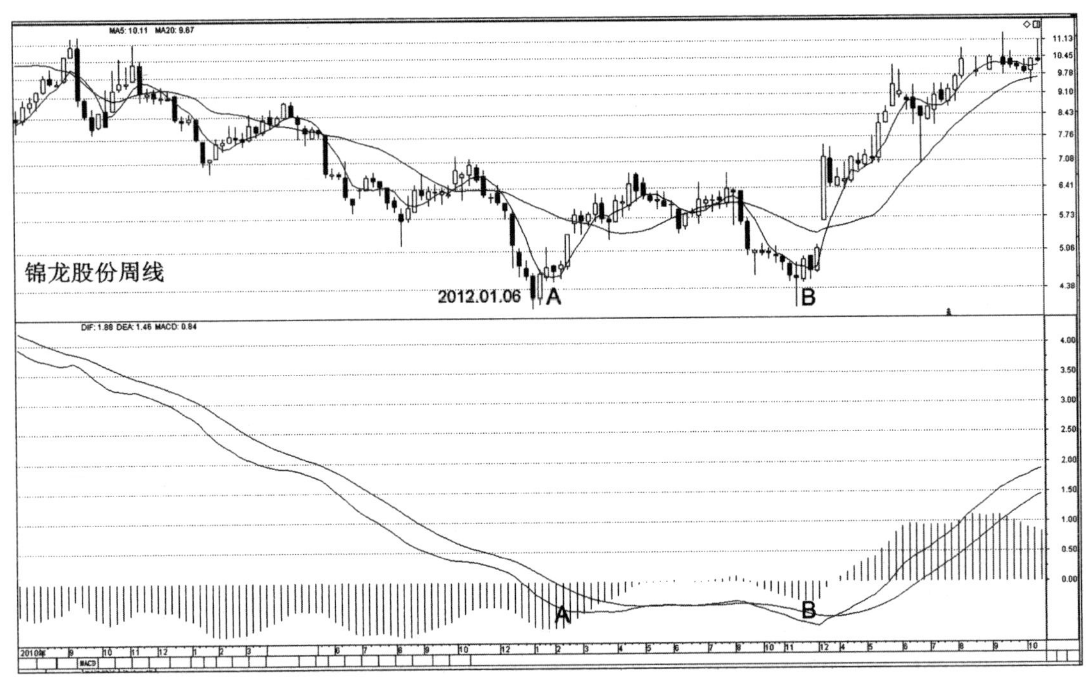

图2—4—6

图2—4—7中国元证券（000728）这段底，既是双底，也是价与柱群背离底。A处是第一个低点，A处之前经过一段漫长调整，指标柱在0轴下形成一个规模大，下降深的柱群。走势到达B处时，指标柱群几经反复收敛，B处柱群比A处小而浅，已靠近0轴，价格却创下最低，价与柱群鲜明背离。走势到达C处，价格几乎与B处平行，可是指标线明显比B处高，最终确认底部。

图 2—4—7

图 2—4—8 所示天泽信息（300209）这波调整，下跌幅度不深，调整时间长达 100 周。图中 A 处指标柱在 0 轴下最深，B 处价更低，柱群位置比 A 处高了，C 处价最低，柱群位置比 B 处高，比 A 处更高，两次价与柱背离，说明调整结束。

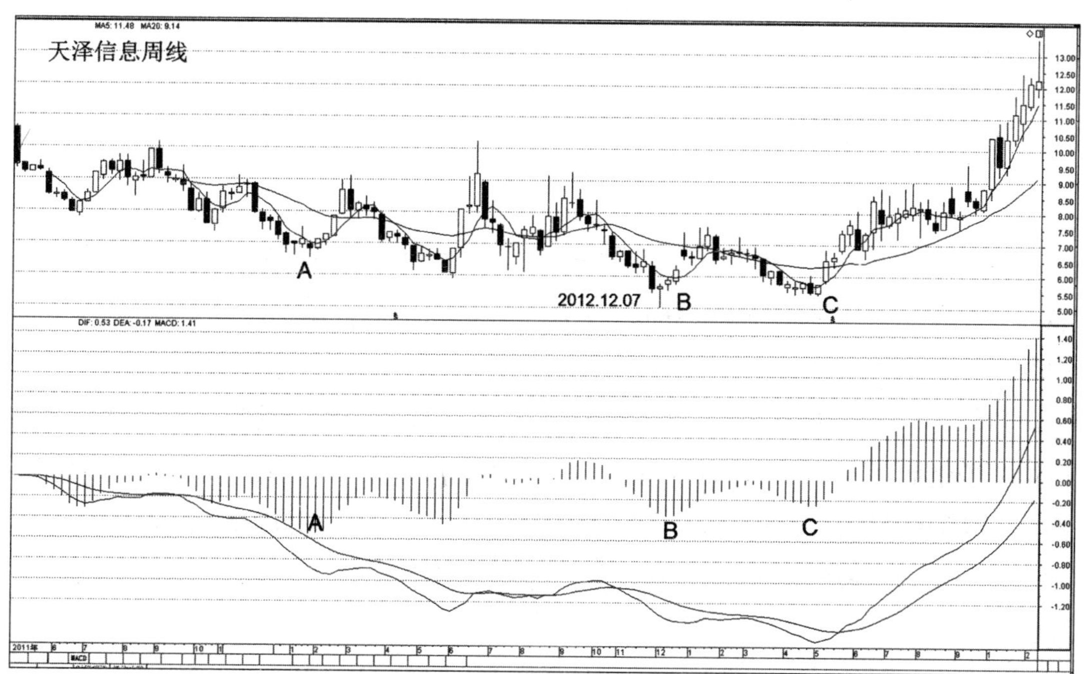

图 2—4—8

同时 B、C 两处又有双底特征，B 处收盘价是 5.60 元，C 处收盘价是 5.49 元，两处价基本平行，C 处之后 MA5 线向上，底便可以确认。

图 2—4—9 所示银禧科技（300221）这段底，是 2015 年 6 月大跌之后出现的形态。图中 A 处其实是个价与柱左背离底，微弱反弹后再跌，到 B 处时，柱群比 A 处小而浅，这也属于价与柱群背离。此后 MA5 线向上，到 2016 年 7 月，价远超 2015 年顶。

图 2—4—9

该股属创业板，至截图时，创业板还在一路下行，在这种大背景下，银禧科技居然上涨两倍，说明对底的判断，只要方法正确，在大盘疲弱态势下一样可以盈利。

如图 2—4—10 特变电工（600089）这个底，价的走势与柱群走势形成一个喇叭形，价走低，柱走高，这是一种价与柱缓慢背离，形态又与价与柱右背离相似。图中，A 处柱群在 0 轴下最深，其后缓慢向上收敛，价微弱反弹一点又继续下降，到 B 处时价降到最低，指标柱却已临近 0 轴，当指标柱突破 0 轴时，表明一波调整结束。

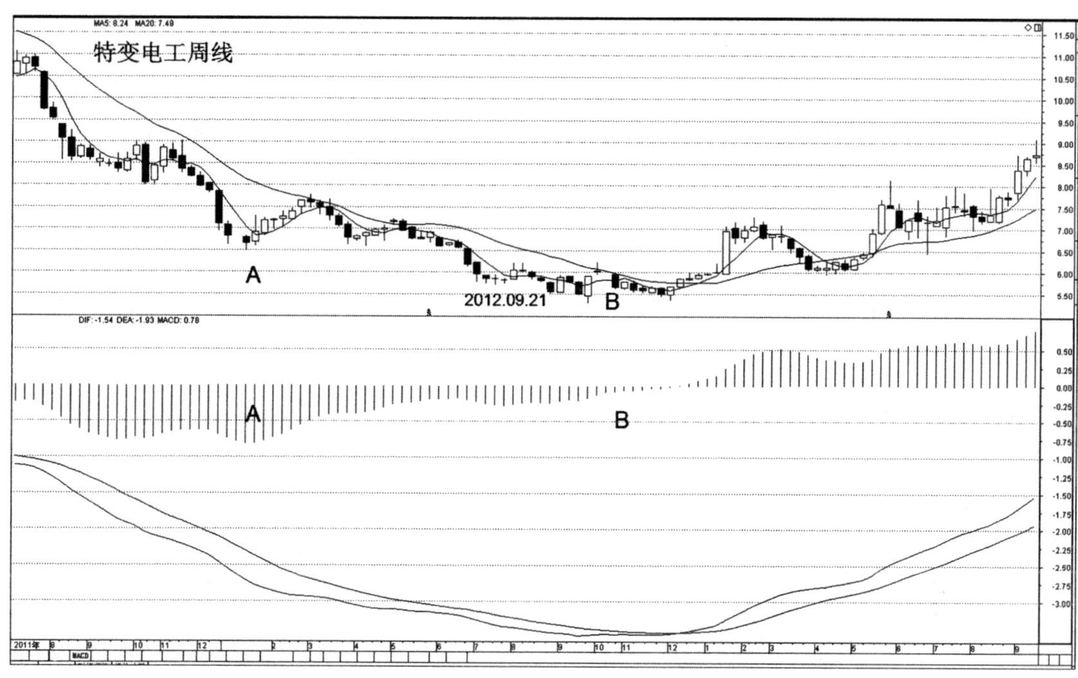

图 2—4—10

图 2—4—11

图 2—4—11 中，永鼎股份（600105）这段底容易辨别，既有双底特征，又有价与柱群背离特征。A 处是一波调整柱群最深规模最大，B 处价最低，柱群位置比 A 处高许多，C 处价几乎与 B 处平，指标柱已站上 0 轴，价与柱背离，该股从 C 处三周后就开始起涨。

图 2—4—12 所示同济堂（600090）这个底很漫长，从 A 点到 E 点运行了 130 周，从 B 点到 E 点，这 90 周完全在平行波动。从 C 点到 E 点，价仍无起色，指标柱却始终在 0 轴上，这是鲜明的价与柱群背离。这种形态最大问题是不知它什么时候开始上升，唯一的办法是跟随 MA5 线而动。

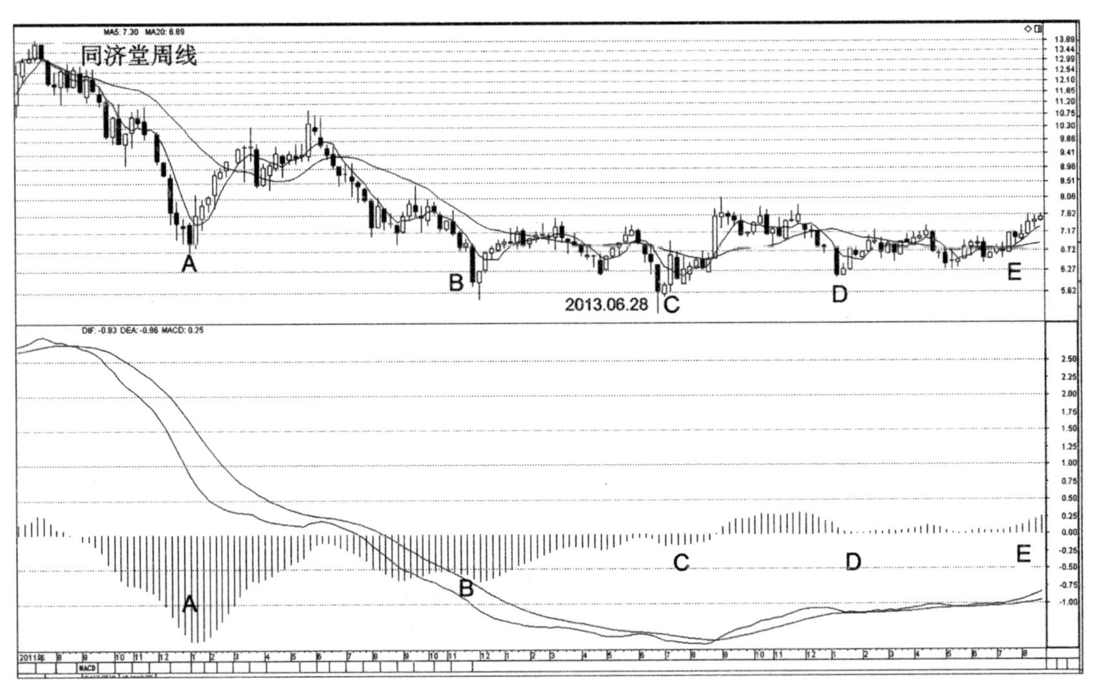

图 2—4—12

其实细致观察，它这段还有三底特征，C 处价最低，B、D 两点价基本平行，尤其是两点分别距 C 处都是 29 周。D 处距 E 处起涨点 27 周，如果确认 D 处是调整结束点，进入就需要半年等待，问题往往出在等到最后无耐心而出局，出局之后就大涨，很多投机者会吃这种亏。

我们说价与柱群背离后，未来涨幅会可观，可是京东方 A（000725）这段走势就是例外，如图 2—4—13。A 处是一波大跌，0 轴下形成了很深柱群，与它的历史情形比较，可以形容为规模巨大。反弹一波后跌到 B 处，柱群比 A 处高很多，价也比 A 处高很多。运行 163 周到 C 处时，价与 A 处平行，柱群在 0 轴下很浅很小，属价与柱群背离，这个背离只有象征性，因为价与 A 处仅只平行。之后上涨，到 2013 年 5 月的 D 处，上升幅度连一倍也没有。

图 2—4—13

为什么这个价与柱群背离之后表现不佳呢？这与波浪运行位置有关，这个话题复杂，几句说不清。我前面说过，只要能判断是底，其后的上升性质我们不必在意，在意的是要抓住一段利润。

图 2—4—14 是期货市场一个品种的走势，为了便于观察图表，截图没有从调整之初开始，实际上这段调整历经 5 年，图中标示 2016 年 5 月 6 日这周瞬时最低点，图中有条竖线，不是画线，是价位运行 K 线的下影线。这种形态，在股票市场很少发生，在期货市场时则有发生。

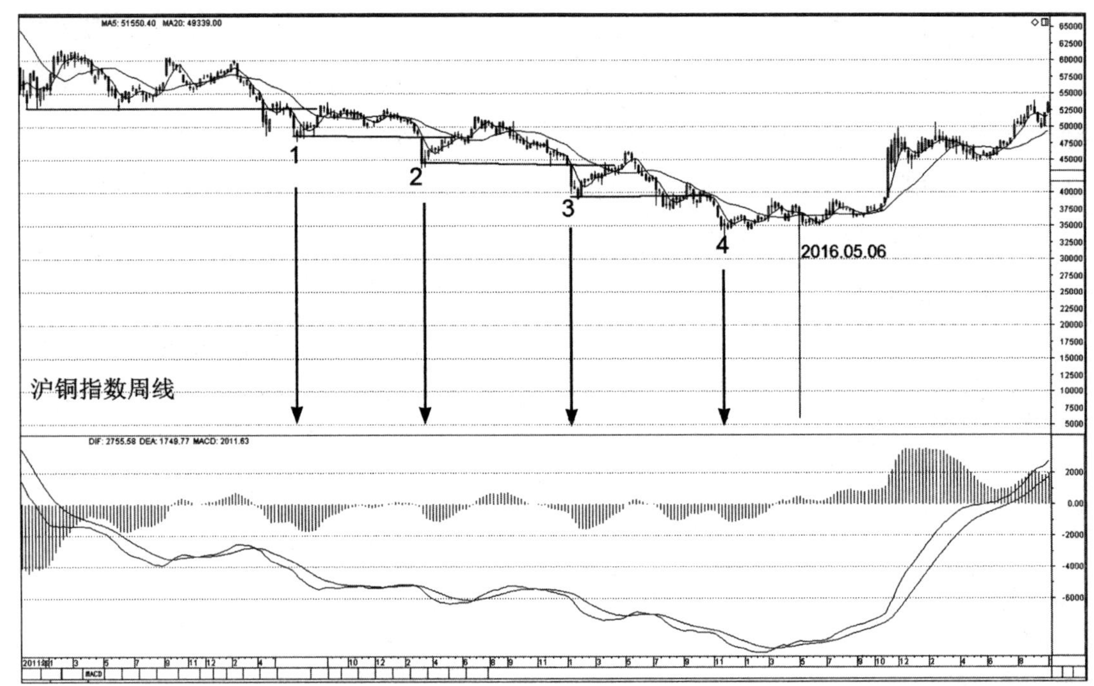

图2 4 14

从指标柱观察，图中最深最大柱群之后，柱群在 0 轴下渐次抬高变小，价位却仍然继续走低，图中标示了 4 次低点，也就是 4 次价与柱群背离。我在《一招制胜》中说到，价与线背离一般不会超过 3 次，价与柱背离会多一些。在周线级别中，价与柱背离达 4 次的概率也不多，沪铜指数背离 4 次，属于价与柱群背离，为什么后来走势并不很好呢？来看看指标线，一路走低，只在 2016 年 5 月 6 日这周瞬时最低点时才算价与线背离。可见价与柱背离、价与线背离对未来影响之大。

第5节 价与柱左背离底模式

指标柱描述了多空博弈的过程，也就是股票持有者卖出欲望与资金持有者买入欲望的力量之比。左与右的概念，是针对柱群而言。价与柱左背离，就是股价收盘最低那根K线之后，指标柱却还在下降，说明尽管持有筹码者卖出欲望强烈，但买入资金已完全有力量承接。因为股价是受资金推动，流入大于流出，股价才会向上。价与柱左背离这种底，多是急跌后发生，其后多数时候是反弹性质。

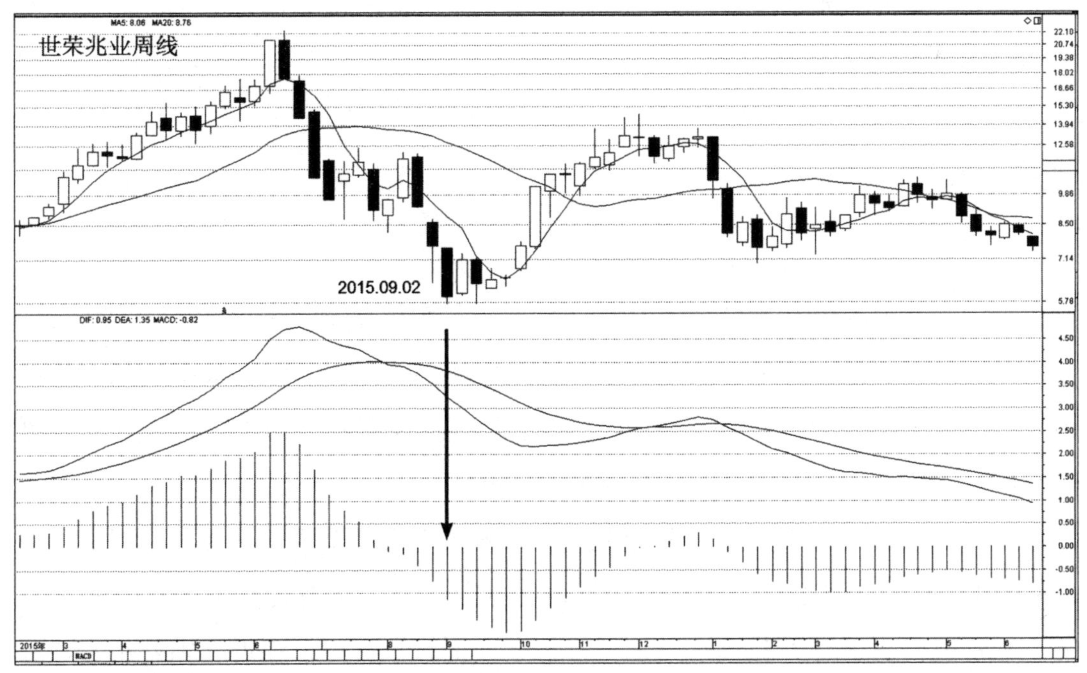

图2—5—1

图 2—5—1 中世荣兆业（002016）这段走势，涨跌都非常凌厉。2015 年 6 月 12 日这周收盘最高，第二周便开始下跌，3 个月时间，价格跌去四分之三。2015 年 9 月 2 日这周，以最低价收盘，与之对应的这根指标柱之后的指标柱还在下降，价格却不再创新低。震荡 4 周之后，指标柱开始向上收敛，MA5 线也掉头向上，开始一波反弹，8 周时间涨幅一倍以上。

观察这个柱群，左边收盘价最低，指标柱不是最低，右边收盘价走高，指标柱最低，这种形态我把它定义为价与柱左背离底。

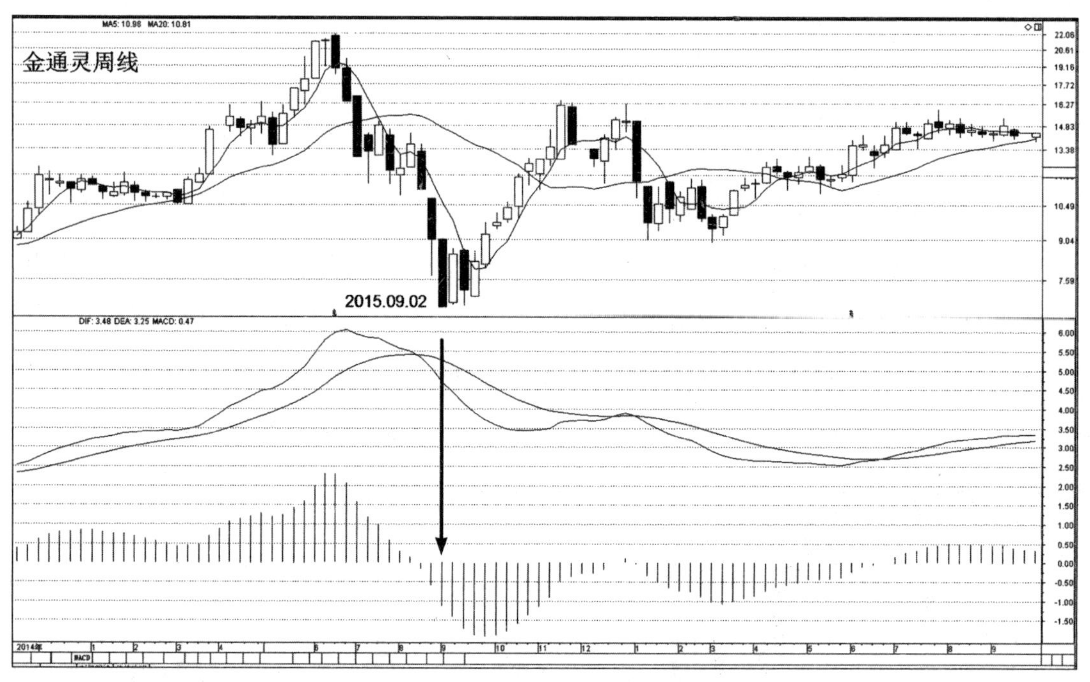

图 2—5—2

图 2—5—2 所示金通灵（300091）这个底与前一案例一样，也是一波急跌，2015 年 9 月 2 日这周创下收盘最低点，与之对应的指标柱刚下穿 0 轴，之后指标柱还在下降，价格却不再创新低。震荡 3 周之后，MA5 线掉头向上，指标柱随后也向上收敛，开始一波反弹，8 周时间涨幅达 240%。

对 2015 年 6 月之后这种惨烈急跌，多数投机者心有余悸不敢参与。但是，只要依模式而行，也可逐浪。只是这种价与柱左背离底，必须观察是否具备两个条件，一是 MA5 线向上角度要好，二是指标柱向上收敛有序，临近 0 轴要小心，若不能上穿，或是不能站上 0 轴，便不要参与。

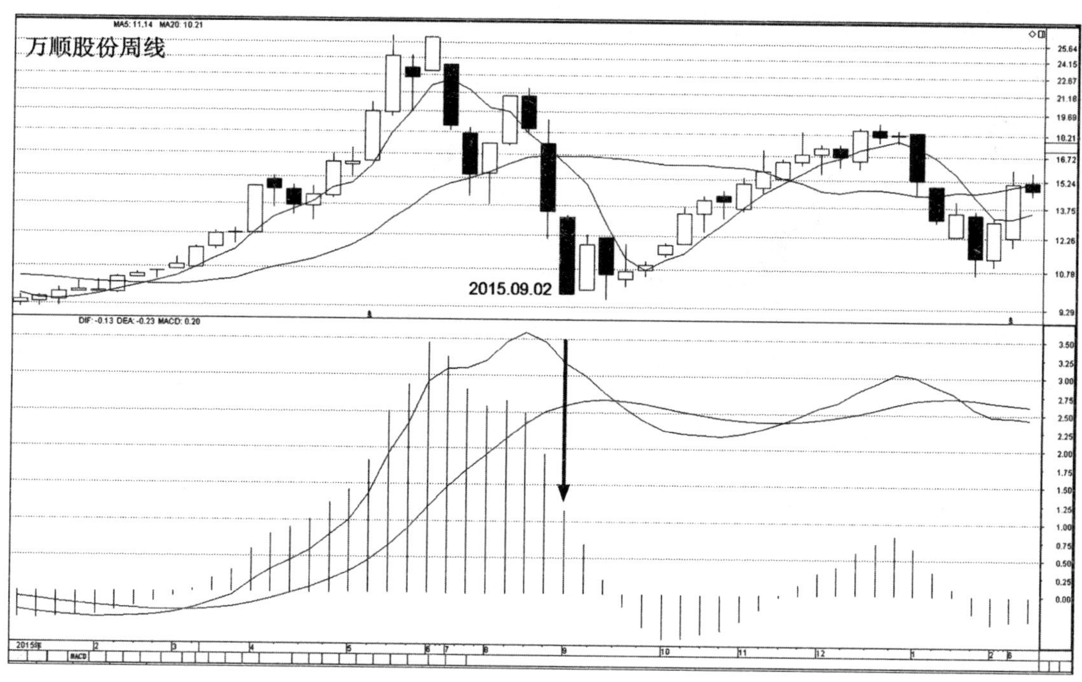

图 2—5—3

万顺股份（300057）这个价与柱左背离底更有特点，如图 2—5—3。2015 年 9 月 2 日这周创下收盘最低点，与之对应的指标柱还高高在 0 轴之上，3 周之后指标柱才下穿 0 轴，价格却不再创新低。随后 MA5 线掉头向上，指标柱形成小柱群后收敛向上，最终上穿 0 轴，持续 5 周后开始有序下降，一波反弹结束。该股这波反弹延续了 12 周，升幅一倍。

对于价与柱左背离底这种形态，进出都要果断。收盘价最低之后 3 周内不创新低，价走高柱走低，0 轴下小柱群随后向上收敛，MA5 线掉头向上，这两个条件成立就要果断进入，不要等待它走出一段上升才进，因为此时可能已近反弹尾声，进去就将被套。

图 2—5—4 所示亚太药业（002370）这个价与柱左背离底，发生在 2014 年 6 月，它这波下跌虽然没有 2015 年那么凶，但还是一波急跌，17 周跌了 40%。2014 年 6 月 20 日这周创下最低收盘价，与之对应那根指标柱之后柱还在下降，价位第二周就企稳，第三周就向上。

图 2-5-4

价与柱左背离 3 周不创新低，MA5 线向上就要果断参与。同时注意均线模式交易要贴线买，该股就有贴线买机会，可是买入后就下跌，这种小亏应该能够承受，况且 MA5 线并未掉头，在上升之初这种形态不要慌，只是吓人的把戏。

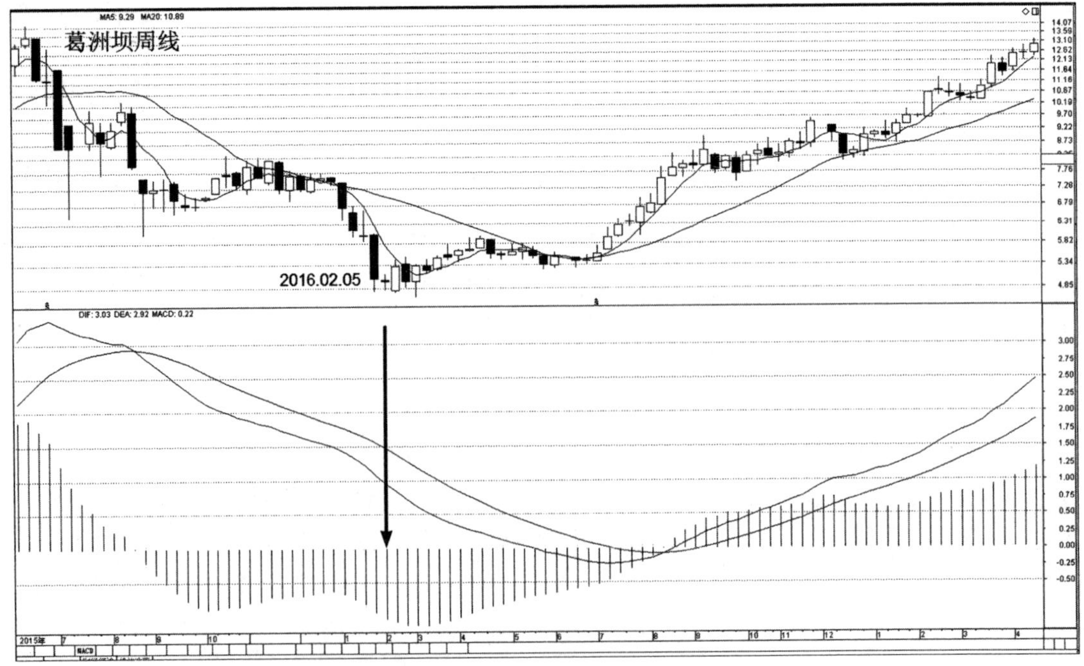

图 2-5-5

图2—5—5所示葛洲坝（600068）这个底，也是一段急跌底后开涨，从2015年6月下来，到2016年2月5日这周，34周跌去70%。与这周对应的指标柱不是最低，此后柱还在下降，可是价已企稳，震荡3周后向上，MA5线也向上，柱群也向上收敛。

前面案例是急跌急涨，该股是上升初期缓慢，还横盘几周，随后柱群站上0轴持续发展，至2017年4月，上升约3倍。

图2—5—6所示胜利股份（000407）的情况与前一案例相似，2016年1月29日这周创下最低点，价位比2015年顶下降三分之二。这周之后价不创新低，指标柱还在下降，6周之后柱群才开始向上收敛，MA5线也掉头向上。临近0轴时，指标柱犹豫几周，价也在此震荡，下方有MA20线支撑，最终指标柱上穿0轴并快速发展，2017年3月到顶，价格几乎与2015年持平。

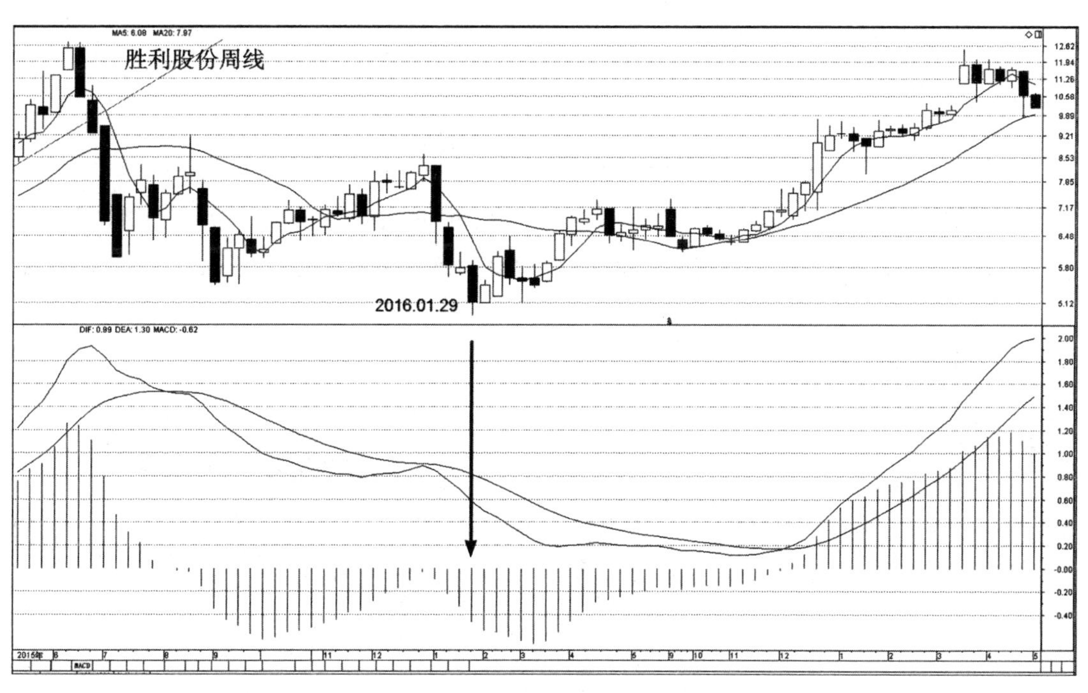

图2—5—6

海康威视（002415）这个价与柱左背离底与前面案例的性质就不同了。如图2—5—7所示，2016年1月22日这周创下收盘价最低点，第二周再创瞬时低点，但收盘价高。收盘价最低点这周指标柱不是最低，其后还在下降，但价已走高，随后MA5线缓慢向上，走势并不急，可是后来走得很远。到截图时的2018年1月，价格比2015年顶还高一倍，而且涨势还没完结。

图 2—5—7

同样形态的底，为什么海康威视表现如此出色？这又涉及波浪位置。2016 年 1 月 22 日这周是 4 浪底，其后运行 5 浪。几千只股票中，按规范波浪运动的少。所以同样的底，表现会不一样。因此我在讨论均线模式交易时说，不管它以后是反弹还是主升，只要能抓住一段利润就行。

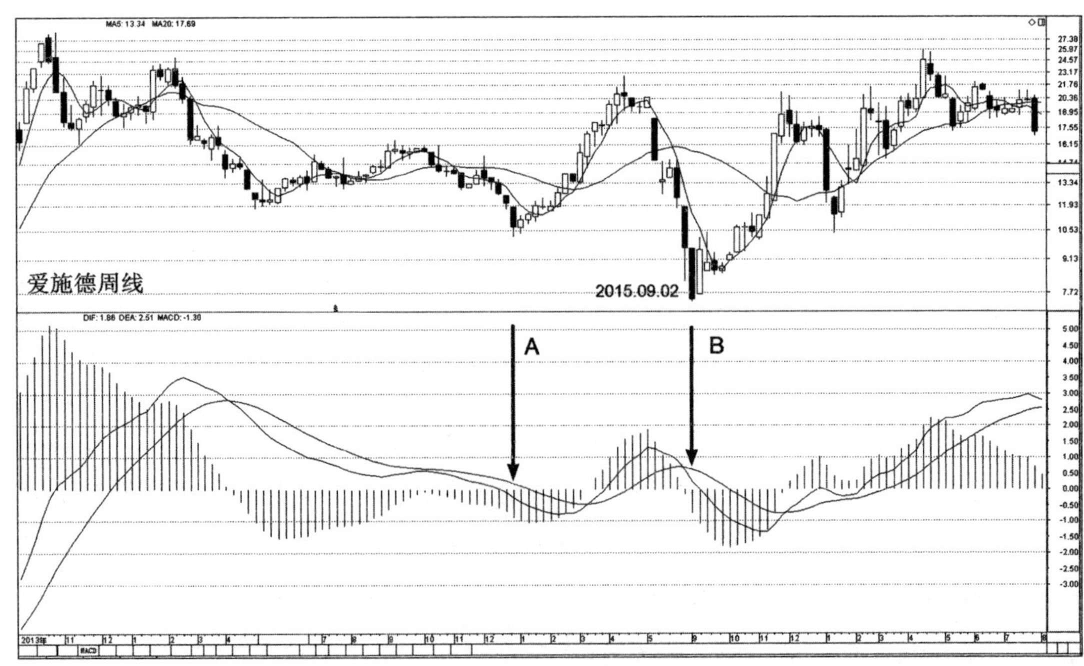

图 2—5—8

爱施德（002416）这么短一段就出现两个相同形态的底，如图 2—5—8 所示。A 处是价与柱左背离，其后的升幅是一倍。B 处又是价与柱左背离，其后的升幅是两倍多。这两段走势共用了 37 周，其中第一段上升 14 周，第二段上升 12 周。判断不准浪形位置，按模式操作利润也不菲。

此处举出华丽家族（600503）这个案例，主要目的不是讨论价与柱左背离底，而是要提示关注指标柱群。

由图 2—5—9 可见，一波调整下来，指标柱在 0 轴下形成一个巨大柱群，这种形态说明有大量资金出逃，一时半会很难扭转局势。下跌到 A 处，指标柱不是最低，出现第一次价与柱背离，到达 B 处时，价几乎与 A 处平，形似双底，之后微弱反弹再跌。形成双底后，一般发展都好，那是因为 0 轴下柱群规模小而浅，或是第二个底早已离开大柱群。而华丽家族这个 B 处还在大柱群中。

图 2—5—9

调整运行到 C 处，创下一波最低价，与之对应的指标柱之后还在下降，可是价格不降了，出现价与柱左背离形态，该股从此处开始缓慢上升，最终走出一波行情。这个 C 处，实际是一个价与柱群背离形态。

一波调整，观察柱群在 0 轴下的规模和深度，对判断未来的调整十分重要。相应观察柱群在 0 轴上的规模和高度，更有助于判断未来的走势。

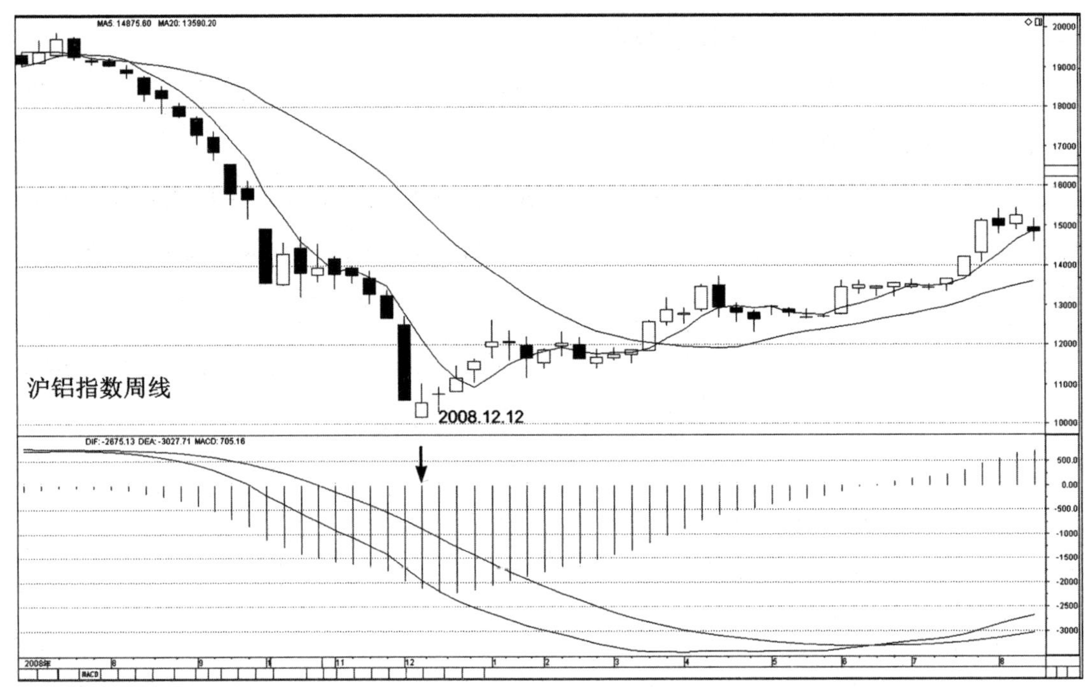

图 2—5—10

图 2—5—10 是一个期货品种的走势，其中的价与柱左背离不是特别鲜明，要细心地观察软件指标框内标示的数据才能发现。2008 年 12 月 12 日这周，收盘价最低，与之对应的指标柱却不是最低，软件显示的数据 MACD 是—2130，第二周是—2214，但价位已向上，第三周是—2224，这周指标柱在 0 轴下负数最大，第四周是—2175，指标柱开始向上收敛，价位已站上 MA5 线，操作上可寻机交易。后来走势证明，这种底背离，随后的发展确实是反弹性质，也就是调整中的上升。

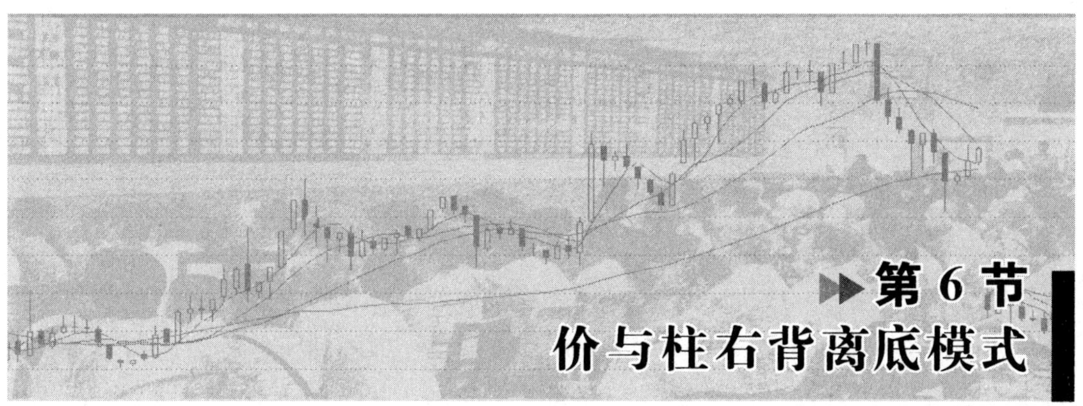

第6节 价与柱右背离底模式

价与柱右背离，就是0轴下形成一个较大柱群后，柱群缓慢向上收敛，股价上升无起色，说明买入资金力量不够大，持有筹码者卖出欲望再次扩散，向上收敛的柱群滞缓或再次下降，使股价再创新低。但此时柱群已比之前高，表明有卖出欲望的筹码越来越少。我把这种形态称为价与柱右背离底。这种形态较多见，其未来的发展好于价与柱左背离底，有的相当于价与柱群背离底。

图2-6-1

图 2—6—1 中皖通高速（600012）这段底就是价与柱右背离底。一波大跌下来，指标柱在 0 轴下形成一个深而大的柱群，最深一根指标柱之后，柱群缓慢向上收敛，但价还在下降，直到 2008 年 11 月 7 日这周，是收盘价最低一周，与之对应的指标柱比之前要高，之后价不再创新低，这种形态就是价格最低点在柱群右边，价与柱右背离。

图 2—6—2 中，中直股份（600038）这段底与前一案例相似，一波跌势，使指标柱在 0 轴下形成一个规模大、下降深的庞大柱群。下跌到达 2012 年 8 月 3 日这周创下最低点，与之对应的指标柱不是最低，而是向上收敛后在此处停留，之后价不创新低，缓慢向上，指标柱也随之向上收敛，最终突破 0 轴，走出一段涨势。

图 2—6—2

图 2—6—3 所示焦作万方（000612）这个价与柱右背离很典型，一段下跌，形成较深柱群，随后向上收敛，价也反弹了一点，再次下跌，到 2016 年 1 月 29 日这周，价比前低，指标柱比前高，随后企稳反弹，升幅达一倍。

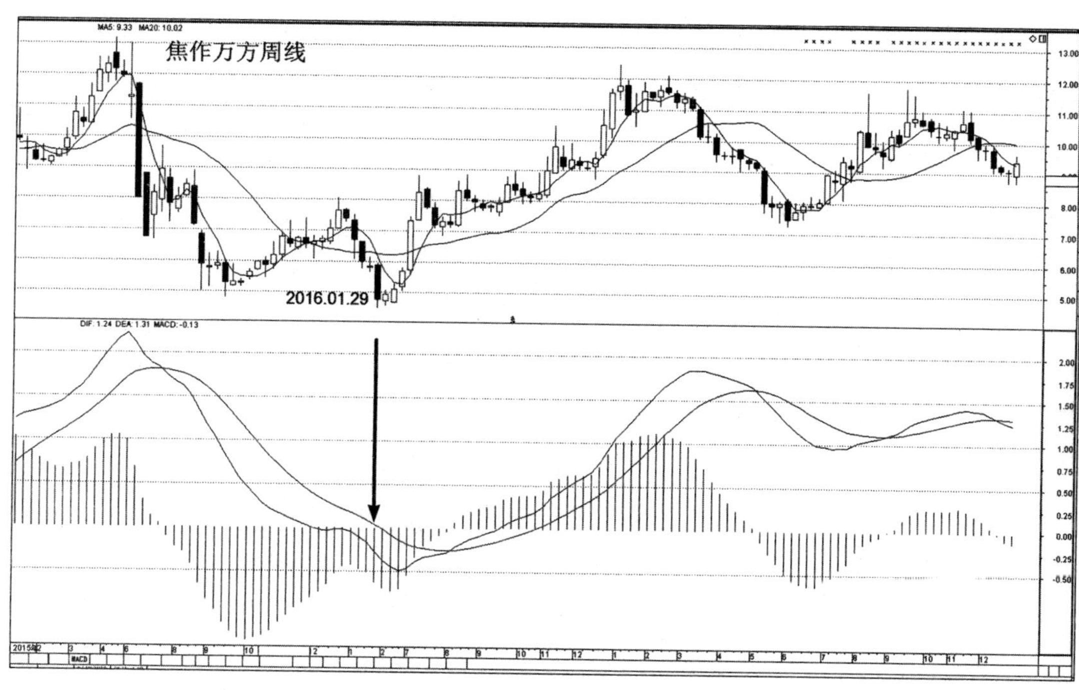

图 2—6—3

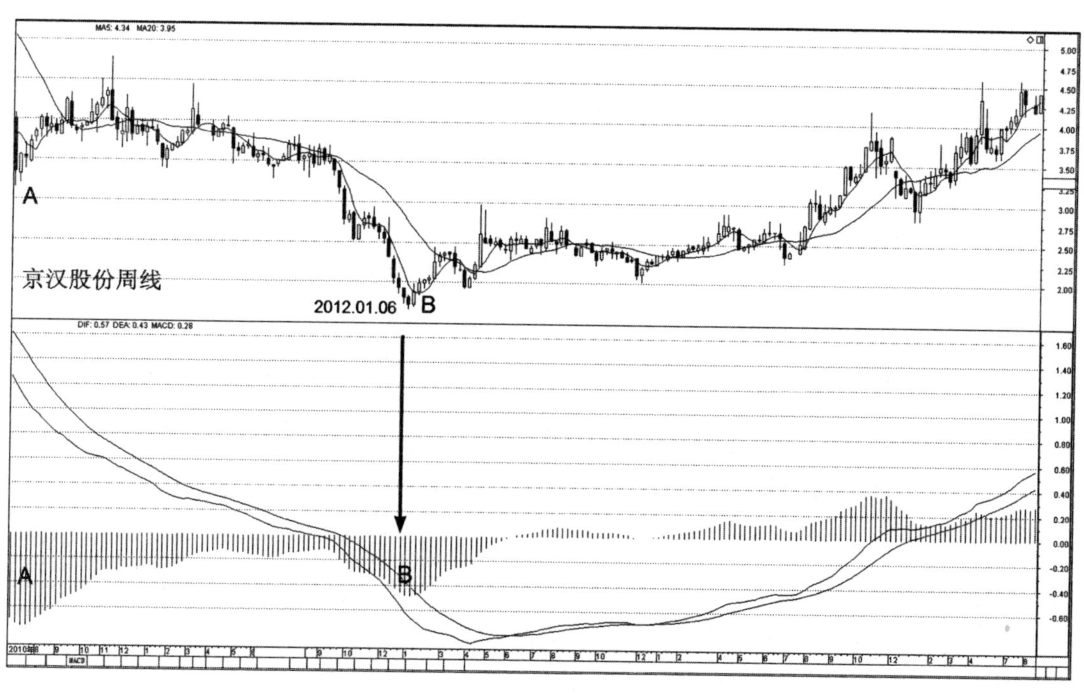

图 2—6—4

图 2—6—4 所示，京汉股份（000615）从高处跌下到 A 处，指标柱在 0 轴下很深，随后向上收敛，长时间在 0 轴下徘徊，价也在逐步走低，最终快速下跌，指标

柱重新向下，到B处时创下最低价，第二周企稳向上。与之对应的指标柱比A处高多了。这种形态不仅是价与柱右背离，已经相当于柱群背离，该股从此处起涨，走出一波大行情。

图2—6—5中阳光股份（000608）这段底的价与柱右背离形态较常出现。一波下跌在0轴下形成较大柱群，柱群向上收敛一点停滞不前，到2012年1月6日这周再创新低，与之对应的柱群位置比之前高，价与柱右背离。

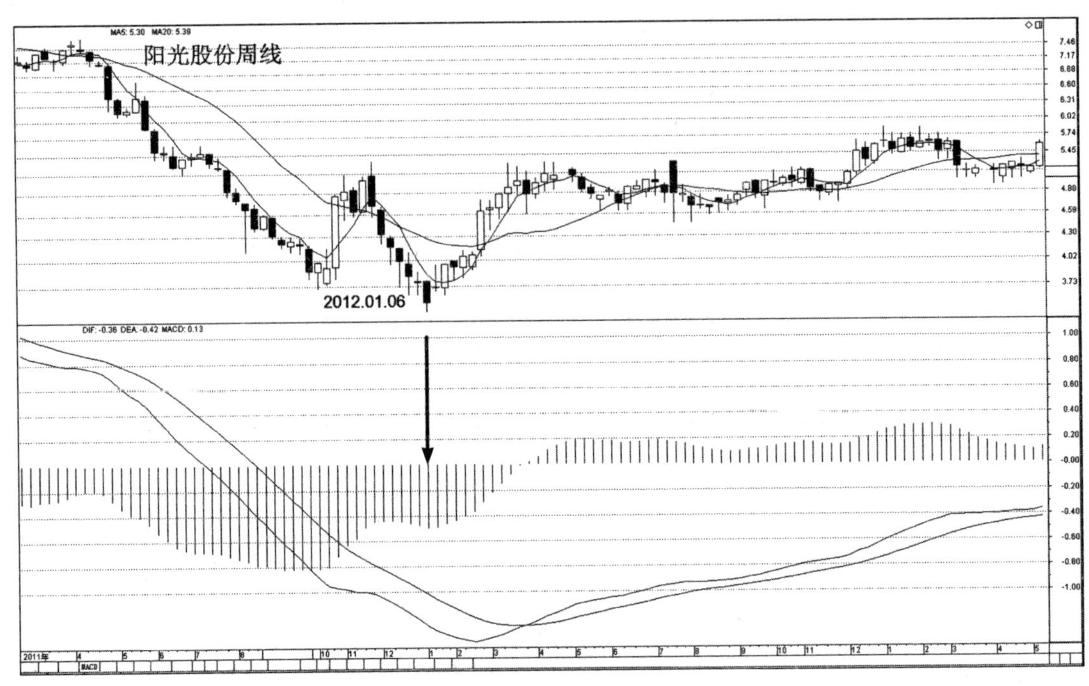

图2—6—5

同样是价与柱右背离形态，前一案例京汉股份走出一波大行情，该股之后则表现平平，只上升了50%，这又涉及波浪位置。如果我们对波浪位置判断不准，那么，最好的办法就是用均线模式操作，也可以抓住一段利润。

科华生物（002022）这段底，A处是价与柱右背离形态，如图2—6—6所示。如果参与几乎无利可图，45周之后，它在B处再创低点，几乎与A点平行。

这种形态如果参与，一年时间毫无收获。这个案例再次说明均线模式交易买点三忌，其中一忌是线平。图中可见，A处价与柱右背离之后，上升几周再跌，其后上升时MA5线平缓，不宜参与。必须注意B处不能放过交易，一是我们知道在A处筑过一次底，出现B处低点几乎是双底。二是B处相当于价与柱群背离。这两个重要判断依据提示，调整结束。

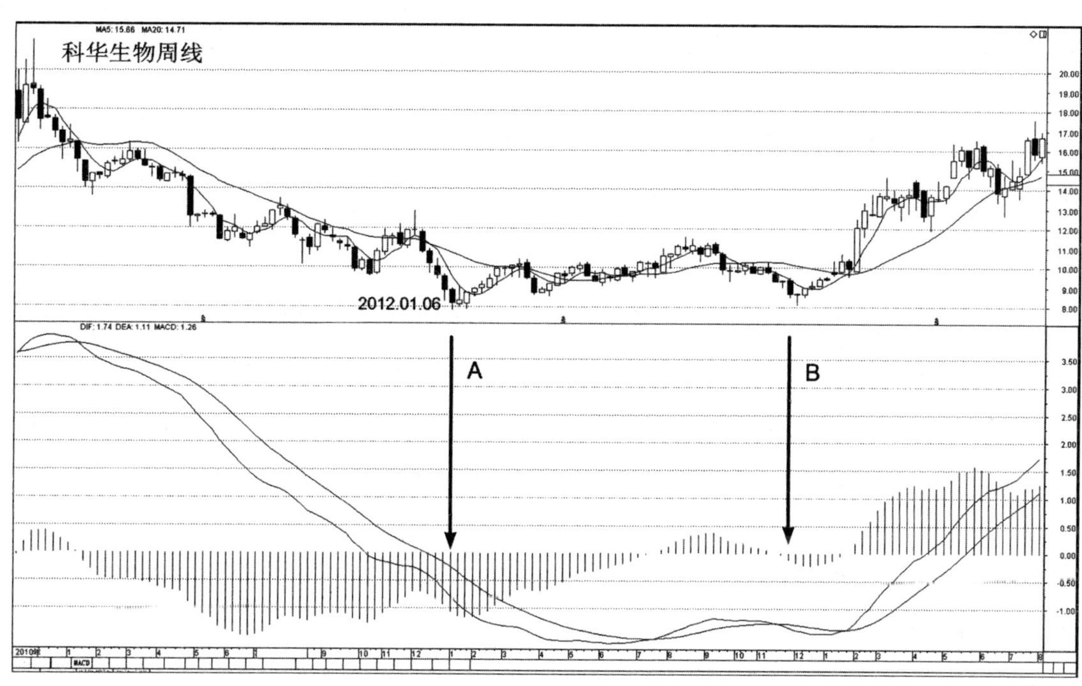

图 2—6—6

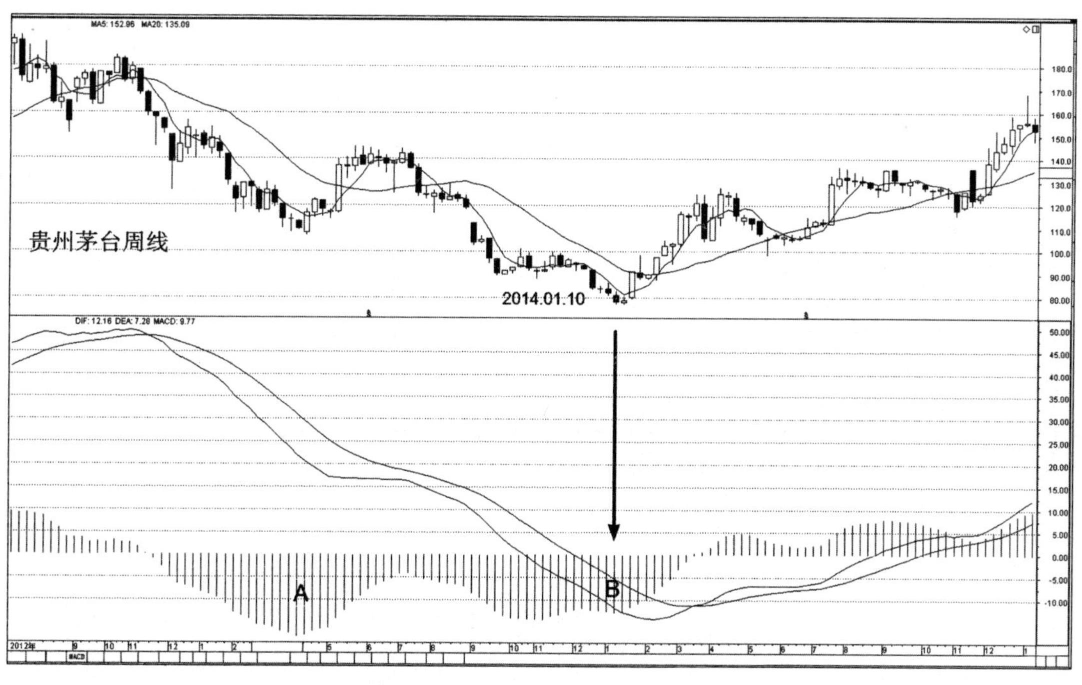

图 2—6—7

图 2—6—7 所示贵州茅台（600519）这个价与柱右背离，相当于柱群背离，B 处呈价与柱右背离形态，B 处整个柱群又比 A 处高。从此处上升之后，该股一直呈

上升形态，到2018年1月截图时，价格从2014年1月的77元上升到799元，走出了一波可谓惊艳的行情。

同样是价与柱右背离或价与柱群背离，为什么在大盘走势并不好的情况下，走势会如此之好呢？这又与板块和波浪位置有关。酒类板块这几年都表现不俗，贵州茅台更是鲜明的3浪形态。

长园集团（600525）在2012年11月30日这周收盘最低，与之对应竖线所指这根指标柱不是最低，价与柱右背离形态，见图2—6—8。指标柱下方画了一条横线，比较可发现，指标柱最深处价不是最低，其后两次价低时柱群位置都在抬高，相当于两次价与柱背离。这种形态表明，调整已近尾声。

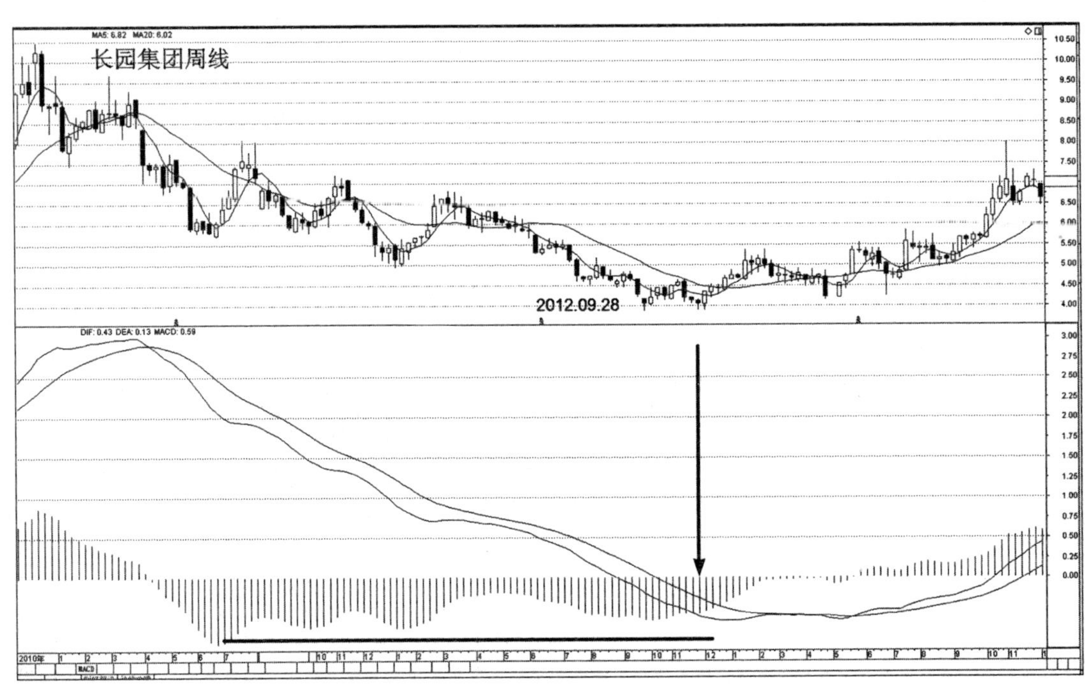

图2—6—8

图2—6—9所示天海防务（300008）价与柱右背离很鲜明，B处时价最低，B处柱群却比A处高许多。仔细观察，这段走势还有头肩底形态，只是不太明朗。

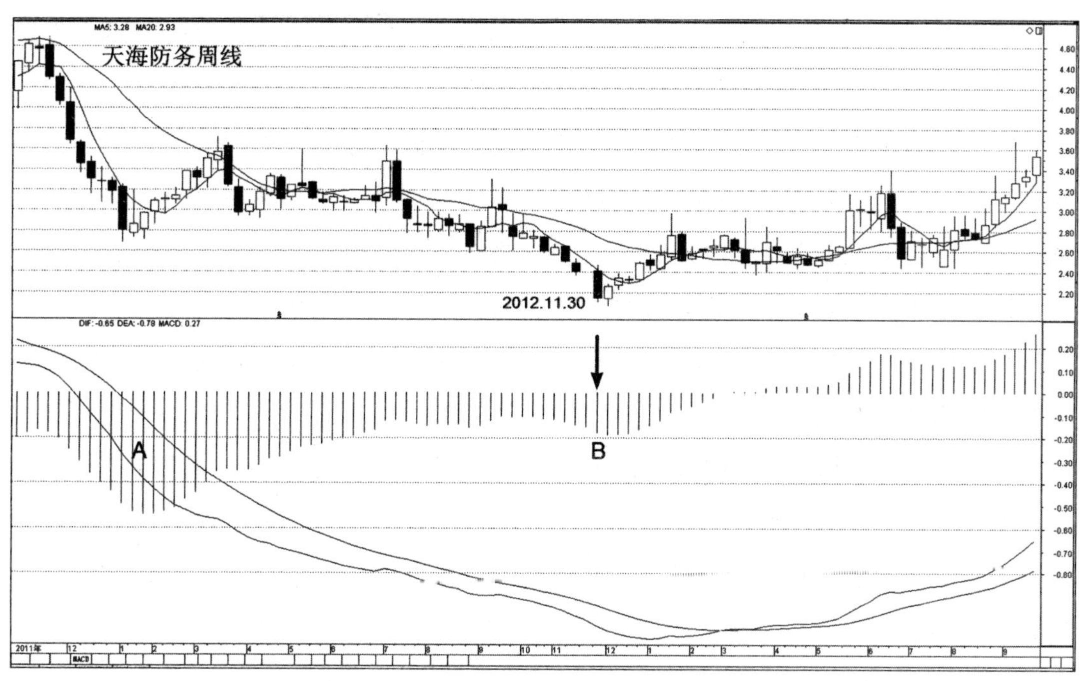

图 2—6—9

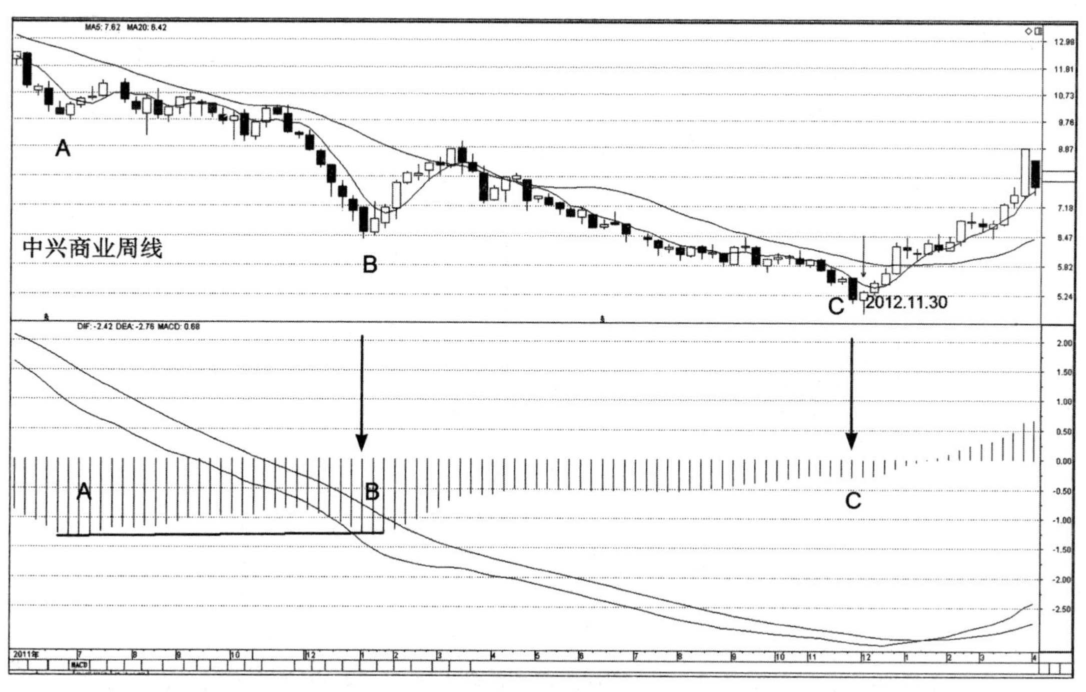

图 2—6—10

图 2—6—10 所示中兴商业（000715）这个底部时段，与前几个案例差不多，都是 2012 年底一带。图中可见，都是一个连续柱群，A 处柱与 B 处柱位置深度一

样，B 处价比 A 处低多了，价与柱第一次背离。C 处指标柱已临近柱群末端，位置比 A、B 两处高多了，可是价却是一段调整的最低，价与柱第二次背离。

这节有意识集中了几个相同时段、相同调整目标、相同调整形态的案例，仔细观察比较，它们的走势各有区别，这就是我要说的股性。中兴商业是最为爽直，下跌很明确，途中很少上下波动，不至于引诱投机者掉入陷阱。同时，这个底，从价格形态看是尖底，如果不借助指标柱判断，只有等待上升趋势形成才能判断。然而通过柱群观察，它是一个价与柱右背离底，可以在第一时间参与，这就是均线模式结合魏氏指标判断的优势。

图 2—6—11 中，华星创业（300025）股价从高位下来，是一段漫长的调整，指标柱在 0 轴下形成一段规模很大的柱群，到 2012 年 11 月 30 日这周，收盘价最低，此后缓慢向上。与之对应的指标柱群形态，是从低处缓慢向上收敛，到此处时已临近 0 轴，形成价与柱右背离形态，只要突破 0 轴，就可确认上升趋势。

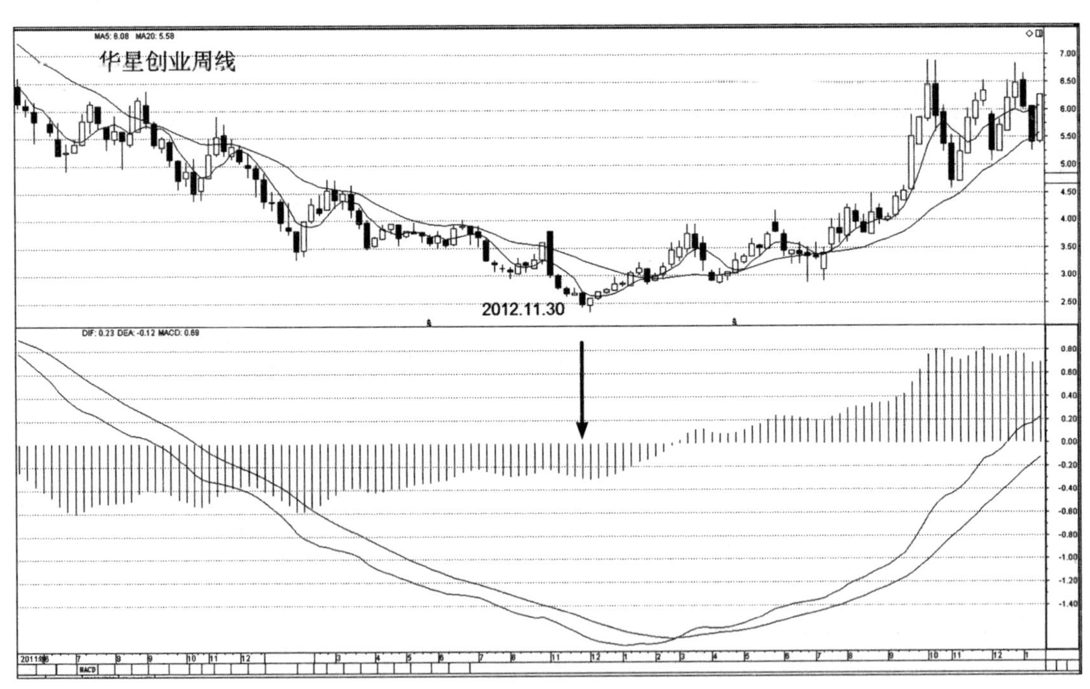

图 2—6—11

这只股票的这段走势很爽快，调整意图明确，没有诱惑，一贯到底。这就是不同的股性。我曾说，人有人性，股有股性，因为股价是人在操纵，股价走势表现了主力的性格。散户左右不了趋势，无论是上涨还是下跌，主要是主力行为，散户只是跟随。

图 2—6—12 是期货市场的棕榈品种的一段走势。这个案例并不是价与柱右背离，放在这里讨论，是作区分示例。2008 年 10 月出现第一个低点，2015 年 11 月第二个低点与第一个低点平行，历时 7 年。过程中已出现几个柱群分别在 0 轴上下，虽然 A 处柱群大而深，B 处浅而小，但它不是在同柱群出现价与柱背离。这种价柱不匹配形态，不能定义为价与柱右背离。用波浪理论判断，它是 C 浪结束点。

图 2—6—12

由上可见，市场运动，上升与下降，运行周期对涨跌性质的判断至关重要。

第3章 顶部形态六模式

市场运动体现为数字运动，但很少人注意到数字运动的对称性。对称性又分为时间对称、空间对称、形态对称等。当然，这种现象不仅仅是股市，宇宙万物都存在这种规律。

我们讨论的模式属于形态，形态具有对称性，因此，底部有什么形态，顶部也会有什么形态，哲学上称为因果关系，物理学上表现为量子纠缠。这种对称性不一定表现在相邻底和顶，这与波浪级别有关，几句话说不清。总之，底部形态与顶部形态有相似性。我们将底部形态归纳为六种模式，那么，顶部形态也同样是这六种模式，尖顶、双顶、三重顶、左背离顶、右背离顶、柱群背离顶，只不过方向相反罢了。我们讨论的底部和顶部六种形态，具有普遍性。

“尖顶”，是指收盘价最后一个高点，对应的魏氏指标柱也是最高，之后价位逐步走低，指标柱也呈梯形渐次下降，柱群最终呈三角形态。

尖底发生率低，尖顶却发生率高，尤其在小级别K线图中。尖顶多数时候价格不是一直下降，指标柱群也不是直穿0轴之下，它还会有反复。因此，尖顶也仅是指一段之顶，顶的大小性质很难确定。就如我们对尖底的策略一样，不管它是什么顶，只要判断是顶就出来，规避不可知的风险，它若向上我们再跟进。

图3—1—1是江泉实业（600212）的早期走势。2007年10月，当时中国股市达到峰值，之后大跌。江泉实业股价于当年5月出现峰值，5月25日这周收盘价最高，与之对应的指标柱也是最高，后价格下跌，指标柱也渐次下降，形似三角形。

这段下跌从高点到低点，跌去50%。由于此时大盘还在上升，而该股反弹，到2008年1月，股价几乎与前高平行，实际形成双顶。根据事物运行的对称性规律，我们在讨论尖底时，发现它上升之后再下降，会有反复，一般不会形成主升。那么尖顶也一样，一般不会形成主要下降，它也会有反复。

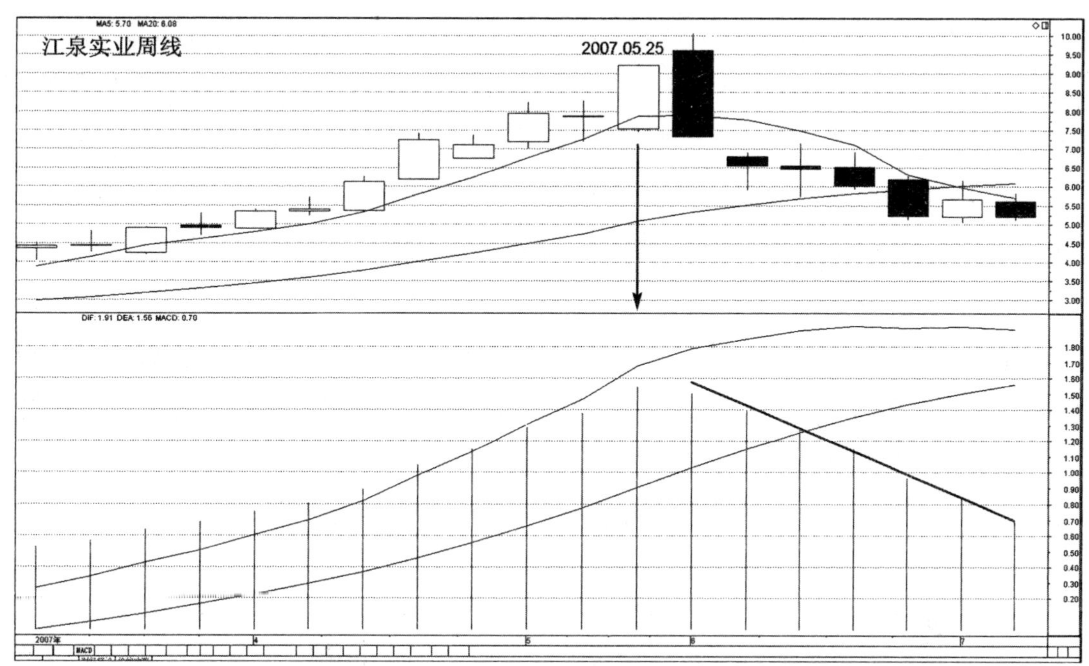

图 3—1—1

图 3—1—2 所示安彩高科（600207）这段走势有两个尖顶。2015 年 6 月 19 日这周价最高，与之对应的指标柱也是最高，但这周收盘价低于前一周，价柱不匹配，之后价降柱降，柱群呈三角形。这波跌幅达 70%。

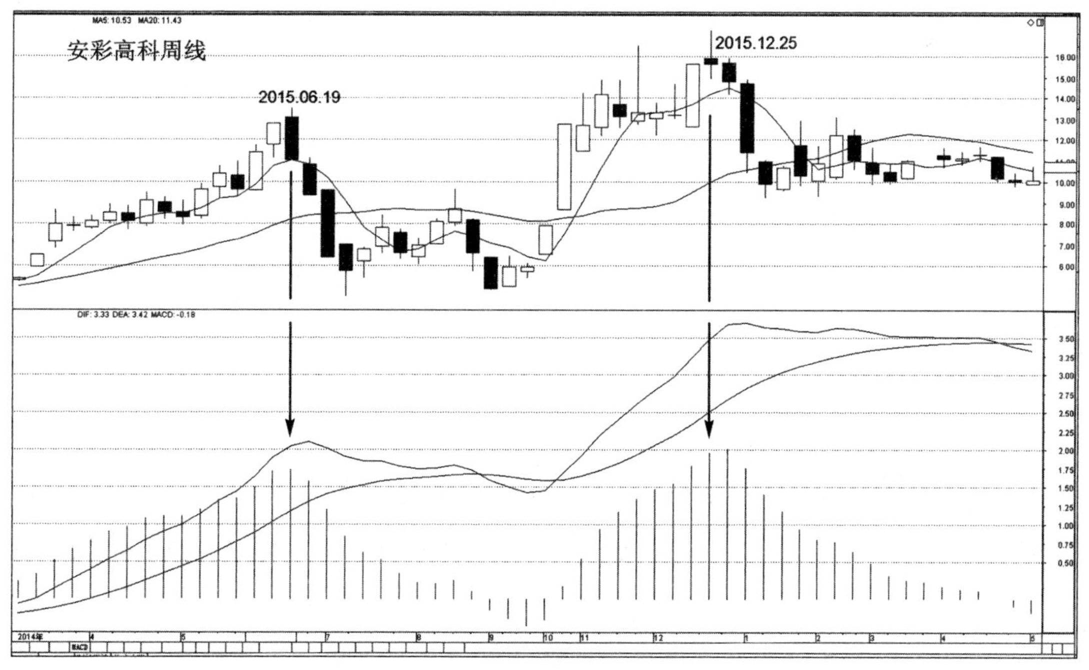

图 3—1—2

2015 年 6 月之后，大盘一波凌厉下跌，到 2016 年 1 月才止步。而该股只跌了 4 周就企稳，震荡 8 周后，2015 年 9 月 2 日这周再创低点，与前一低点平行成双底。随后再起升势，涨到 2015 年 12 月 25 日这周，创下历史高点，12 周升幅 3 倍。这里又是价最高，柱最高，随后价柱齐降，柱群呈三角形。

对该股这种运动形态，没有模式作判断依据，操作会感到十分困惑，不知顶底，也就不知进出。

图 3—1—3 所示紫江企业（600210）这个顶，与 2015 年 6 月大盘那波下跌的态势相应。图中 2015 年 6 月 12 日这周是收盘最高点，与之对应的指标柱也是最高，其后价格呈断崖式下跌，每根柱的降幅都很大，4 周时间价格跌去三分之二。按照均线模式交易，第二周就应寻机出局，才能保住大部分利润。

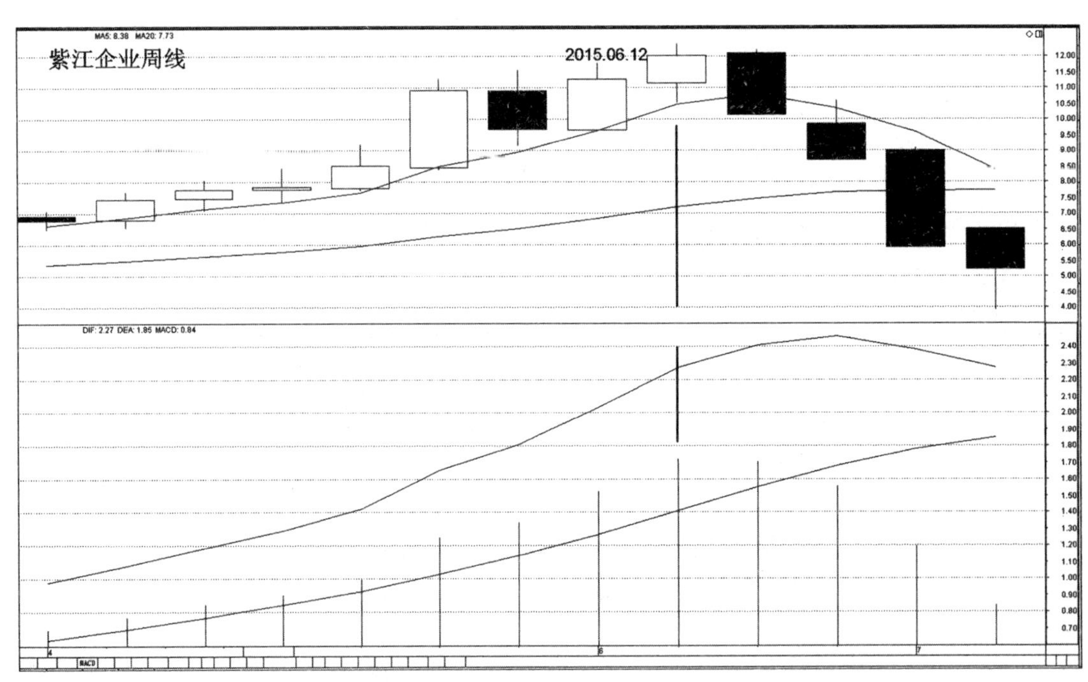

图 3—1—3

为了看清指标柱的下降幅度，截图略去了后面的走势。尖顶如尖底一样，会有反复。如果回看那段走势，其后 2015 年 9 月 2 日那周是价与柱左背离底形态，因此该股还反弹了一段，升幅一倍。

如图 3—1—4 所示，世荣兆业（002016）这段走势与上一案例时段相同，也是 2015 年 6 月 12 日这周是收盘最高点，对应的指标柱也是最高，随后柱呈梯次下降，而且是一贯到底，下穿 0 轴，一波升幅几乎跌尽。尽管如此猛烈，它还是有反复，随后仍然形成价与柱左背离底，股价反弹，升幅一倍。

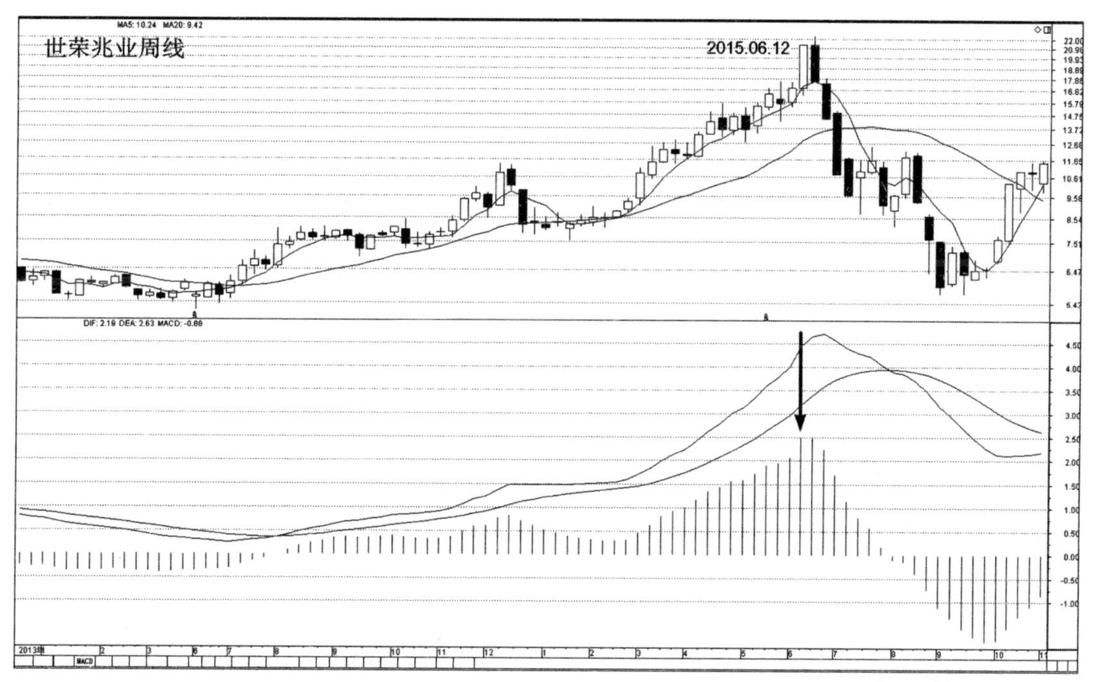

图 3—1—4

这几个案例充分说明，均线模式结合不同顶底判断的重要。像世荣兆业这个顶，下跌第二周犹豫，第三周没有任何理由犹豫，哪怕是跌停也要寻机出局。

市场的运动模式多种多样。世纪星源（000005）这个尖顶与前面案例不同，如图 3—1—5。图中 2007 年 5 月 21 日这周，收盘价最高，与之对应的指标柱也是最高，随后柱有序下降，价只是微跌，经历 35 周后，指标柱终于下穿 0 轴，价格才加速下跌。

该股这个尖顶的形成，实际上也是几经反复，只是波动幅度小而已。

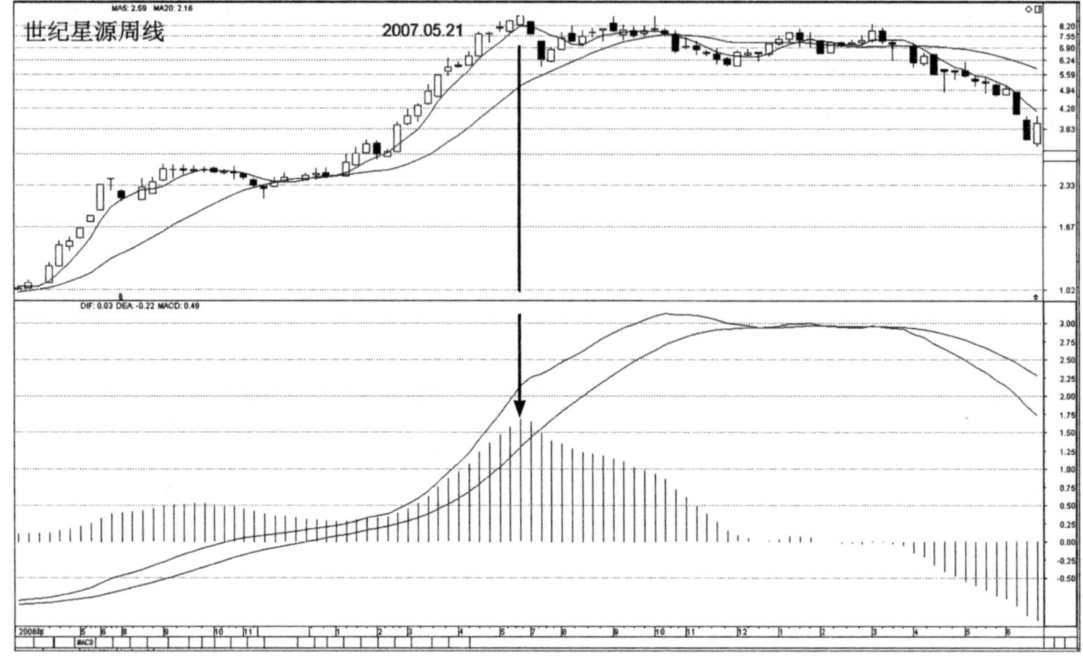

图 3—1—5

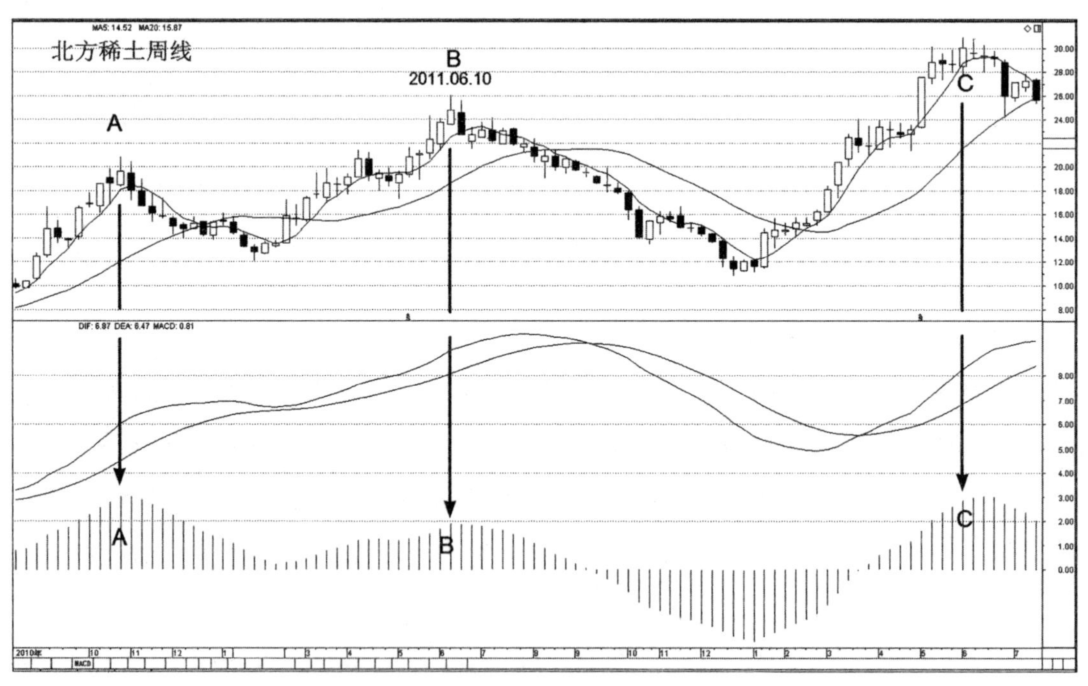

图 3—1—6

图 3—1—6 中，北方稀土（600111）这段走势出现 3 个尖顶。A 处尖顶之后，价和指标柱都下降一段，指标柱临近 0 轴时没有下穿，重新向上走出一段升势。到

B处又形成尖顶。

我们在讨论底部形态时，指标柱群向上收敛不破0轴，重新向下时价会创新低。相反，0轴上的柱群下降，不破0轴重新向上会创新高。北方稀土这段走势就是这样，到B处时价创新高，只要指标柱开始下降，下降第二根时就要出局，因为实际是价与柱群背离了。你看B处与A处比，柱群走低而且小。

柱群背离后下降较深，筑成价与柱左背离底之后又起一波，到C处再次形成尖顶，价收盘最高，对应的柱也是最高，随后价柱齐降，柱群呈典型的三角形。

图3—1—7所示西部矿业（601168）这个柱群形态与前面案例世纪星源相似，图中柱群左边上升急，到2010年11月12日这周，价最高，柱最高，随后柱开始缓慢下降，价的下降更微弱，给人以希望。我在《一招制胜》中说，不管主力交易手段多么高明，没有真金白银是推不动股价的，柱下降说明有资金出逃，出一点拉一点，做出还要涨的假象，你看柱群右边下降缓慢，直到下穿0轴才绝尘而去，股价跌幅很深。这种情况即阴跌，这个阴字很形象，让你不知不觉坠入深渊，见了这种形态要小心。

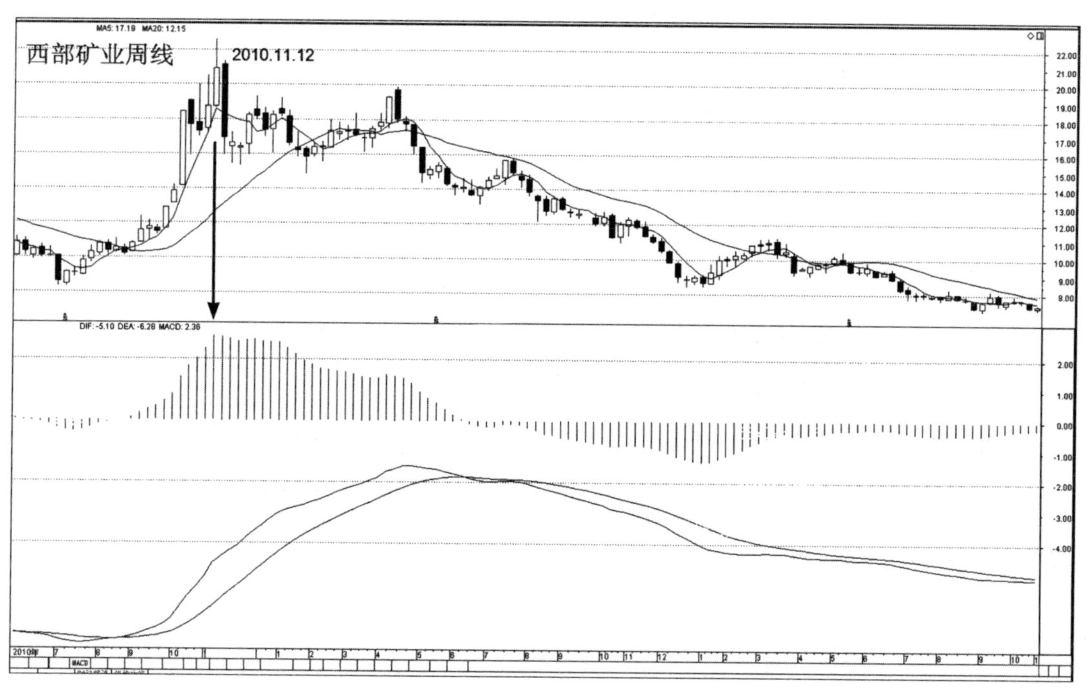

图3—1—7

图 3—1—8 中中国国贸（600007）这段走势，与前一案例浪形不一样，但形态一样，也是尖顶。2007 年 6 月 22 日这周，价最高，柱也是最高，随后柱有序下降，价仅微跌，27 周之后，柱已在 0 轴下，价却还在上升，几乎与前高平，市场术语称诱多，造成上涨假象，而随后大跌无商量。

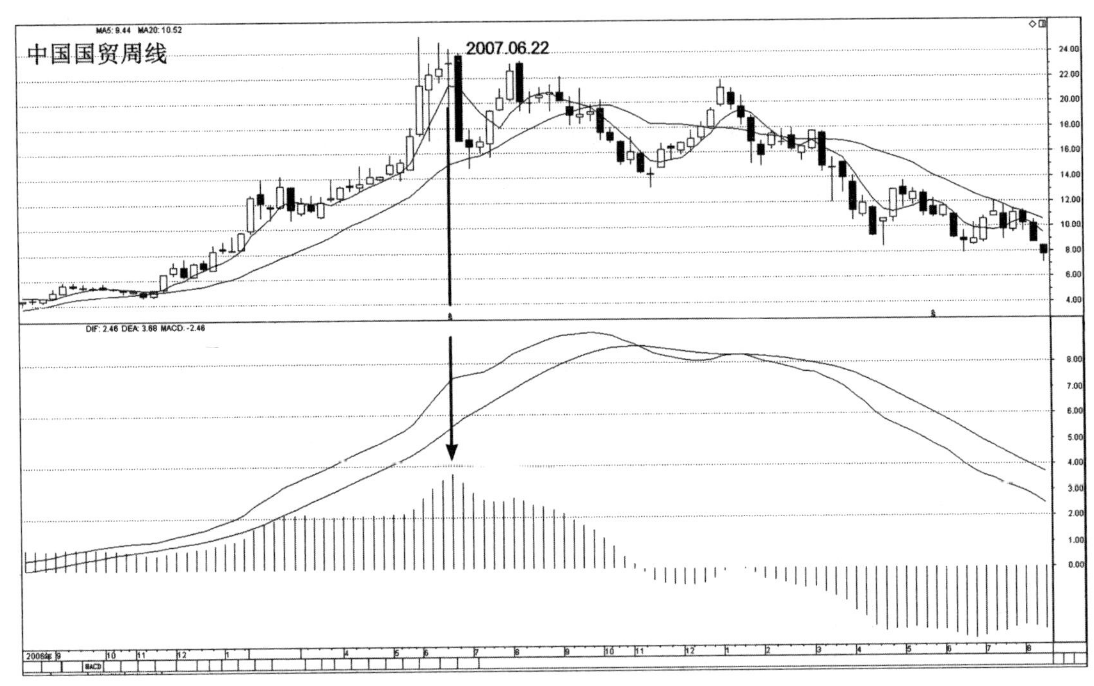

图 3—1—8

对这个形态，只要遵守模式交易原则就可逃顶。我在均线模式交易原则中说，MA20 线代表一个 K 线级别的趋势，图中可见，最高价十多周后，MA20 线开始下降，也就是说，趋势都向下了，还犹豫什么呢？

注意另一个细节，一般一波上升到顶都会疯狂，注意观察指标柱，上升期每根柱上升微弱，到顶时，连续 4 根柱上升幅度大，就像赛跑终点冲刺一样，凡是出现这种形态都是见顶提示。

图 3—1—9 所示云南白药（000538）这个尖顶没有反复，到顶就跌。2010 年 10 月 8 日这周价最高，指标柱也是最高，第二周价与柱有序下降，一直下穿 0 轴。图中指标线表现鲜明，双线向下。

图 3—1—9

图 3—1—10 是华谊兄弟（300027）的一段走势。2013 年 9 月 30 日这周形成一个顶，收盘价最高，指标柱也是最高。第二周开始调整，价下跌，指标柱也渐次下降，最终降至 0 轴下。然后重新向上，指标柱也收敛向上突破 0 轴，到 B 处价最高，指标柱也是最高。又是第二周开始调整，指标柱有序下降。

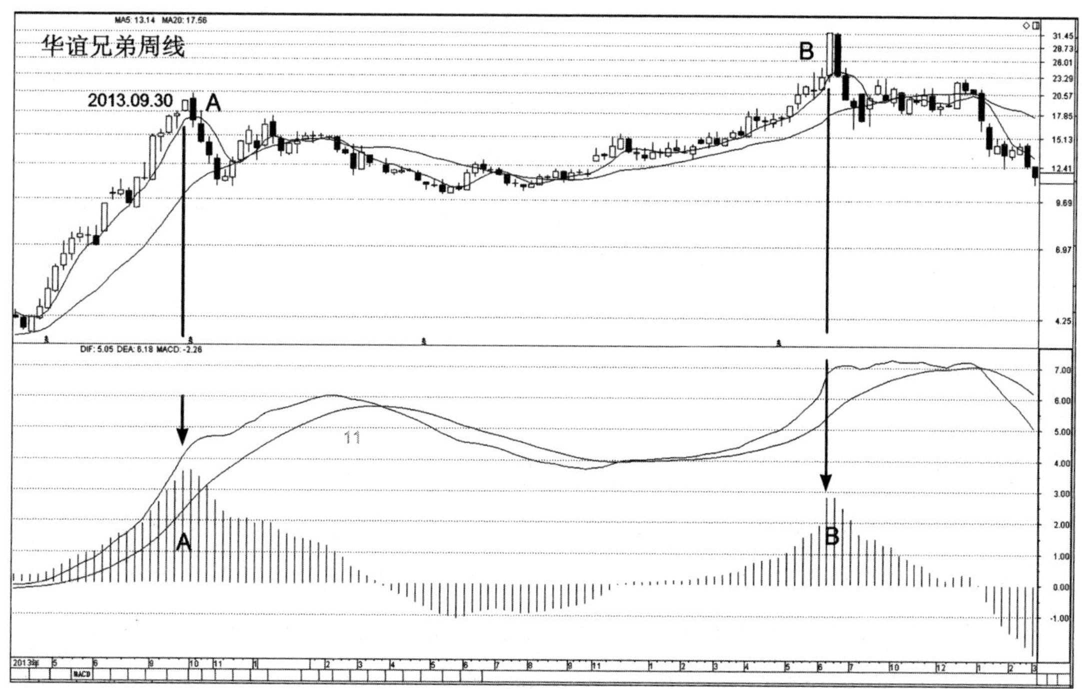

图 3—1—10

用魏氏指标辅助判断：B处价比A处高，B处指标柱高度比A处低，柱群规模也比A处小，价与柱背离，这样的顶就可及时确认。

我再次强调，本书讨论的顶底，不是波浪理论的顶底概念，是指某一段顶底，其后如何发展，我们不在意，我们的目的是抓住一个底，获取其后一段利润。同样，抓住一个顶出逃，保住一段利润。

图3—1—11所示广宇发展（000537）也有两个尖顶。相比前期，A处价最高，柱最高，第二周价柱齐降，MA5线也掉头向下，出局为妙，模式条件成立再跟进。有时看起来是无功而为或劳而有过，但这是事后才知道，规矩立，必执行。该股再起一段升势，B处又是尖顶。市场交易切忌猜，前一个尖顶之后，微跌再涨更高，循此思维在B处不动，其后就亏大了。

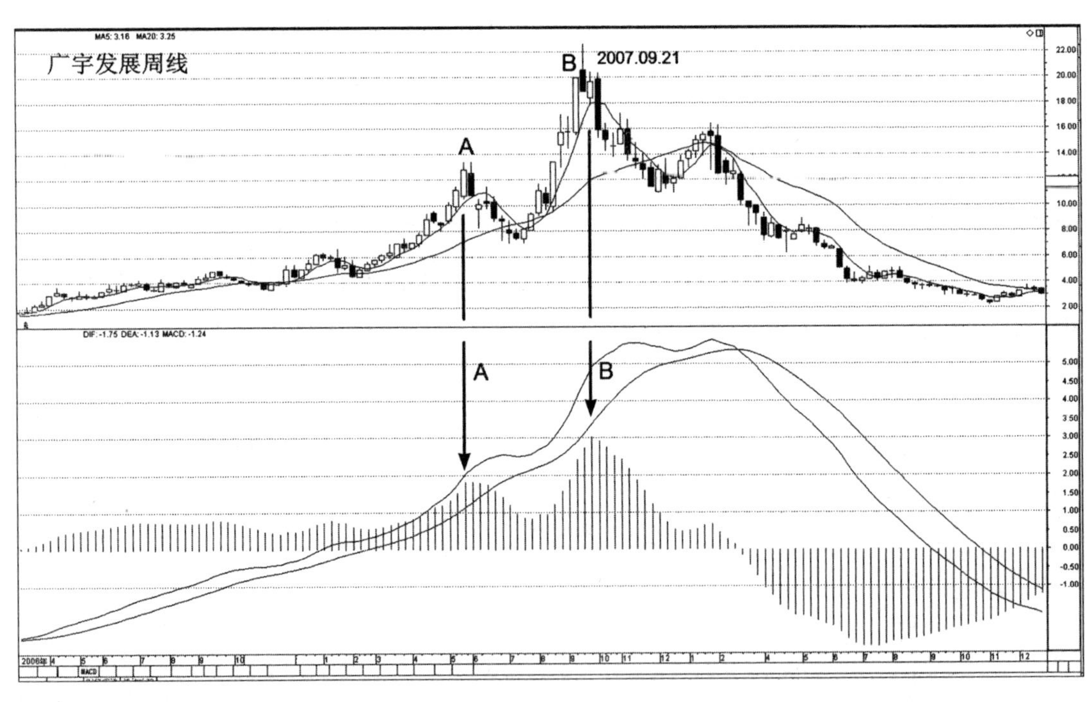

图3—1—11

首创股份（600008）这段走势连续出现三个尖顶，如图3—1—12。图中A处相较前期价和柱都是最高，其后价柱都略有下降，MA5线下弯不得不操作，结果是劳而有过，买价比卖价高。B处更是鲜明尖顶，下降一点又升。C处也是尖顶，但这个尖顶不同，价几乎与前高平，柱却低了，构成双顶，此时应毫不犹豫出局。市场千变万化，判断顶底，按均线模式交易，事情就简单了。

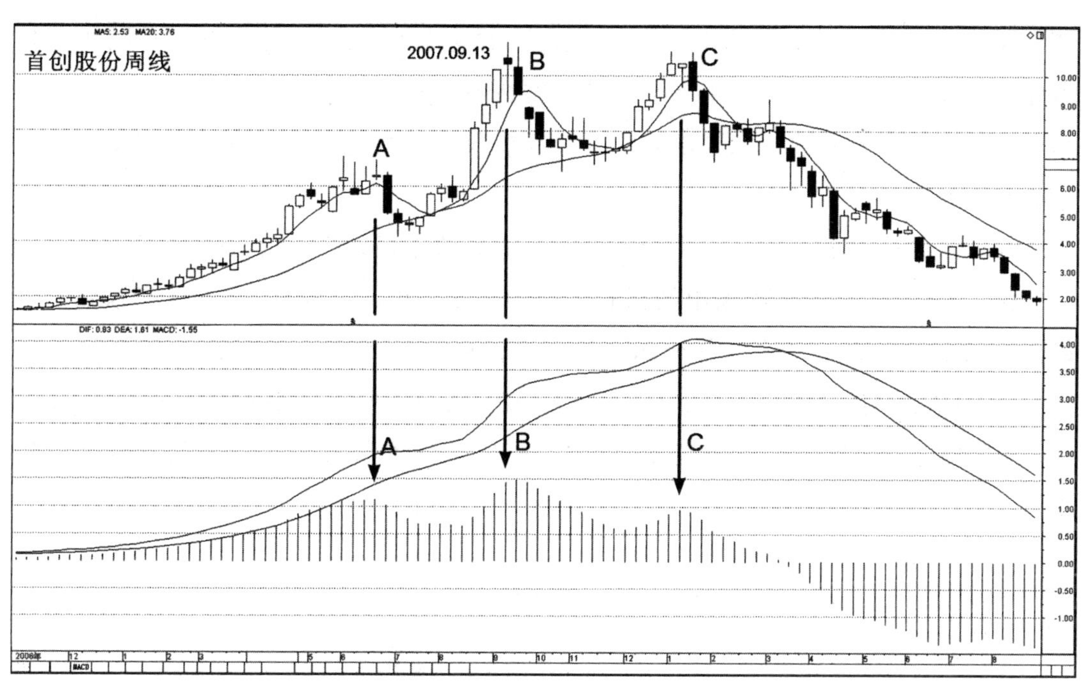

图 3—1—12

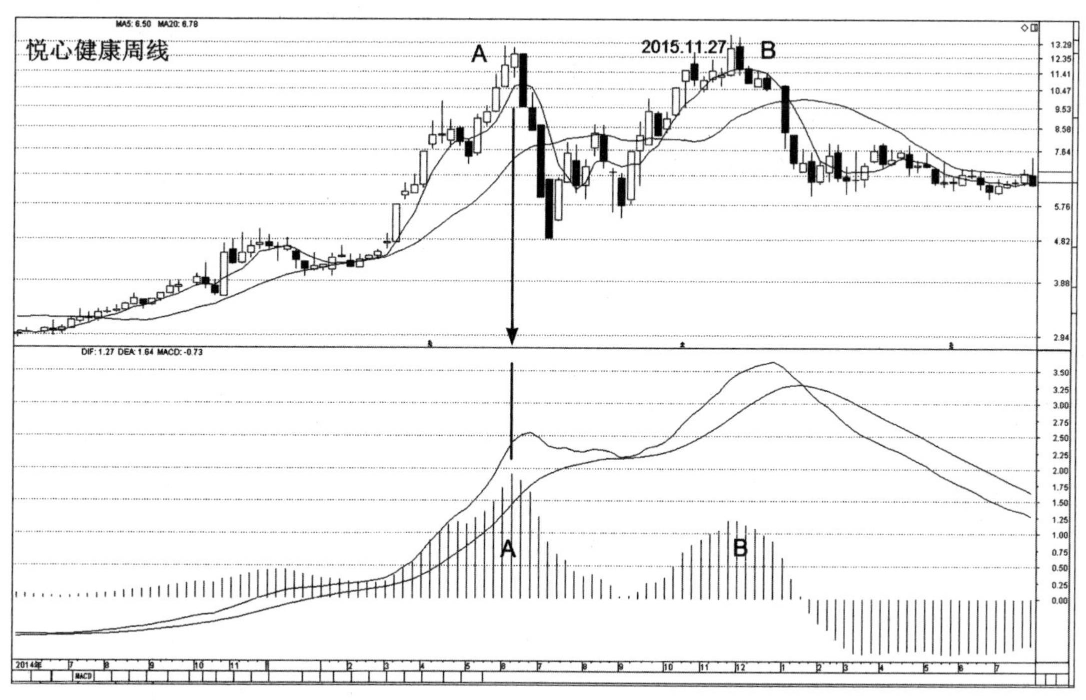

图 3—1—13

图 3—1—13 所示悦心健康（002162）的情况是尖顶演变为双顶的案例。图中 A 处高点出现在 2015 年 6 月 12 日这周，当时整个市场的高点也出现在这周，随后

调整凌厉而漫长，到 2018 年初也不见起色。悦心健康也随大盘下跌，从图中可见也是十分凌厉，可是指标柱未下破 0 轴，重新向上，到 2015 年 11 月 27 日这周，价与前高持平，形成双顶。如果没有一种交易模式，在当时市场惨淡的背景下，是没有胆量交易的。

从上述几个案例可看出，尖顶是会演变的，依据模式交易就有胜算。

图 3—1—14 是期货市场中的锰硅品种的一段走势，2016 年 12 月 9 日这周，价最高，与之对应的指标柱也是最高，其后指标柱有序下降，MA5 线也随之掉头向下，形成尖顶。我前面说，在高位，价触 MA5 线就得小心。此例中，第二根 K 线在 MA5 线之下，第三根 K 线就要寻机出局。对于期货操作，第三根 K 线就要寻机做空了。

图 3—1—14

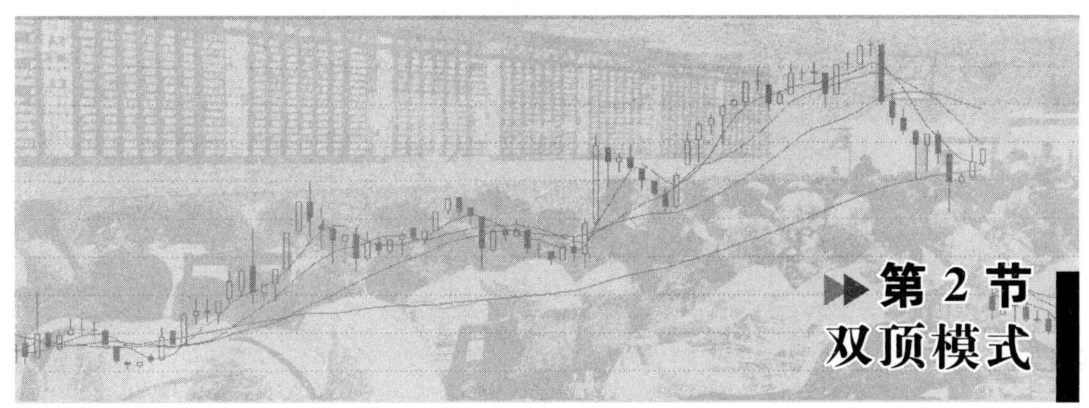

第2节 双顶模式

我多次说到对称，有双底形态就有双顶形态。K线上收盘价出现最后一个高点，之后微弱下降，数根K线之后，收盘价与前一个高点平行，此时指标柱群高度必然比之前低，形成价与柱顶背离。

双顶与后面讨论的价与柱右背离顶异曲同工，只是形态更规整，易于辨别。双顶形成后，未来有两种可能，一是可能发展为三顶，操作已没有多大意义。二是就此开始一轮调整，多数时候会漫长而且幅度深。

不同形态顶底的形成，其实跟主力的心机有关，散户是掀不起波澜的。图3－2－1中瑞泰科技（002066）这个双顶就能说明问题。大盘2015年6月12日这周之后开始大跌，该股A处高点是2015年6月26日这周，后也下跌两周，随后股价再次拉起，到B处创出与前高平行高点。大多数股在跌停，该股在涨停，绝非散户所为。但B处之后又开始连续跌停，最终仍和大盘同步。

我一直无法理解这种连续涨停转身又连续跌停的操作，主力的好处在哪里？作为散户，尤其均线模式交易的散户倒是大大获利了。

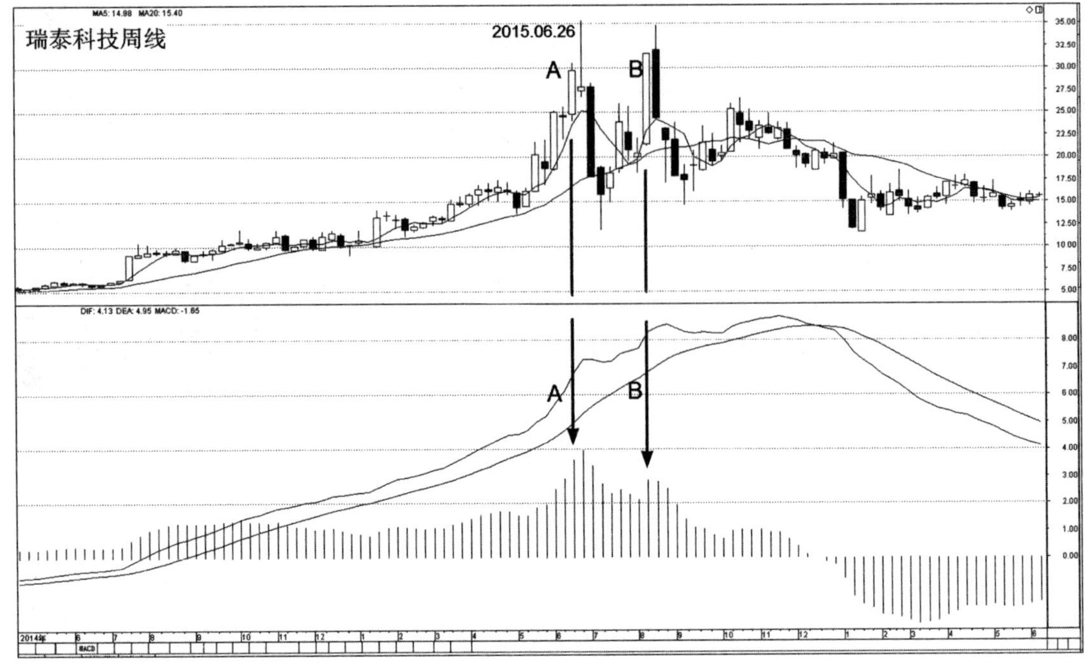

图 3—2—1

图 3—2—2 所示楚天高速（600035）2015 年 4 月 17 日这周出现一波上升的最高点，也就是说空间到了，由于大盘还在加速上涨，导致该股滞涨等待时间，到 6 月 12 日这周形成一个与前高平行的高点，筑成双顶，此后随大盘下跌。

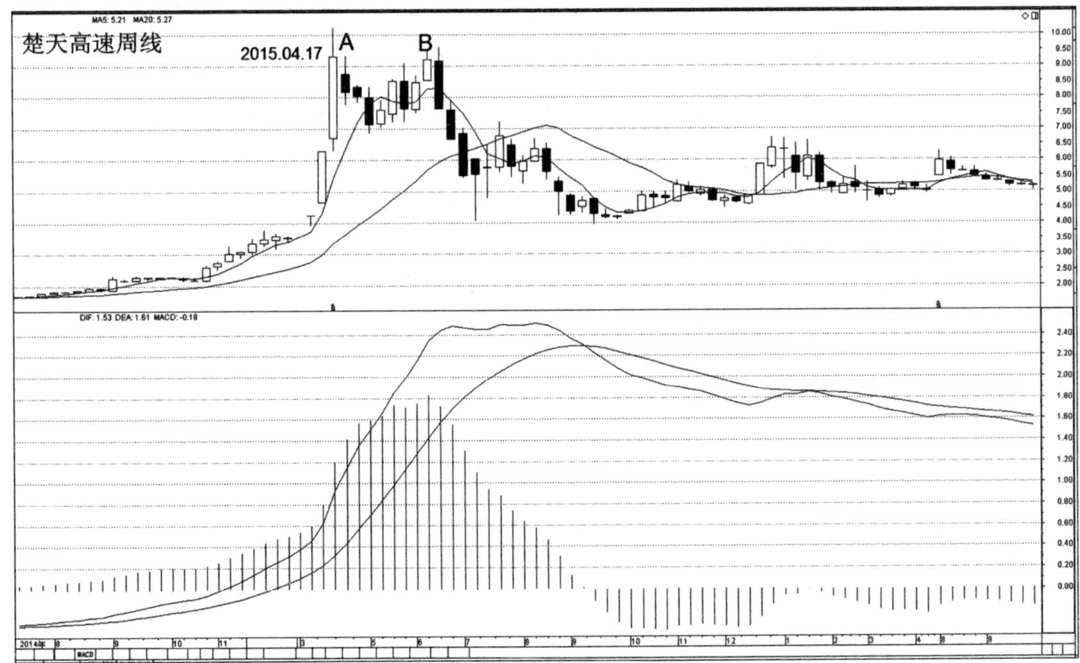

图 3—2—2

图 3—2—3 所示民生银行（600016）这段走势与大盘不同，2014 年 12 月 31 日这周创下高点，随后下降一段，由于大盘带动，股价反弹，到 B 处 2015 年 6 月 12 日这周筑成双顶。这个双顶就很典型了，B 处与之对应的指标柱群比 A 处低多了，价与柱背离，调整是必然的。

图 3—2—3

上述例子说明，并不是所有股都跟大盘走，同是调整，运行的路线也不相同。

图 3—2—4 所示民和股份（002234）就是这样的例子。2015 年 6 月之后，大盘到 2018 年初都无起色，像温水煮青蛙一样，可是该股却表现不俗，2016 年还上行一波。5 月 20 日这周创下第一个高点，8 周之后，B 处再创一个平行高点成双顶。B 处竖线对应的指标柱明显比 A 处低，价与柱背离，此后开始一波调整。

图 3—2—4

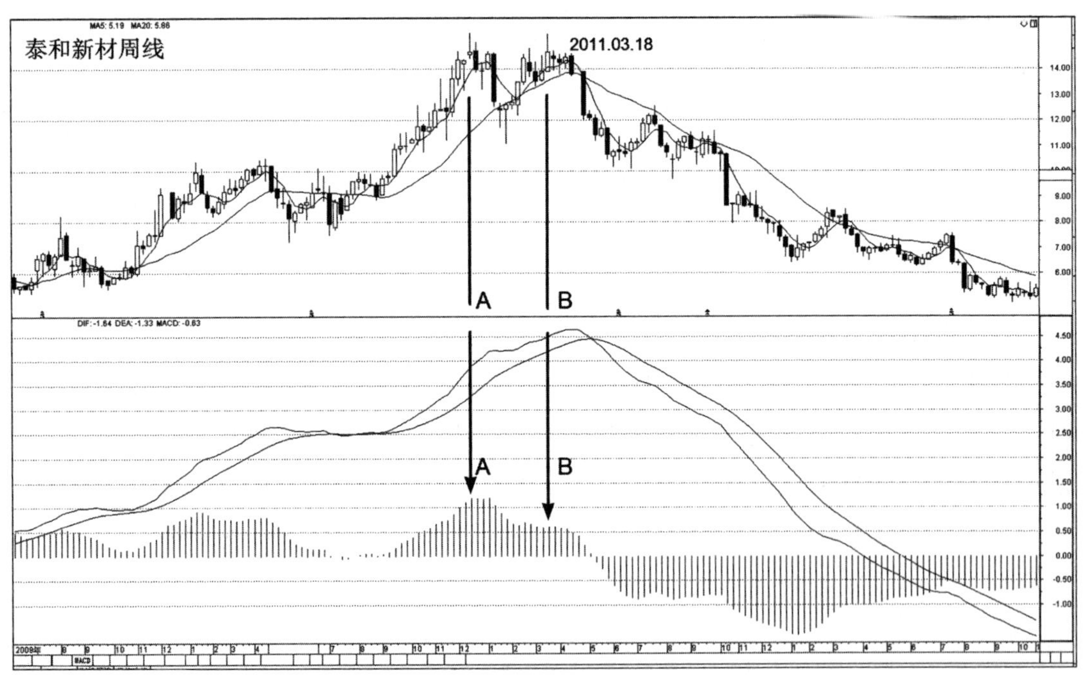

图 3—2—5

如图 3—2—5 所示，泰和新材（002254）2010 年 12 月 17 日形成一段上升高点，13 周之后在 B 处再创一个平行高点，与之对应的指标柱比 A 处低很多，价与柱背离，缠绵3周后开始下跌。

借这个案例说说操作策略。图中标示A处以后MA5线掉头向下，出局以后不要急于进入。虽然随后MA5线又向上，可是MA5线平缓，MA20线也步伐减缓，线平忌买。不要急于进入的另一个原因是三高点后必跌，从A处可以明显看出，这段升势有3个明显高点，周线这种形态意味着调整不会是一点点。

图3—2—6所示全新好（000007）这段走势是奇特的双顶，说它奇特，是因为A点到B点运行了49周，双顶极少有运行这么久的。而且，A点和B点收盘价都是6.47元。再从柱群观察，它们都是一个柱群，指标柱中间没有绿柱间隔。价与柱群两次背离，周线级别三次背离发生率小，所以B处之后开始调整。

图3—2—6

图3—2—7所示深物业A（000011）2009年11月20日这周创下最高点，A处对应的柱群是尖顶，尖顶之后多有反复。18周之后，B处再创平行高点成双顶。B处对应的柱群比A处低很多，这是双顶的特点。

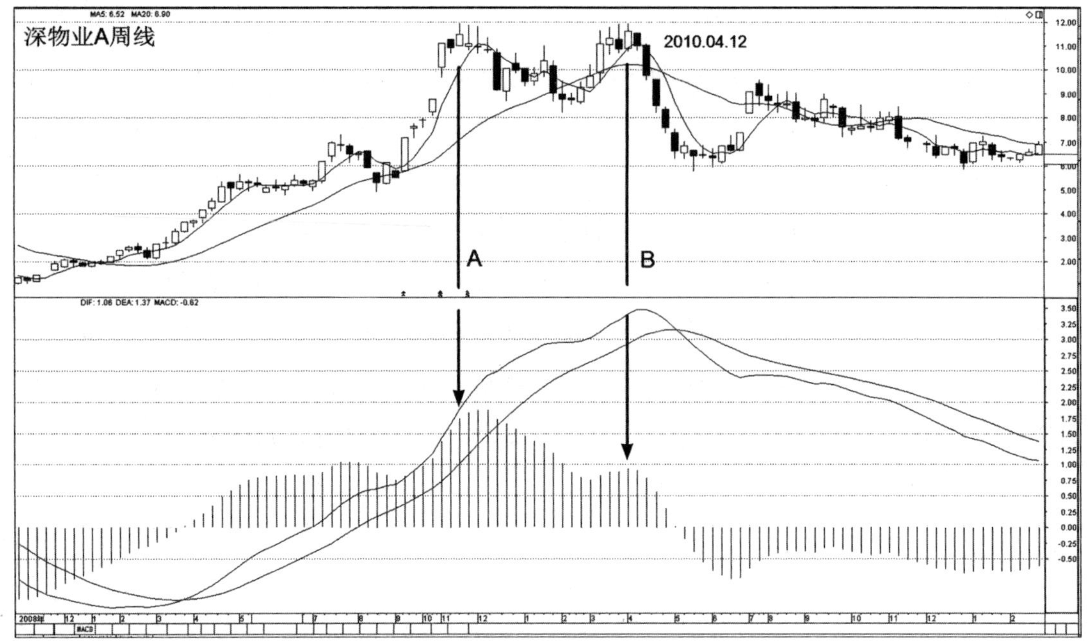

图 3—2—7

魏氏指标是对波浪理论的一大补充。如图 3—2—8 所示，南玻 A（000012）这个形态，一般不会判断为双顶。A 处价比 B 处价高 10%，很容易判断 B 处为下跌 2 浪顶，尤其是调整几波后，浪形还很清晰，按此形态数浪，就会犯很大错误。根据魏氏指标，虽然 A 点价比 B 点高很多，双顶不对称，但是观察柱群，它们在同一柱群形成的价位形态，只是价与柱背离不那么典型，仍属双顶性质。

图 3—2—8

图3—2—9所示，华夏银行（600015）2007年10月12日这周创下一个收盘高点，指标柱群也是个尖顶。13周之后，B处再创平行高点，此时的柱群已比A处低很多，价与柱背离。B之后一波调整很深。

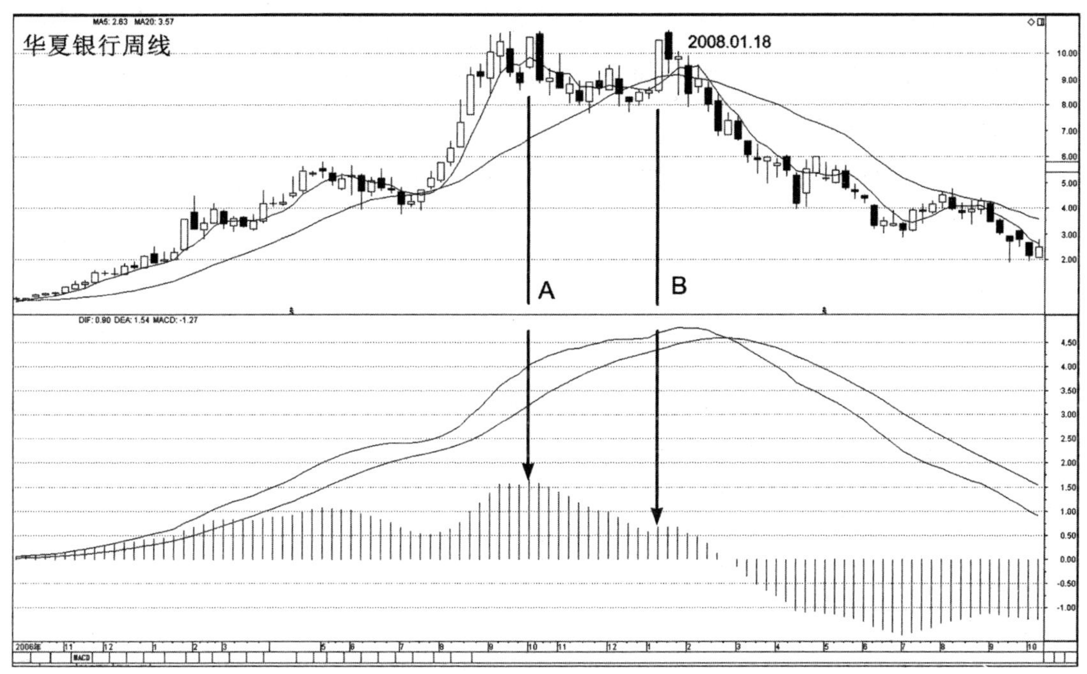

图3—2—9

图3—2—10

图 3—2—10 所示，深天地 A（000023）在 A 处出现一段上升最高点，对应的柱群也是尖顶。19 周之后到 B 点，价位与 A 处收盘价平行，但是指标柱低很多，已接近 0 轴，第二周便开始大幅下跌。

图 3—2—11 为三力士（002224）走势图，A 处是 2015 年 12 月 25 日这周的一段下跌，重启反弹到 B 处，价与前高平行成双顶，B 处对应的柱群位置比 A 低很多，规模不可同日而语。

这个虽是双顶形态，但 B 点性质变了，从波浪角度观察，它就是某段浪的 B 浪，这在后续发展中得到印证。

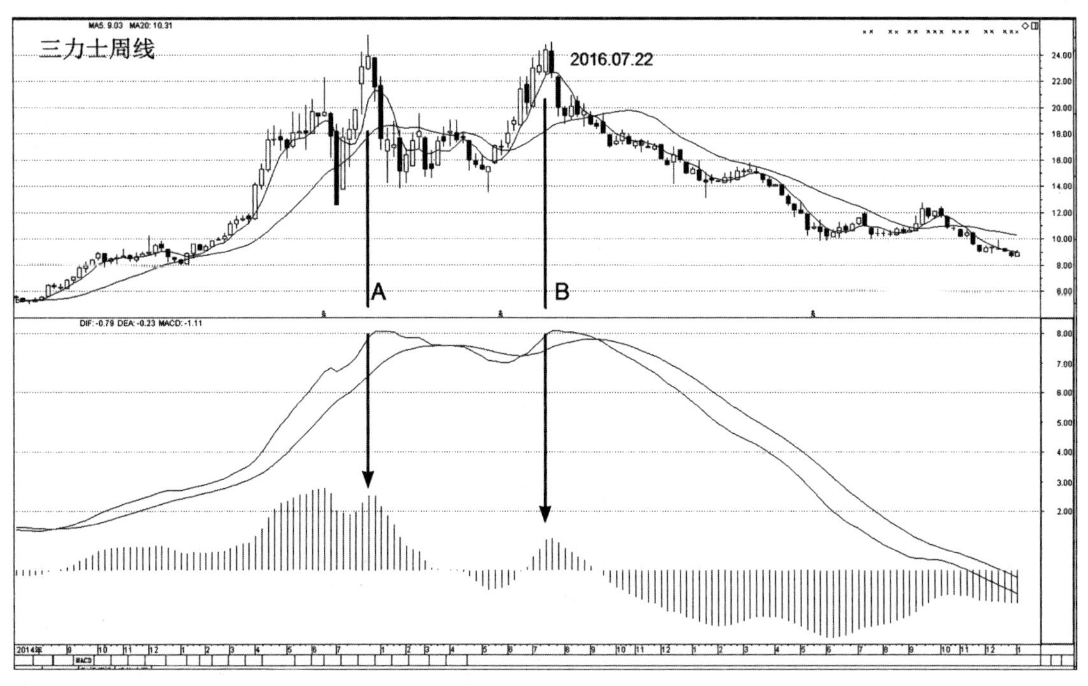

图 3—2—11

我在本书中多次说到，我们讨论的一段顶底，并不是波浪理论中的顶底概念。如图 3—2—12 所示，中国国航（601111）这段形态，也是双顶形态，A 点瞬时价高，收盘价低，B 点瞬时价低，收盘价高，价格平行。它们的发展又同是一个柱群，中间没有绿柱间隔。

这个形态从波浪理论角度观察，A 点是 3 浪顶，B 点实际是 5 浪顶，比较复杂。用魏氏指标讨论顶底，直观，易于判断。

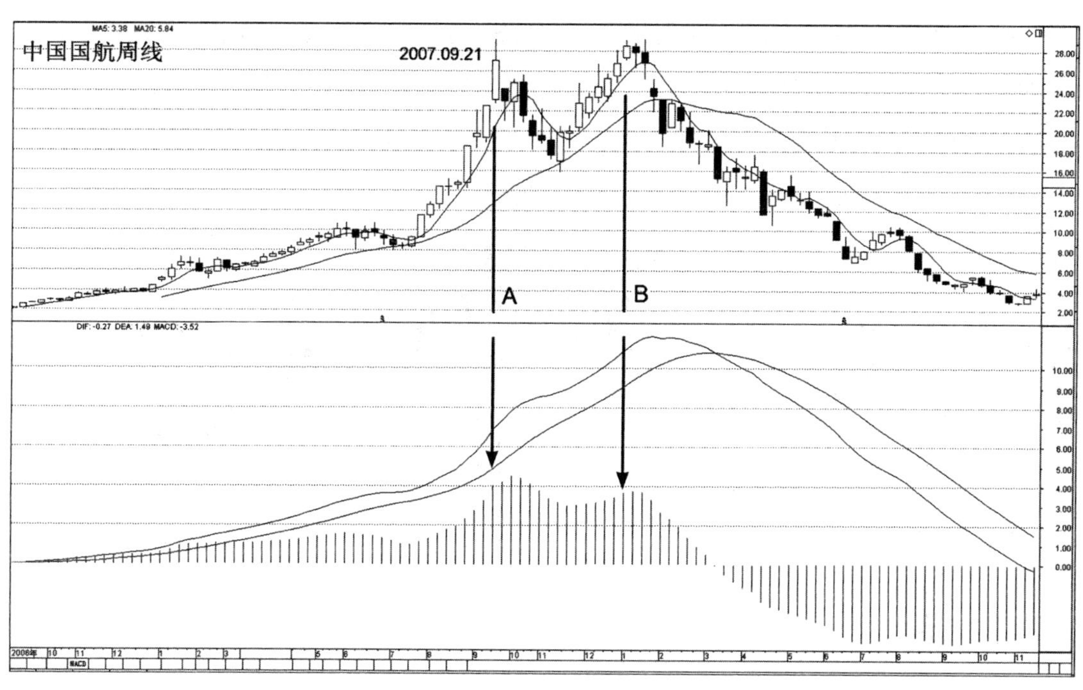

图 3—2—12

中远海能（600026）这个双顶比较典型，如图 3—2—13 所示。由图中可见，2007 年 10 月 19 日这周创下高点，之后下跌，A 点对应的柱群也是尖顶。12 周之后到 B 点再创一个平行高点，此时对应的指标柱比 A 处低多了，价与柱背离，随后进入调整。

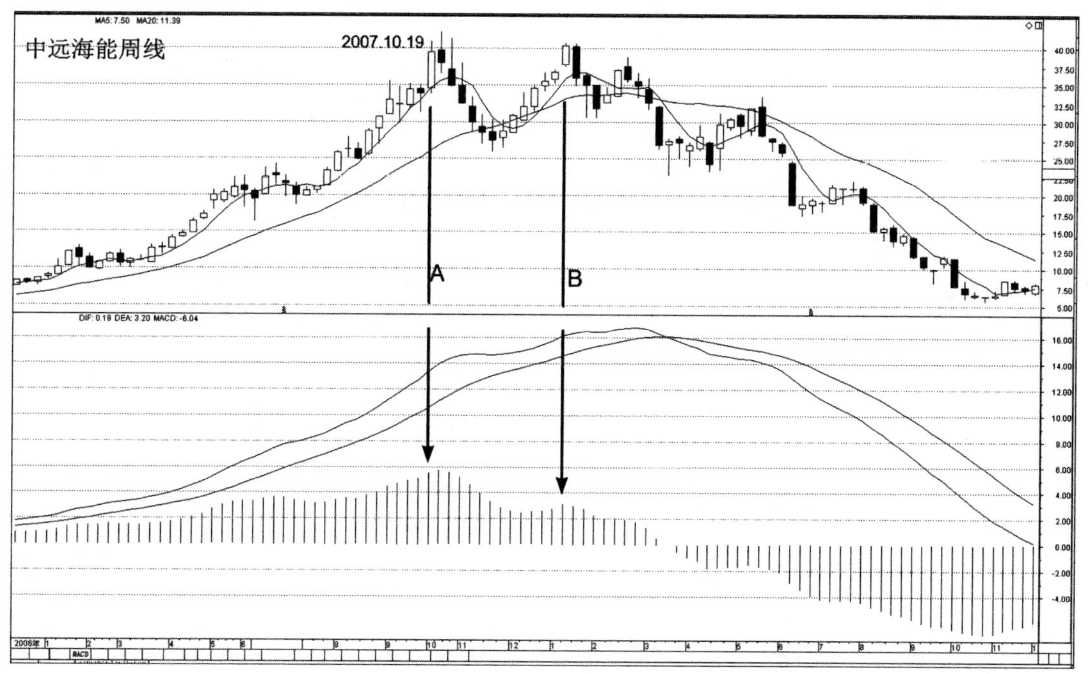

图 3—2—13

图 3—2—14 所示福星股份（000926）这段走势，其实是个反弹顶。2010 年 12 月 23 日这周创出高点，之后微跌，15 周之后到 B 点，价与前高平行，形成双顶形态。双顶有个特征，即 B 处对应的指标柱比 A 处低，价与柱背离，第二周便进入调整。

图 3—2—14

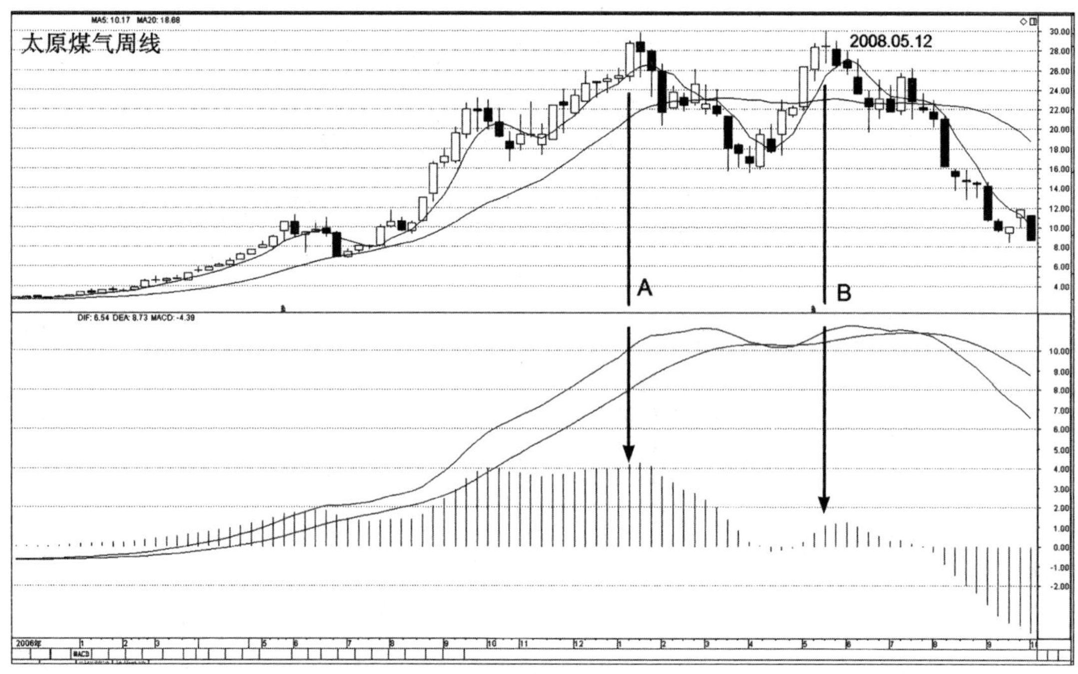

图 3—2—15

图 3—2—15 所示，蓝焰控股（000968，曾用名太原煤气）这个双顶有些不同，与前面案例三力士相似。图中 A 点是价格高点，是一波上升的第三个高点。此后下跌，指标柱下穿 0 轴，再反弹，到 B 处再次形成平行高点。B 处对应的另一个指标柱群，位置比 A 处低，规模比 A 处小多了，价与柱群背离，之后的调整快而深。

图 3—2—16 所示重庆啤酒（600132）这段走势很特殊，形态上有 4 个顶。图中 A 处和 D 处是两个平行高点，两点之间相隔 52 周。期间还有 B、C 两个明显高点，虽然高度不及 A、D 两处，但也基本相似。

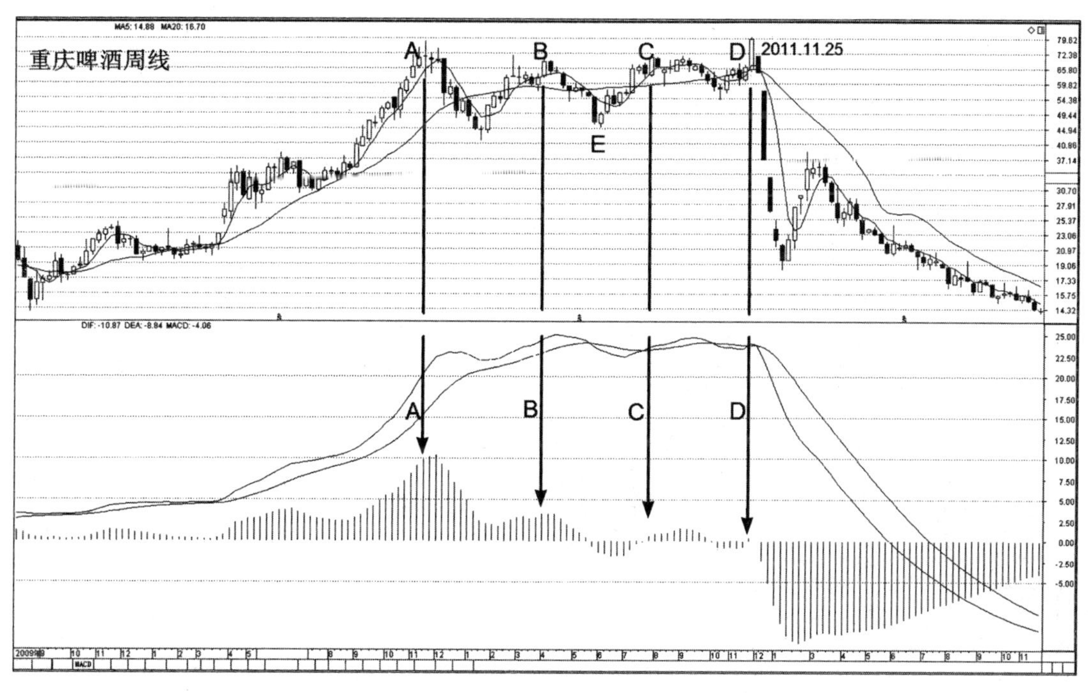

图 3—2—16

我曾说，不管主力手法多么高明，没有真金白银进场，是推不高股价的。该股在周线级别，价与柱背离出现 3 次，这种现象很少。B 处与 A 处比较，价接近前高，而柱低多了。C 处是指标柱下穿 0 轴后的反弹，柱群与 A 处比较，位置低，规模小，价与柱群已背离。D 处表现更为典型，指标柱下穿 0 轴后再向上，出现一根暴发式大阳线，细看指标柱，像蜻蜓点水一样在 0 轴上碰一下，属于第三次价与柱背离，然后断崖式崩溃。

再从指标线观察，A 点以后，指标线上升已显疲态，到 C 处已呈下降趋势，到 D 处下降趋势确立。市场上有“骗线”一说，这里的“线”指的是移动均线，这个案例算不算"骗线"呢？魏氏指标的指标线是代表资金流方向，不管主力手法多么高明，这个线无法骗。此例中的股票资金出逃成定局，资金减少，必然下跌。

这个案例也有个有趣现象，以E为中心点，A处以后第三周，价还没下降，从此处到E点是25周，E点到D处也是25周，两处相似高点形成时间对称。关于时空对称，我会另著《时空节奏》详细讨论。

图3—2—17是期货市场一个品种的走势图，如果用波浪理论观察，A、B两点是不同波浪的顶。我前面多次说到，不管它是什么波浪位置，重要的是确认它的顶。A、B两点价位平行，与之对应的指标柱表现出价柱背离形态，B点柱群比A点小而低，这种形态只要价下跌柱下降，就可确认价柱背离，操作就得改变方向做空。切记另一种情况，虽然价与前高平，但价和柱正在向上发展中，误判价柱背离也会出大错。

图3—2—17

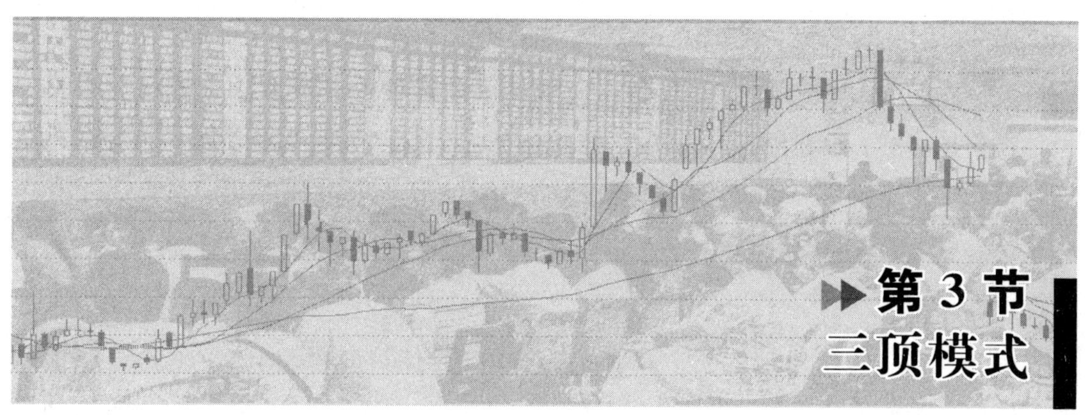

第3节 三顶模式

三底形态反过来就是三顶，就是说顶部有三个高点。三个高点多数时候呈现的是道氏理论描述的头和两肩形态。顶和底一样，有些形态“头”并不突出，几乎是三个平行高点，圆形顶也近似于头肩顶，所以统称为三顶。

三顶这种形态构筑时间长，可以说主力费尽了心机，目的是卖出筹码，一时半会儿不会再向上做了，所以三顶之后会有漫长的调整。

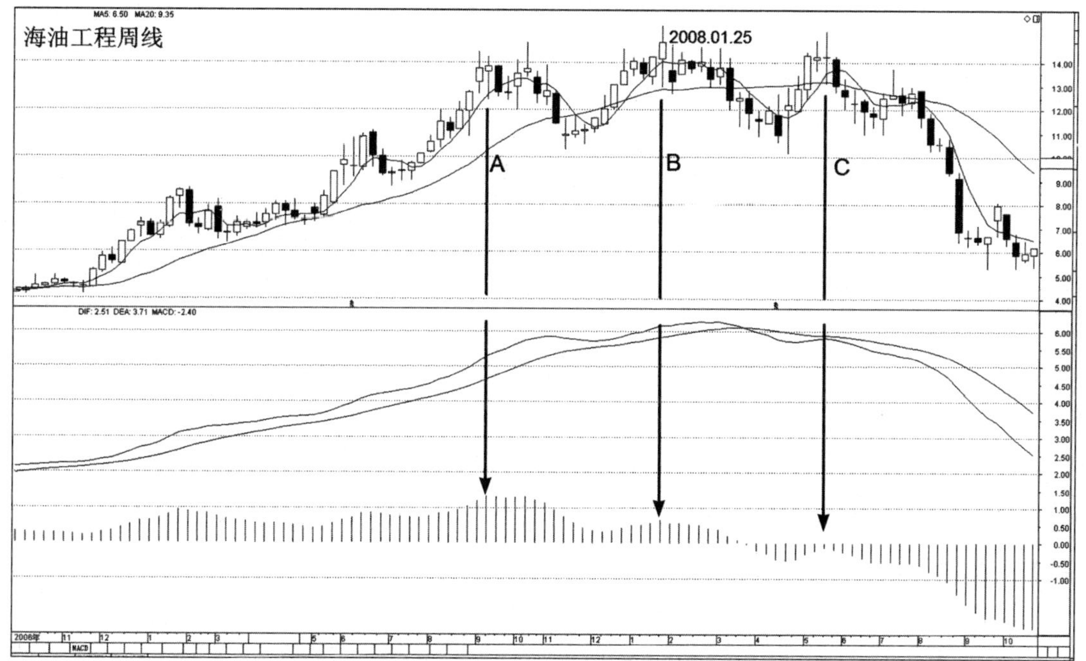

图 3－3－1

图 3—3—1 所示海油工程（600583）这个三顶很典型，B 点价最高，A、C 两点价平行，B 点犹如头部，A、C 两点犹如两肩，这种形态被道氏理论描述为头肩顶。观察指标柱，B 处价比 A 处高，柱比 A 处低，第一次价与柱背离。C 处价与 A 处平，柱已在 0 轴下，第二次价与柱背离。这种形态必然调整。

该股以 B 处为中心，B 点与 A 点相距 18 周，B 点与 C 点相距 17 周，时间基本对称。

图 3—3—2 所示包钢股份（600010）这段顶与前一案例相似，也是头肩顶形态。图中头部与左肩相距 17 周，与右肩相距 16 周，时间基本对称。对三重顶的形态不要抱任何幻想，赶紧出局为上策，未来的调整时间长、幅度深。

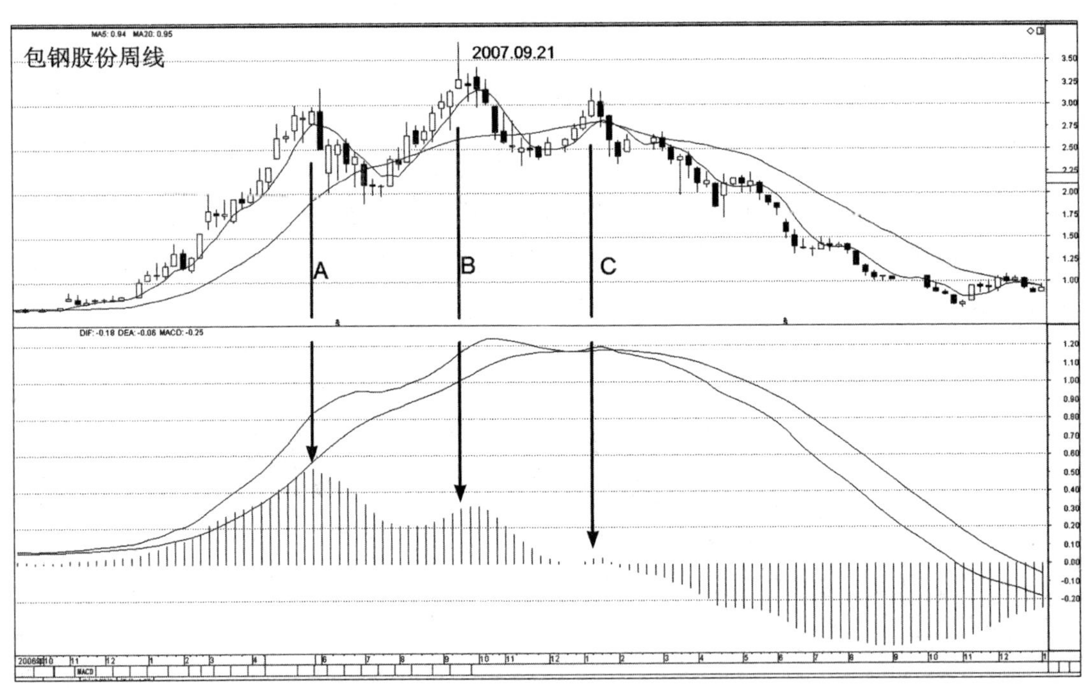

图 3—3—2

图 3—3—3 所示华电国际（600027）这个顶稍有不同，左肩强，右肩弱。左肩瞬时价几乎与头部 B 平行。它们在时间上很对称，B 处中心点与 A、C 两点分别相距 15 周。价与柱也有两次背离。

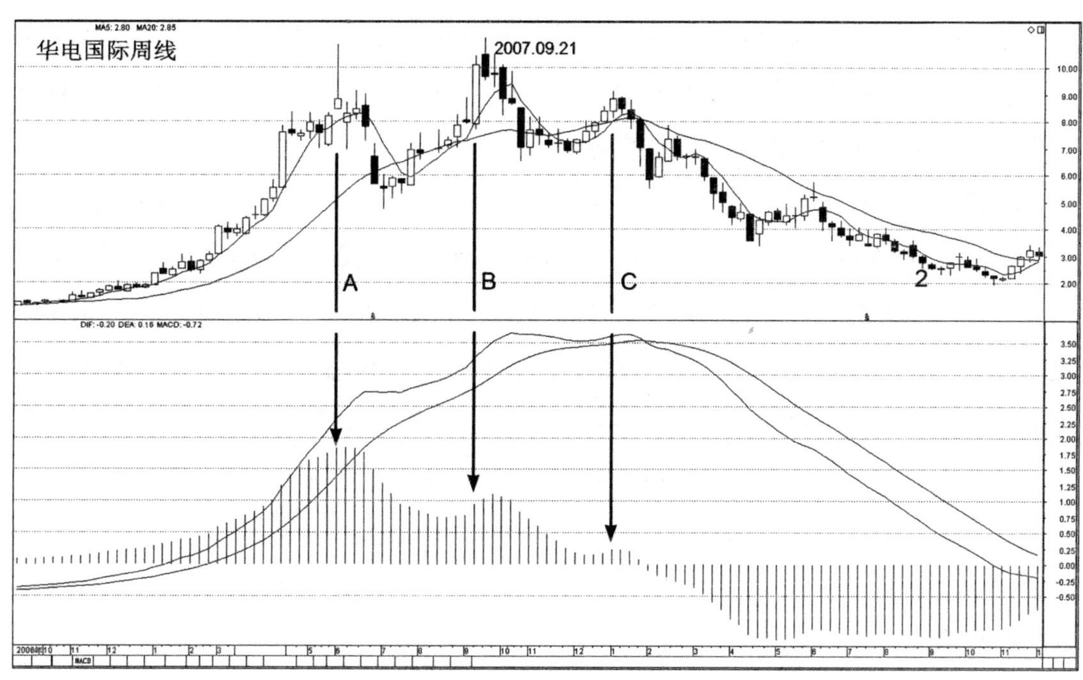

图 3-3-3

新乡化纤（000949）这个三重顶波动幅度大一些，见图 3-3-4。图中 A 点下跌，柱群形态呈尖顶，其后上升依均线模式操作还有较大空间，就连 C 点那一段也有小利可图。

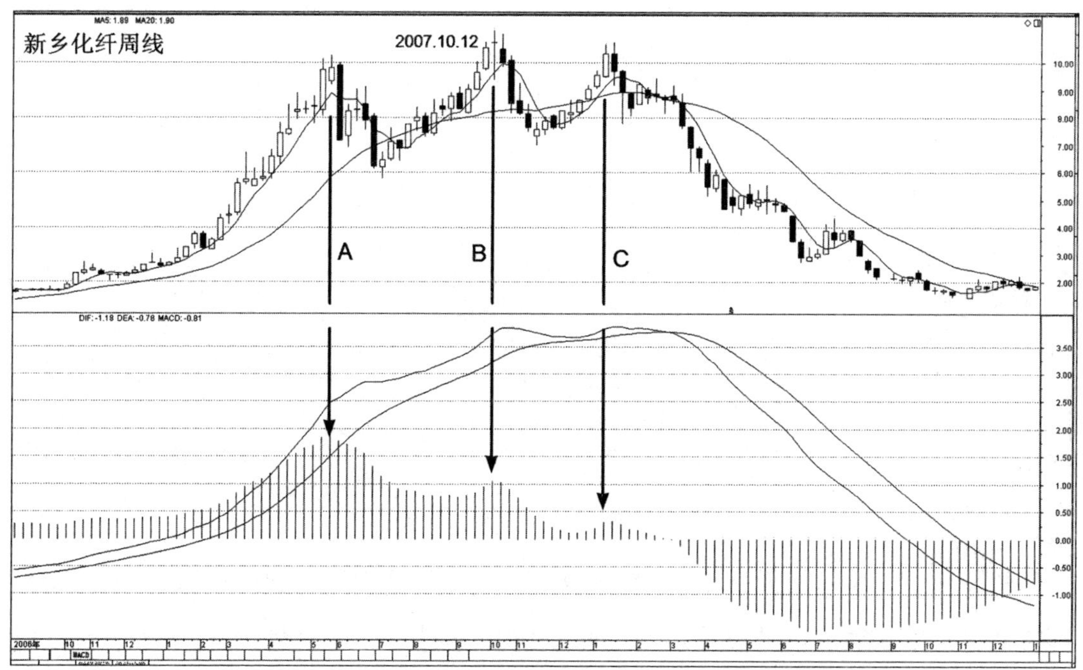

图 3-3-4

它的指标柱形态与前面案例表现一样，不同的是头部相距两肩距离不对称。市场的表现形式并不完全相似，它总会出其不意，超越我们的想象。因此，不能机械行事。均线模式可较好地解决这些问题。

如图 3—3—5 所示，凯迪生态（000939）这只股 4 年时间两次顶都是三顶形态。2007 年的顶，是 3 个平行高点，指标柱表现形态与前面案例差不多。2011 年的顶，指标柱表现有差异，B 处价与柱没背离，C 处是明显价与柱背离，也就是说只背离了一次。但是有一点不能忽略，2011 年的顶，价最高，对应的柱群规模较之前小，高度也低很多，价与柱群背离。

该股走势还有一个细节，这就是 2011 年的顶之前也近似三顶，可是跌幅很浅，它既不是头肩顶形态，也不是平行三顶，而是左低右高。

观察这一段，从 2008 年 10 月低点到 2011 年高点，其实是个 5 浪形态，因此近似三顶那段之后跌幅很浅。

图 3—3—5

图 3—3—6 所示楚天高速（600035）这个三顶，形态上也像头肩顶，但这个头部高度只是象征性的，瞬时价最高，收盘价并不高。A 点收盘价 5.11 元，B 点收盘价 5.14 元，C 点收盘价 5.16 元，它们实际是 3 个平行顶。

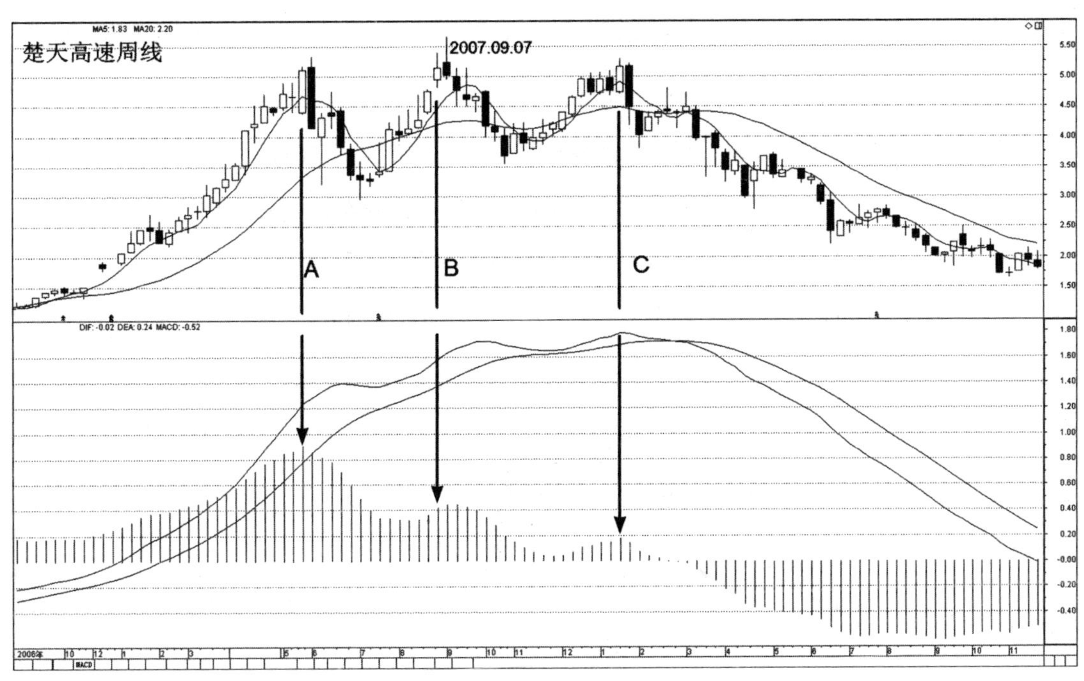

图 3—3—6

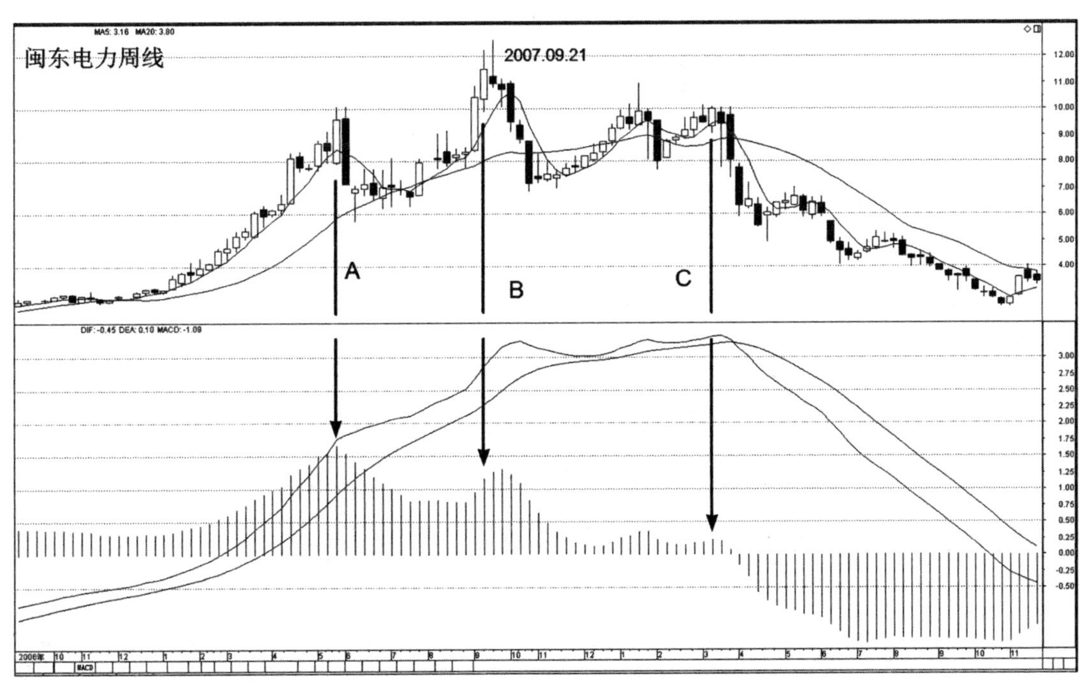

图 3—3—7

闽东电力（000993）这个三顶，头部很突出，两肩平行，见图 3—3—7。从图中可见，C 点之前，还出现一根大阴线。如果从时间对称观察，以最高价那根 K 线为中心，距A点17周，距大阴线那根K线前一周也是17周，两肩时间还是对称的。为什么再起一个反弹到C点，猜测就是主力心机所致。

该股2017年也筑了一个三顶，只是形态不那么典型，如图3—3—8所示，B点是最高收盘价，A、C两处几乎平行。实际C处收盘价只比B处低了7分钱，几乎没什么差异。指标柱呈现的是，B处为尖顶，C处价与柱右背离。

这就说明，筑顶形态大体相似，但又无常，变化万千。

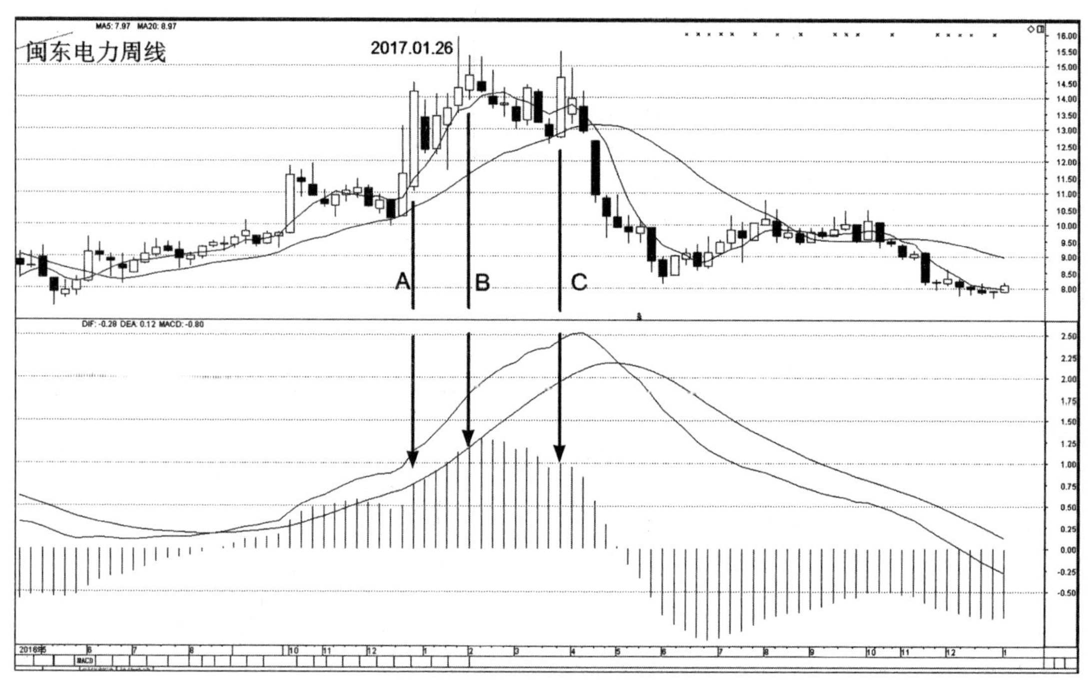

图3—3—8

中国石油（601857）这只股票，投机者应当都熟悉，因为它的流通盘超级大，它的上涨下跌，都会对市场产生影响。图3—3—9所示这段走势是2015年该股的顶部形态。它也筑成了三顶。B处瞬时价最高，C处收盘价最高，形态上是鲜明的三顶。

从时间上观察，C处是2015年7月24日这周，此时的大盘，正经历惨烈下跌，证监会采取措施救市，像中国石油这样的超级大盘股，是稳定市场情绪的标的，因此，在7月这个时段，该股还创出高点，这是人为的结果。我多次说，市场有自身运行规律，人为因素是暂时的，该怎么运行，最终它还得怎么运行。趋势是无法抗拒的。

图 3—3—9

图 3—3—10 所示华能国际（600011）这个三顶，形态上让人感觉不可信，以最高点为中心，左右两边不对称，左边低，右边高，是不是三顶呢？

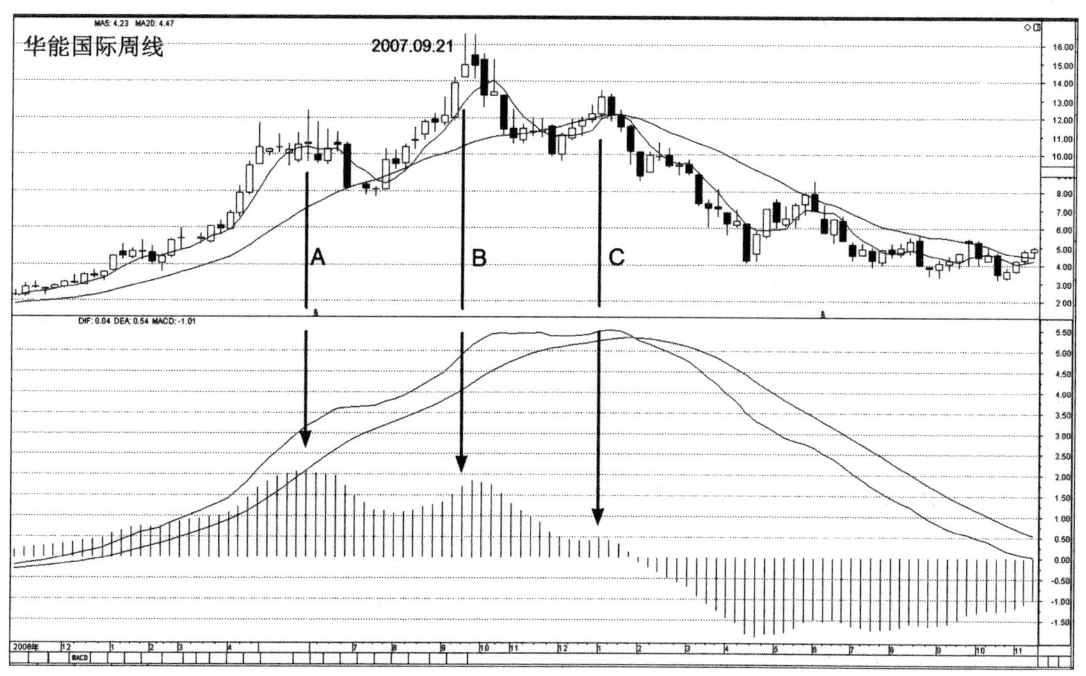

图 3—3—10

从柱群观察，B点价最高，指标柱却比A处低，价与柱背离，C点价比A点高，指标柱不仅比B点低，比A点更低，而且已经抵近0轴，价与柱第二次背离更严重，所以是三重顶。

图3—3—11所示得利斯（002330）的这个三顶，是个复杂顶。图中，A点高位是2015年6月12日这周，随后急跌到2015年7月7日这周，价格跌去60%，然后又拉起至B点，价超前高，再次下跌60%，又拉起与A点平。19周时间来回两个回合，这种走势不是散户所为。

以这个案例说说策略。对于散户来说，如果坚持以周线为交易依据，那么A点出局以后，等待观望，观看表演，不宜参与。如果以日线为交易依据，那是大大的利好，短期获利丰厚。这种走势，交易必须果断，不可犹豫不决。

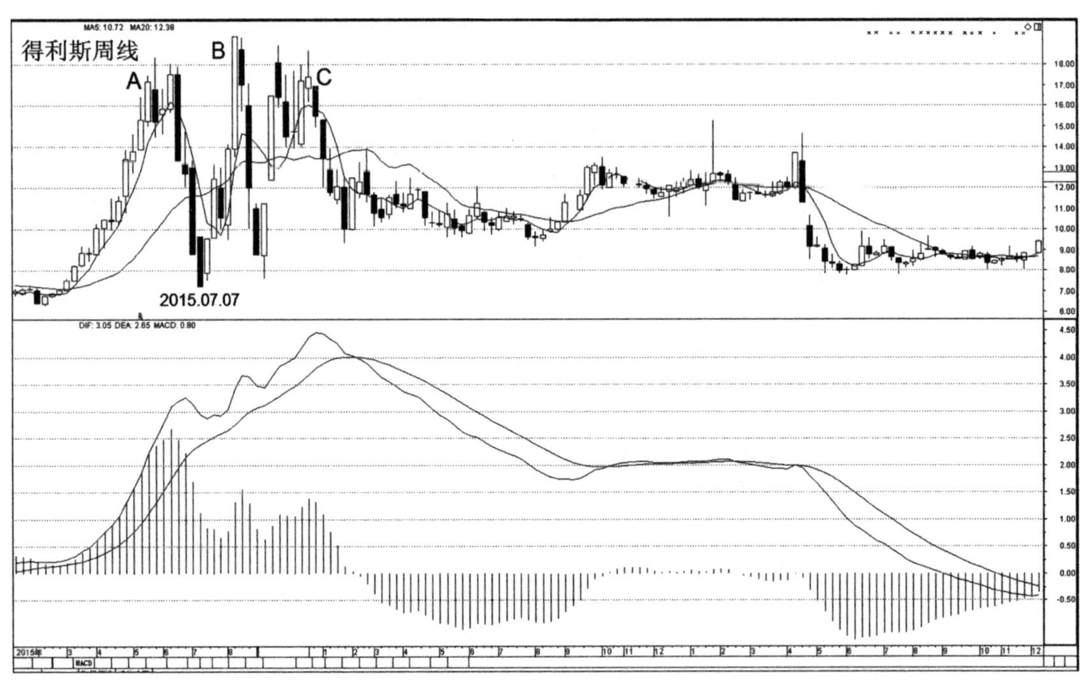

图3—3—11

不过我还是警告一句，日线稳定性差，这种事只可在特殊情况下偶尔为之。

我说市场总是变化万千，超出想象，如图3—3—12显示的就是个怪异的顶。纵观川润股份（002272）的历史走势，10年时间都在平行波动。虽然有的上升段涨幅还达几倍，但总体看是平行波动。

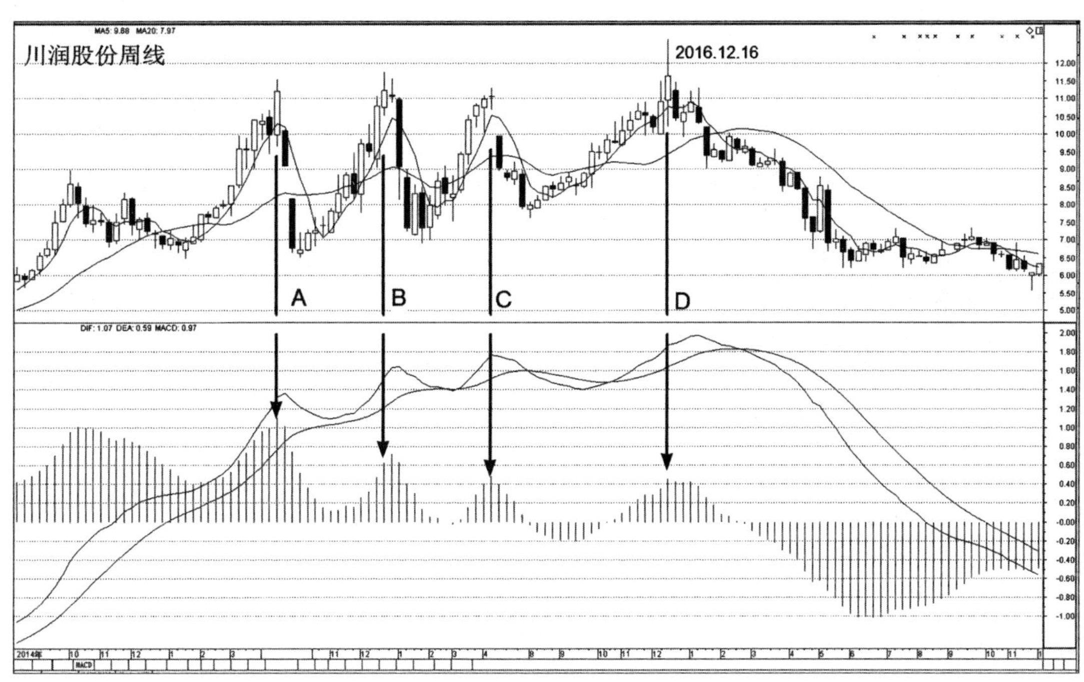

图 3—3—12

我在几本书中都提及波浪，像川润股份这种形态，至今还难以识别浪形，尽管时有起伏，其实它就是一个大浪级的调整浪。中国市场两千多只股，其实很多股属于这种现象。

尽管如此，依据魏氏指标仍能做出涨跌判断。图中形态有四重顶，A 点是一波较大柱群的高点，B 点价比 A 点高，柱比 A 点低，第一次价与柱背离。C 点价与前两高点平行，柱群更小更低，第二次价与柱背离。D 点价最高，柱群下穿 0 轴之后上升，属另一柱群，比 A 处柱群位置低多了，规模小多了，第三次价与柱背离，而且是价与柱群背离。在周线级别中三次价与柱背离的情形很少，若出现此情形，其后的调整成为必然。

图 3—3—13 所示的智度股份（000676）顶部形态是一个典型的平顶。这种形态十分罕见。图中这个顶部截图不完整，它实际横盘时间应从 2000 年 9 月算起，至 2005 年 4 月开始下跌，几乎横盘 5 年。从形态上观察，仍然有三顶特征。市场上有种说法，横有多长，竖有多高。这种说法不是没道理，但是要看横盘在底部还是顶部。智度股份 2005 年 4 月的价格在 13 元一带，到 2005 年 7 月时，最低价是 1.89 元，3 个月就跌去约 90%，这就说明对顶部的判断是多么重要，同时也说明均线模式交易原则是多么重要。

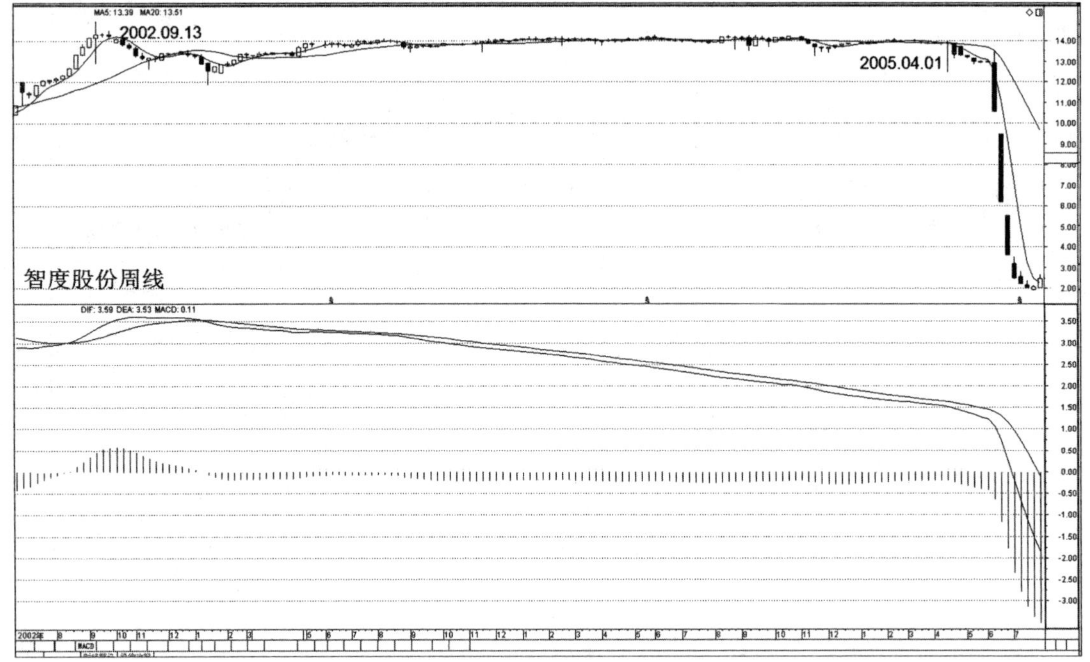

图 3—3—13

图 3—3—14 显示，湖北宜化（000422）走出了一个另类顶，形如圆弧，实则又是三顶形态。

图 3—3—14

图中A点价最高，0轴上柱群最大，B点是一波反弹高点，对应的柱群上穿0轴，位置比A处低，规模比A处小，第一次价与柱背离，也相当于价与柱群背离。到C点时，价与A、B两处平行，柱群在0轴上更小更低，价与柱群背离，之后的调整虽然缓慢，属于阴跌性质，但最终调整深，时间漫长。

图3—3—15是期货市场的一个品种的走势，图中三顶不太规则，三处价不平行，更没有头肩顶形态，但它是三顶无疑。A处第一个高点时，对应的柱群最高最大，指标线也最高。B处第二个高点时，对应的B处柱群在0轴上呈芝麻点，指标线明显下降。C处第三个高点时，对应的C处柱群在0轴上冒了一点点，虽然指标线也向上冒了一点，可是此处价是最高点，指标线的位置与A处比低得太多了，价线背离十分严重。无论顶底，价线背离的力度比价柱背离太多，都提示会下跌。可见玉米指数从C处之后的下跌多么猛烈。

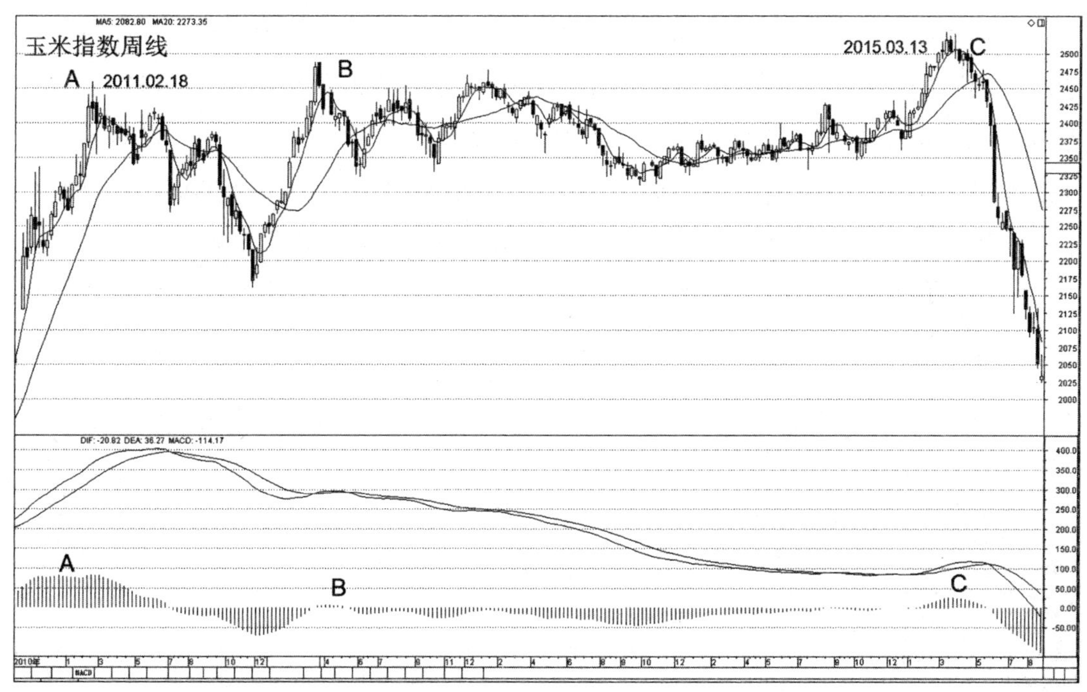

图3—3—15

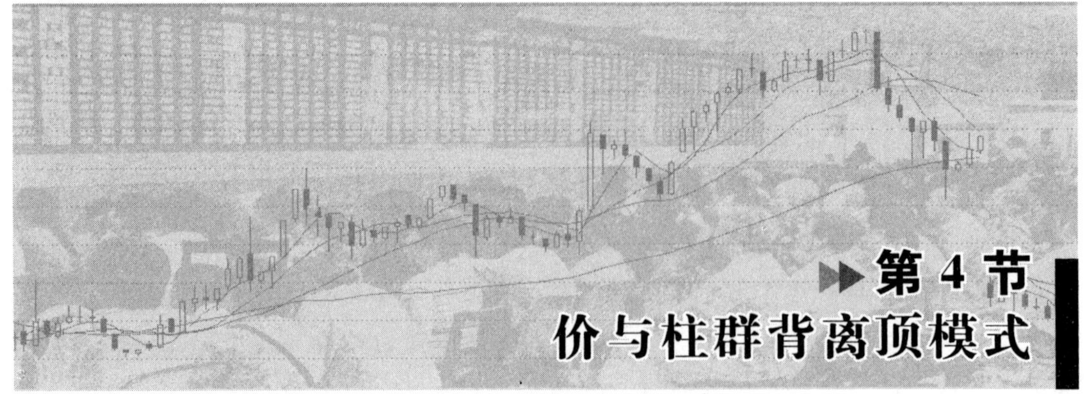

第 4 节 价与柱群背离顶模式

我们在讨论底部形态时有价与柱群背离底，反之，顶部形态也有价与柱群背离顶。一段上涨末期，股价走势疯狂的时候，可谓强弩之末。怎么判断这个“强弩之末”？魏氏指标是最好的判断依据。价与指标线和柱不匹配，柱不是单根不匹配，而是价与柱群不匹配，价高柱群低，价与柱群顶背离。

同价与柱群背离底的原理一样，经过较长时间的上升波动，才形成价高柱群低形态，与三顶相似，形态又不是三个高点。这种顶后会有一波较大的跌幅。

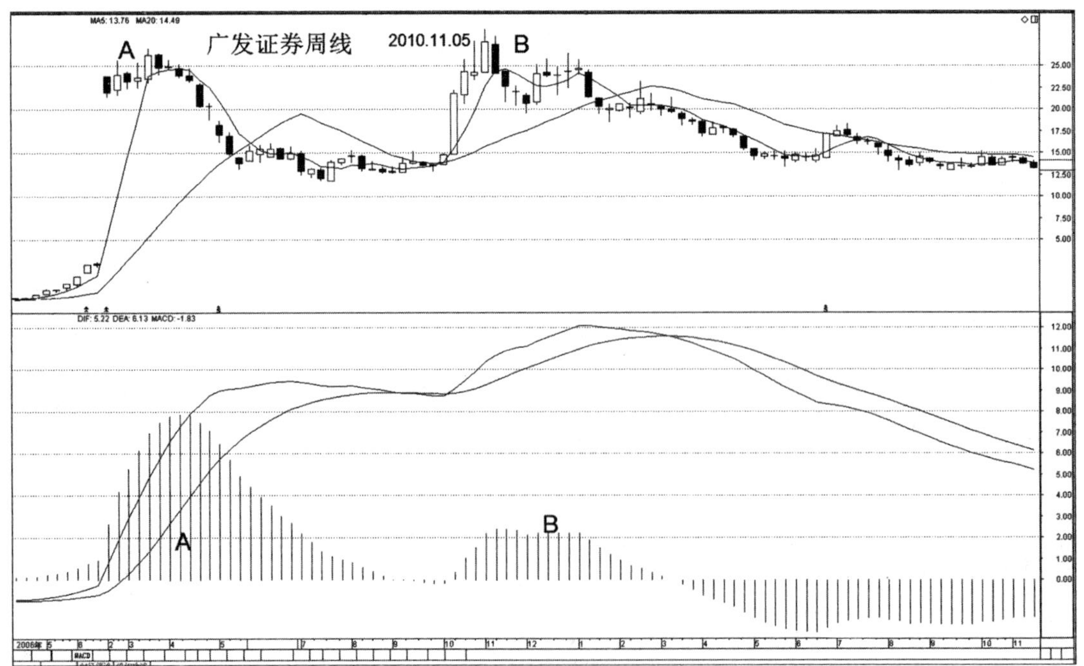

图 3-4-1

图 3—4—1 中广发证券（000776）这段走势，A 处是个高点，B 处是另一个高点，两高点价平行，但它们不是双顶。因为是两个间断的柱群，而且相距较远，它们之间有几周指标柱几乎下穿 0 轴。是 A、B 两个柱群的比较，B 处柱群比 A 处小而低，实际是价与柱群背离。这样的形态出局要果断，它的调整时间会很漫长。

图 3—4—2 所示厦门信达（000701）这段走势也怪异，2015 年 6 月 26 日这周创下高点，之后随大盘下跌，指标柱下穿 0 轴，然后快速反弹，属于暴涨形态。到 B 点时价还超前高，可是柱群规模小，位置也比 A 处低，价与柱群背离，最终下跌。

图 3—4—2

上一案例价与柱群背离，是在同一个柱群形态发生的，图 3—4—3 兔宝宝（002043）价与柱群背离却表现为三个柱群。一波上升中 A 处柱群最高，浅度下穿 0 轴再上，形成 B 处柱群，价略高于 A 处，柱群比 A 处小而低。然后柱下穿 0 轴后再上升，到 2017 年 4 月 26 日这周价最高，与之对应的 C 处柱群小而低，是三个柱群中最小最低的一个。同时指标线在 C 点一带也显然上升乏力，随后进入调整。

图 3—4—3

图 3—4—4 中恒天海龙（000677）这个价与柱群背离鲜明。A、B 是两个分离的柱群，中间有几周指标柱浅度下穿 0 轴。B 处价与 A 处平行，B 处柱群比 A 处小多了，低多了。这种形态较多见。

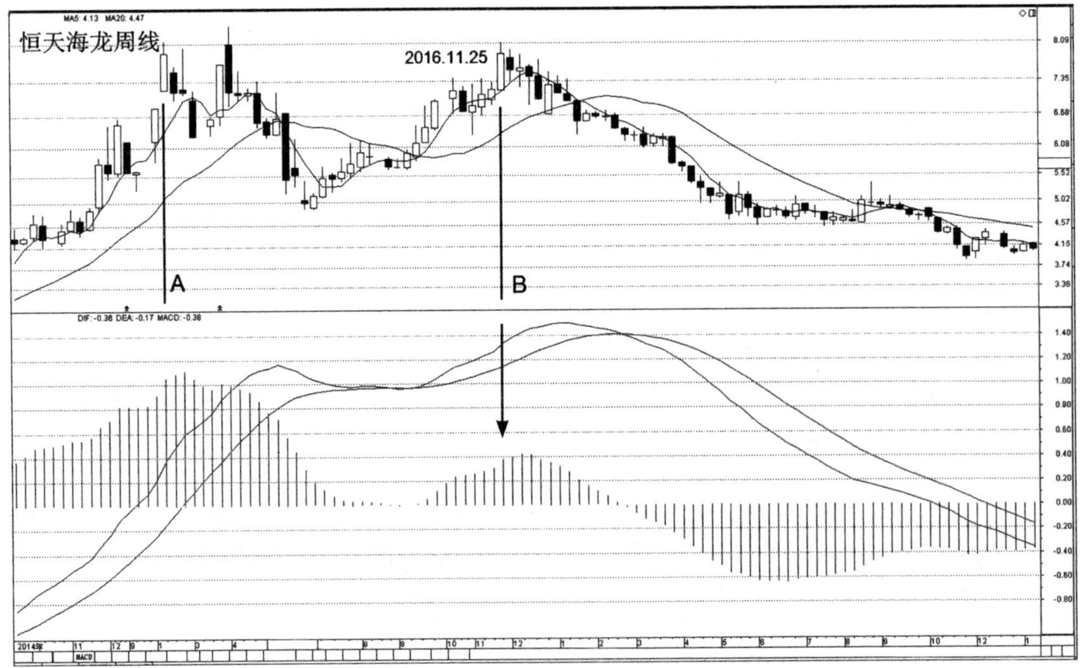

图 3—4—4

一个成熟的指标，经得起历史检验。华泽股份（ST 华泽 000693）这个价与柱群背离顶，出现在 1999 年 5 月。图 3—4—5 中，A 点价最高，柱群最高。B 点时，价几乎与 A 点平行，柱群则小多了，位置也低多了，第一次价与柱群背离。C 点时，价与 A、B 点几乎平行，柱群在 0 轴上只是象征性的芝麻点，第二次价与柱群背离。随后的调整幅度深，时间长。

该股价与柱群背离顶，形态与三顶相似，但三顶特征又不明显。而且相距时间很远，A 点到 B 点间隔 105 周，没有头部形态，也没有对称特征，只能依据柱群判断后续走势。

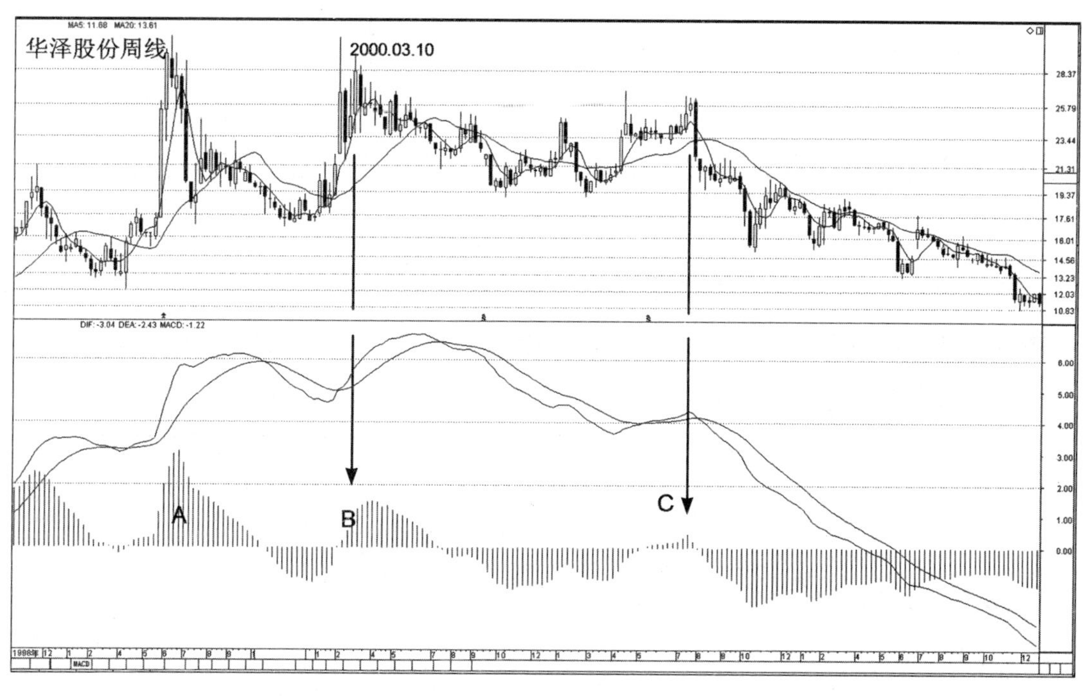

图 3—4—5

轴研科技（002046）这个价与柱群背离很典型，见图 3—4—6。2011 年 2 月 11 日这周价最高，这个柱群相对前一柱群是个独立柱群，比前面柱群低很多，规模很小，凡是这种形态，只要 MA5 线掉头向下，柱下降，就尽早出局为妙。

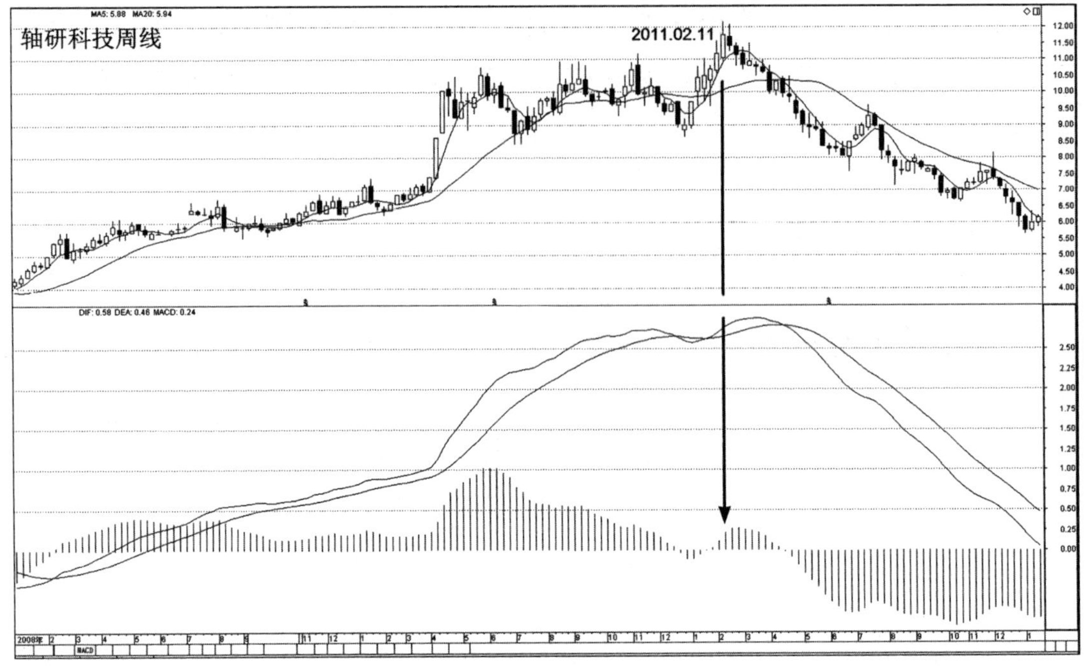

图 3—4—6

如图 3—4—7 所示，宁波华翔（002048）这段走势，形如双顶，但 A、B 两个柱群是分离的，判断为价与柱群背离顶更准确。图中 B 处价最高，柱群却比 A 处低而小，其后调整时间长，幅度深。

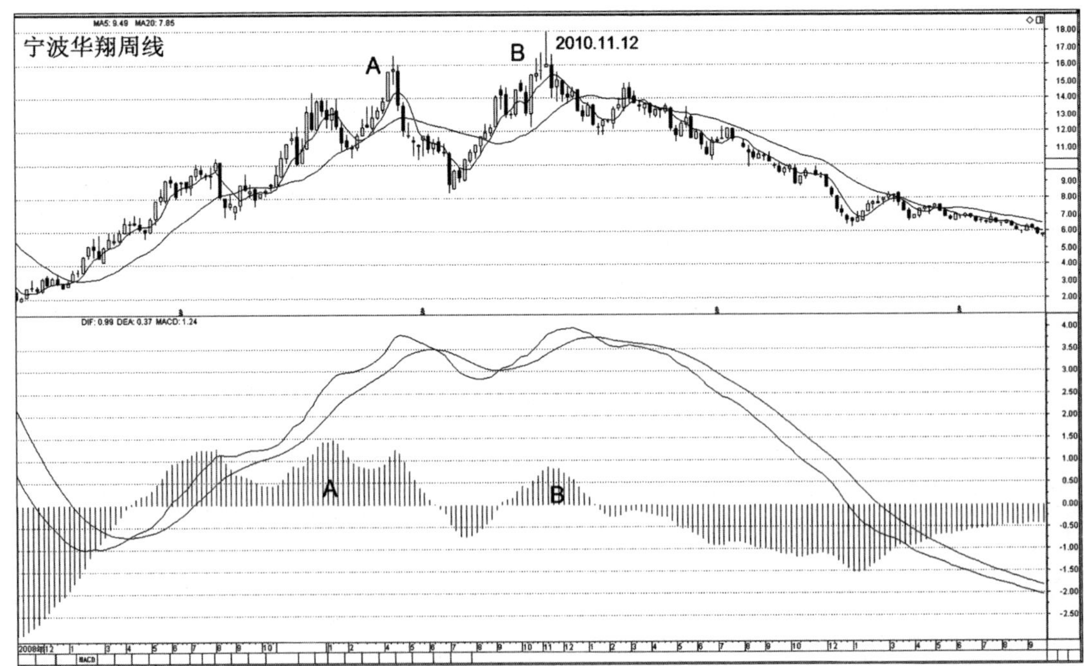

图 3—4—7

图 3—4—8 所示孚日股份（002083）这个价与柱群背离顶很明确，图中 A 处柱群高大，其后震荡上升到 B 处，价格超过前高，可是柱群比 A 处小多了，低多了，随后展开一波深幅调整。

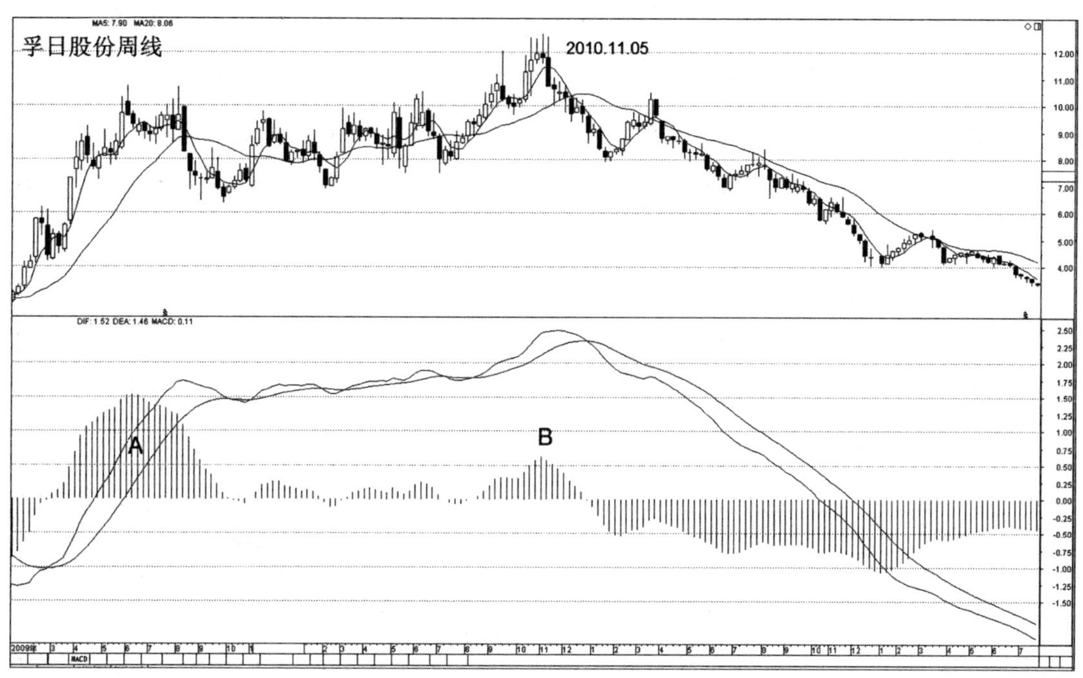

图 3—4—8

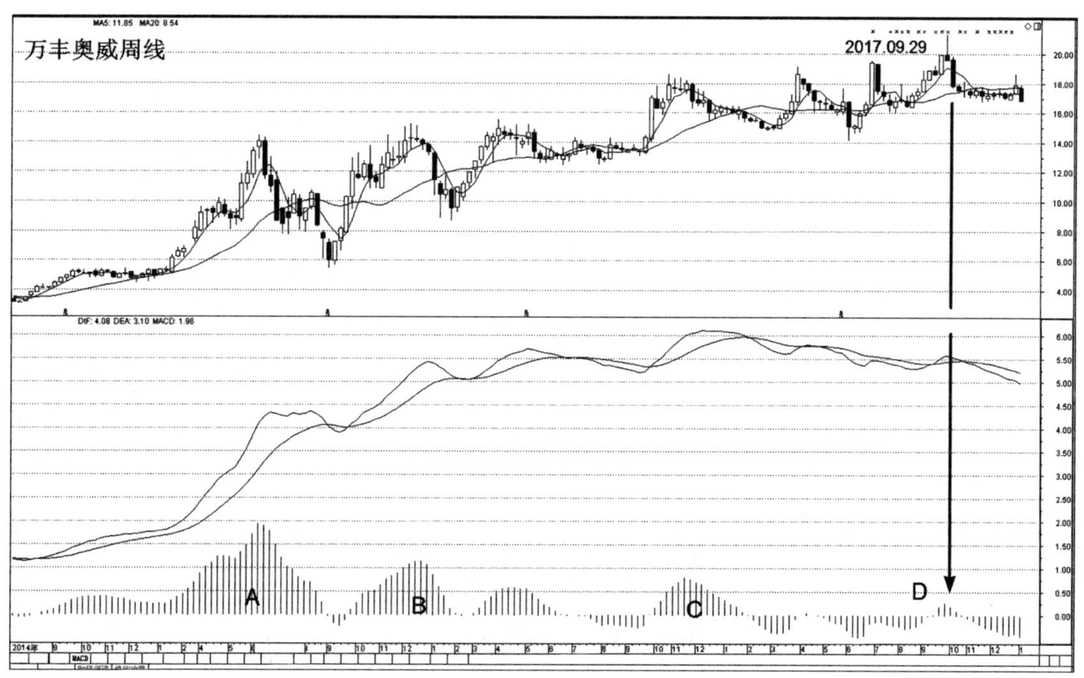

图 3—4—9

图 3—4—9 所示万丰奥威（002085）的这段走势形态发生较少。它从 2015 年 6 月 12 日这周高点之后，呈现一段复杂的震荡上行走势，一直持续到 2017 年 9 月，创下历史高点。

这期间 A 处是最高最大柱群，B 处渐小，价与 A 处基本平行，属于价与柱群象征性背离。C 处是另一个独立柱群，价高柱群低。D 处价最高，竖线对应的柱群在 0 轴上只是象征性的芝麻点，价与柱群再背离。到截图时大跌还没发生，但是必然发生。因为不仅是价与柱群背离，指标线也背离了，这种双背离后下跌力度是很大的。

有个细节多说几句。2015 年 6 月 12 日这周高点之后，虽然也急跌一波，可是注意指标柱，只浅度下穿 0 轴 3 周，说明大资金并未出逃，所以随后快速拉起。后面还有几次指标柱下穿 0 轴，但柱群很浅，使得波动向上成为可能。任何一只股走势，只要指标柱下穿 0 轴很深，一时半会儿是起不来的。

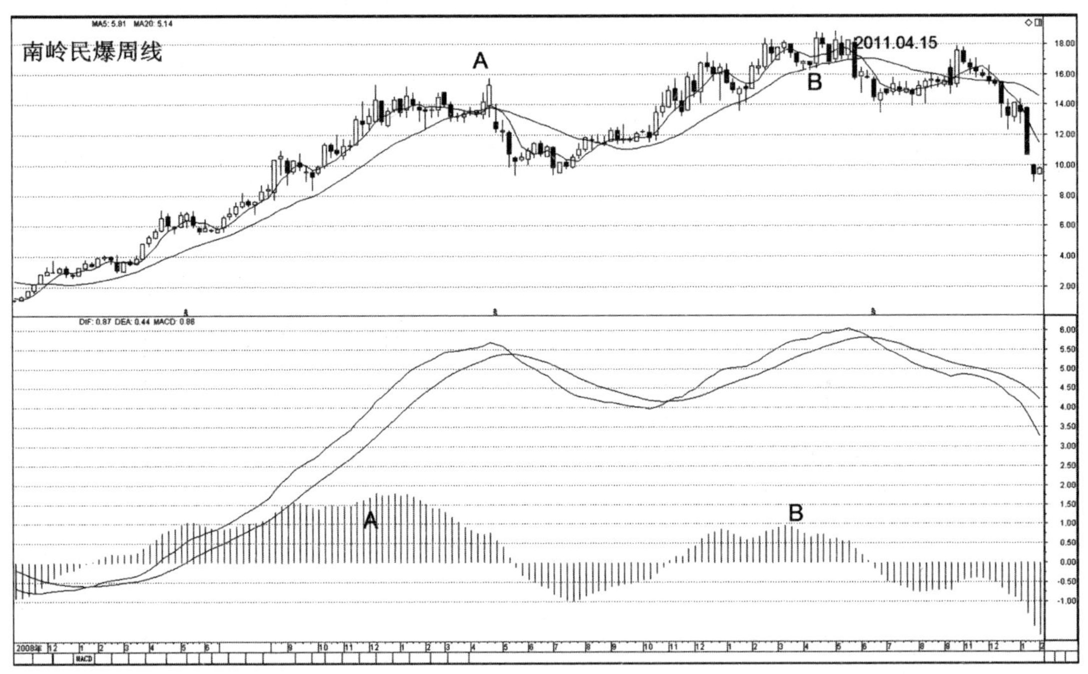

图 3—4—10

图 3—4—10 所示南岭民爆（002096）这段走势也属于价与柱群背离。图中 B 处价比 A 处高，柱群 B 处比 A 处低而小，这就预示将有调整。前面我们讨论均线模式交易，是以均线为依据，均线显示的是结果，它缺乏预警性。魏氏指标就具有预警功能，比如该股，我们知道 B 处价与柱群背离了，后面的调整不会只一点点就

结束，若出现均线模式可交易条件，我们便会谨慎从事，这就是魏氏指标预警功能的优势。

图 3—4—11 所示金种子酒（600199）这段走势，A、B 两个柱群相距较远，高点之间相隔 79 周，这样的比较很重要，而且对未来判断更有效。B 处价最高，柱群高度比 A 处低，规模也小多了，价与柱群背离；指标线也表现鲜明，价高线低，这个背离力度是很大的。

从波浪理论角度观察，两个高点是两个不同的波浪位置。我把它说得更明确一点，B 处是 5 浪顶。知道这个浪形位置十分重要，因为知道了它，你就知道其后的发展将是跌幅深、时间长。该股在 2013 年之前是牛股，大盘在跌它在涨。2014 年开始，酒类板块成为行业牛，上涨到 2018 年初还不见退潮，贵州茅台已上升 10 倍，可是金种子酒还在底部，这就是我前面说的，各行其道。

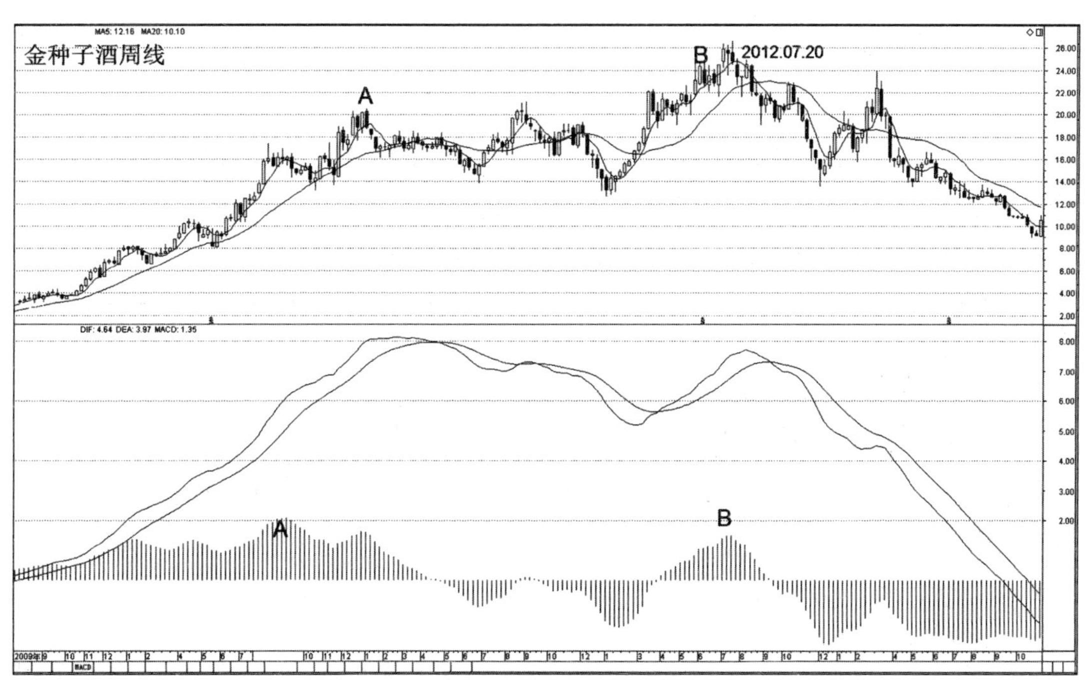

图 3—4—11

图 3—4—12 所示，西藏药业（600211）这段走势形成双顶，A、B 两处价几乎平行，但它的两个柱群相距较远，价与柱群背离顶很明显。B 处价与 A 处差不多，可是柱群规模小多了，高度也低多了，价柱不匹配。指标线也明显无力向上，价与线背离。价与柱线双重背离，其后调整时间不会短，幅度不会浅。

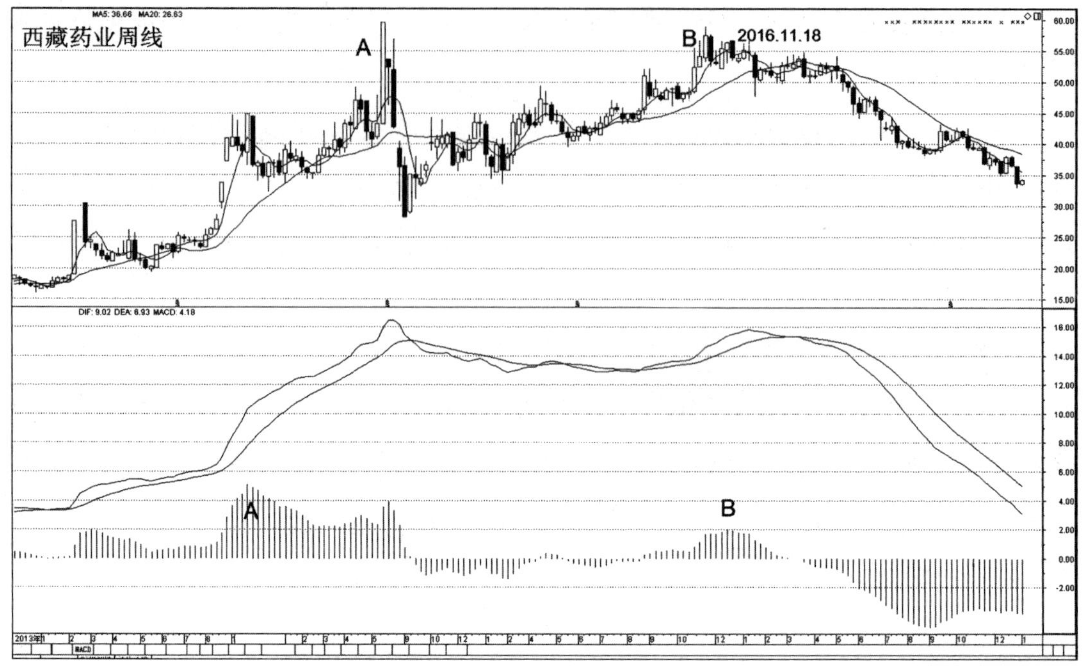

图 3—4—12

图 3—4—13 显示了兴化股份（002109）的一个特殊形态，双顶三顶都不是，从 A 点到 B 点，平行波动 111 周，B 处价最高时，柱群和指标线都比 A 处低，又是价与柱线双背离，其后调整一百多周，价几乎回到原点。

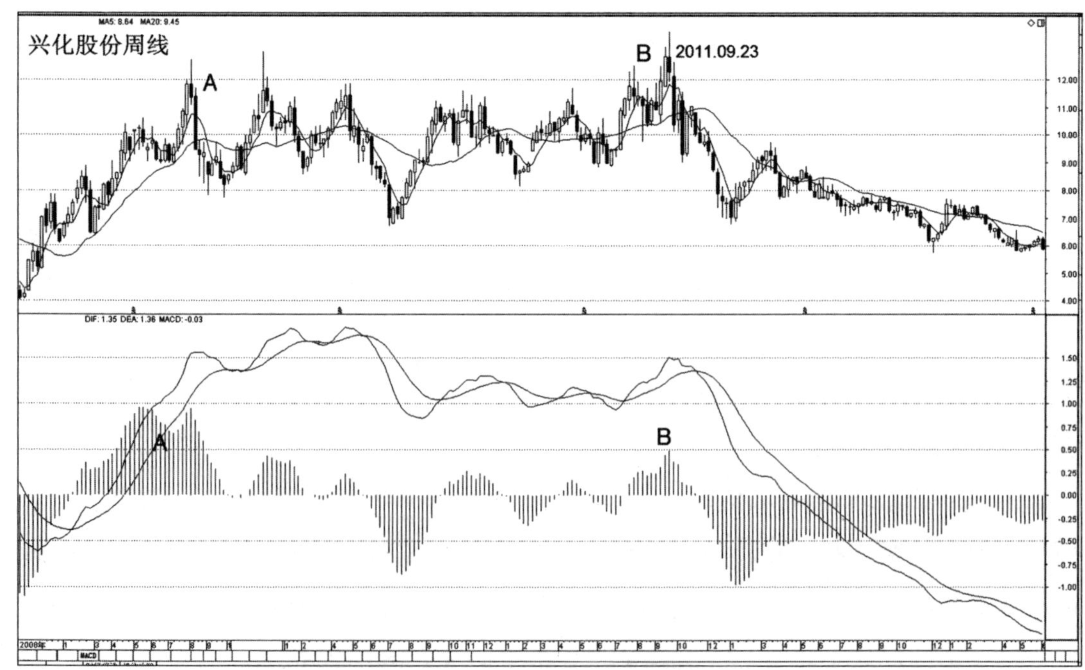

图 3—4—13

像A点到B点这种走势，周均线模式几乎无法交易，不过在更小级别依据均线模式仍然有利可图。

图3—4—14所示天邦股份（002124）这个走势形态，前面有个类似案例，但又有些区别。图中A点也是2015年6月这周，下跌以后又拉起来，此后柱群波次变低，途中柱浅度下穿0轴，之后再次站上0轴，形成一个小柱群，到B处价创历史高点。B处柱群与A处比较，价与柱群背离，随后一波调整开始。

图3—4—14

图3—4—15新亚制程（002388）这个案例是典型的价与柱群背离。图中A处是第一个高点，柱群也最大最高。B处是第二个高点，柱群比A处小了低了，价还略高。C处是第三个高点，柱群比AB两处都小而低，价却是最高。两次价与柱群背离。尽管截图时才刚刚下跌，相信时间会漫长，幅度会很深。

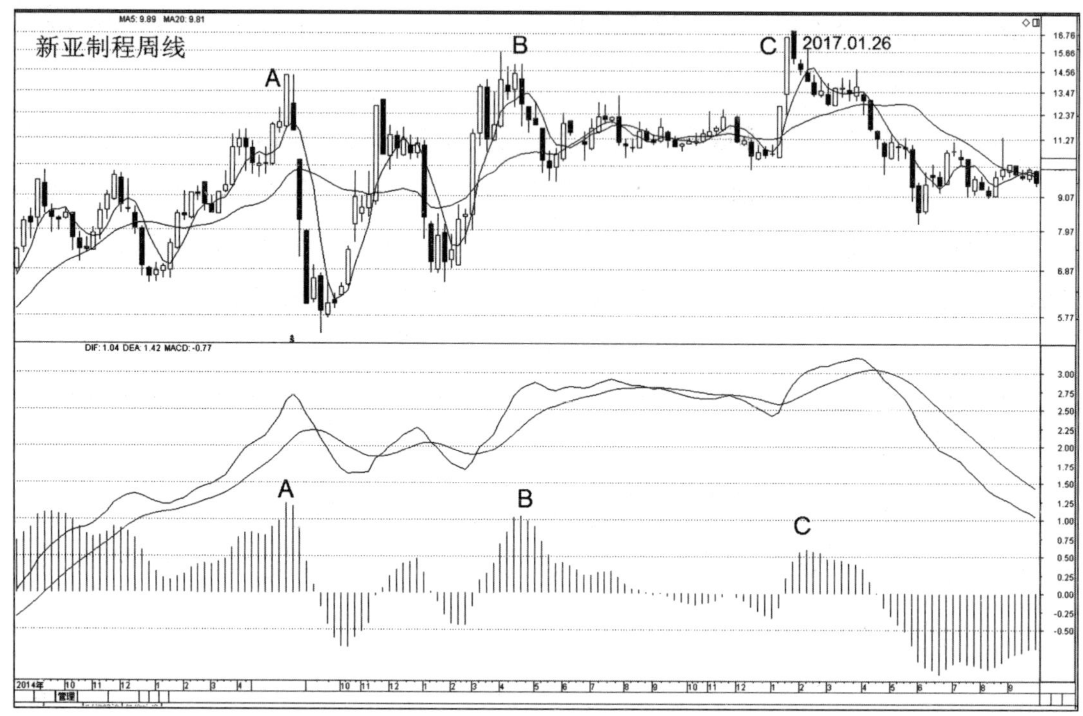

图 3—4—15

图 3—4—16 是期货市场的动煤品种的一段走势，截图时 B 处才刚刚开始下跌，B 处价最高，B 处一带的指标柱已长时间背离，属于柱群背离顶。虽然刚刚开始下跌，幅度还不深，但是相信它调整时间会漫长。

图 3—4—16

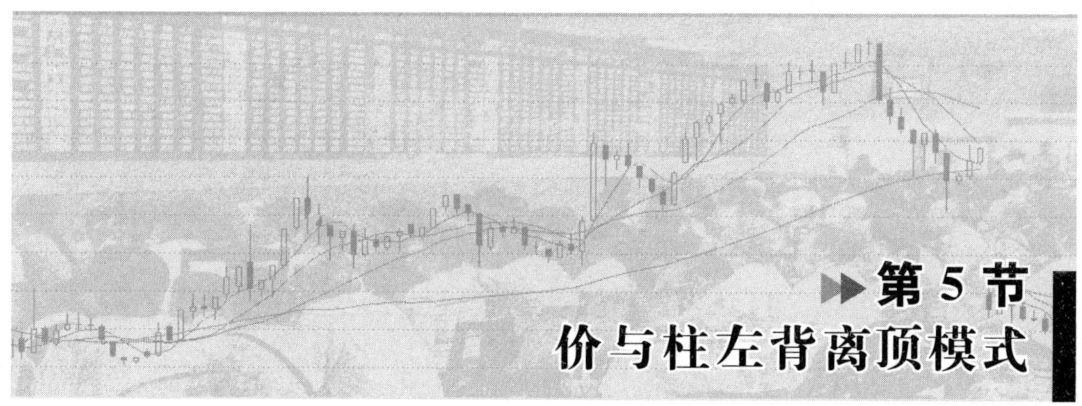

第5节 价与柱左背离顶模式

柱与柱群只有一字之差，概念却大不相同。我在价与柱左背离底一节说，左与右的概念，是针对柱群而言。价与柱左背离顶，就是股价收盘最高那根K线之后，指标柱还在上升，而价不再创新高，说明尽管资金持有者还有买入欲望，但持股者卖出欲望在增大，主力资金力量已不能完全承接，流出开始大于流入，导致股价渐次下降，形成价与柱背离。这种价与柱左背离顶，多发生在反弹，或是一段上升的末期。如果是在一段主升出现这种形态，多数时候不会一跌到底，而会有反复，尤其是指标柱不下穿0轴，还有可能重新向上甚至创新高。

价与柱左背离顶是以柱群来定义的，图3—5—1中深物业A（000011）就是这种形态。2015年6月5日这周，收盘价最高，竖线对应的指标柱不是最高，其后两根柱更高，可是收盘价不再创新高，这种形态下，第三根一旦下降立即减仓观察。2015年6月，很多股票都是这种形态。

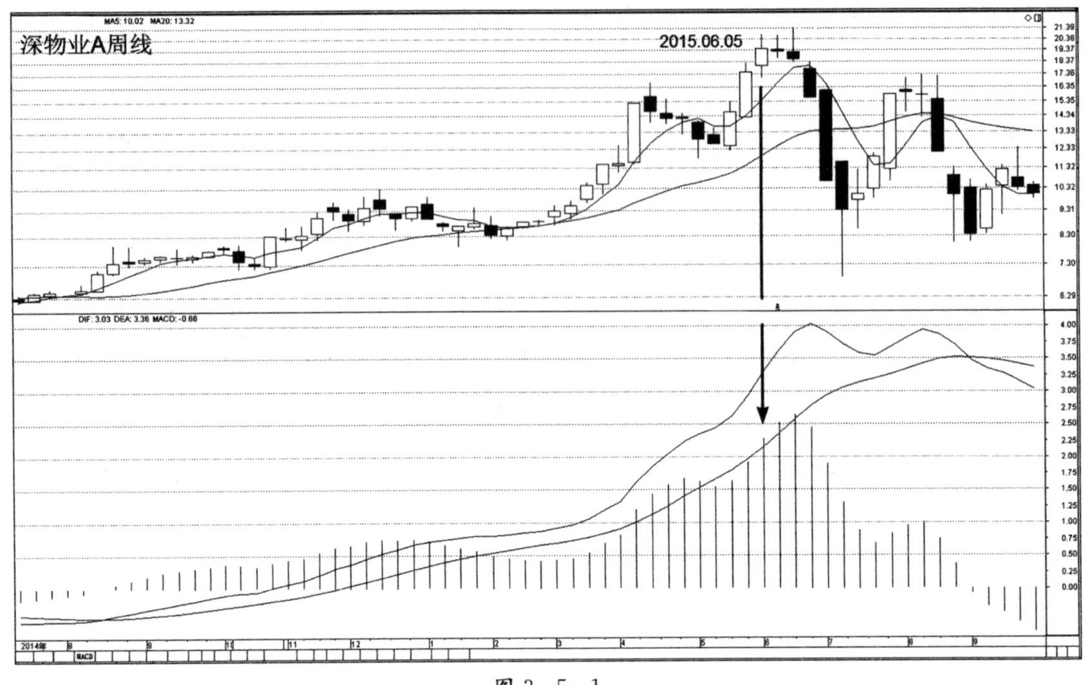

图 3—5—1

图 3—5—2 显示，世纪星源（000005）2015 年 5 月 29 日这周收盘价最高，与之对应的指标柱不是最高，其后 3 根更高，但是价已走低，这个价与柱左背离顶很典型。

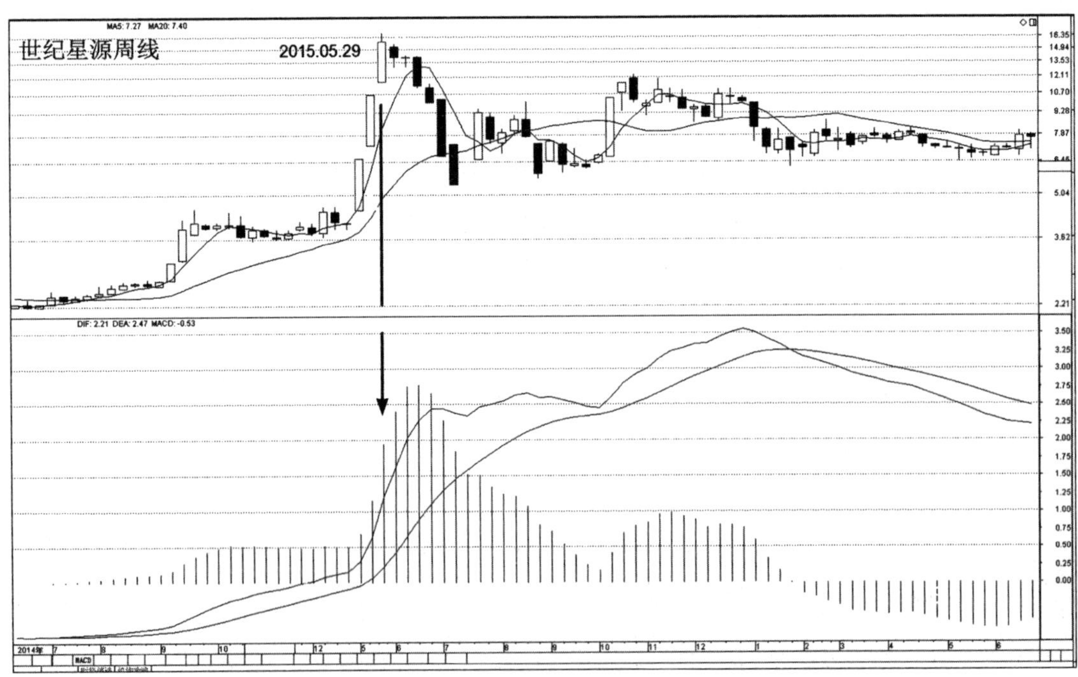

图 3—5—2

注意观察这个柱群，到顶部时，柱与柱之间上升斜率骤然变大，这也是顶部特征。

中远海能（600026）这段走势有所不同，由图3—5—3可见，A处2014年12月19日这周收盘价最高，与之对应的柱不是最高，其后4根柱更高，价还出现过瞬时新高，可是收盘价不再创新高，随后下跌一段才继续上扬。

出现价与柱左背离形态，只要柱群匀速上升，没有疯涨，多是一波行情中的调整，此后还会有戏。中远海能价触MA20线后重新上升，到2015年4月30日这周创出最高价，此后在顶部反复震荡，最终随大盘下跌。

注意B处这个柱群形态，震荡时价不创新高，柱也不创新高，连续两个月平行波动，这即波浪理论所谓的空间到时间不到。策略上说，对这种形态及早退出为宜。

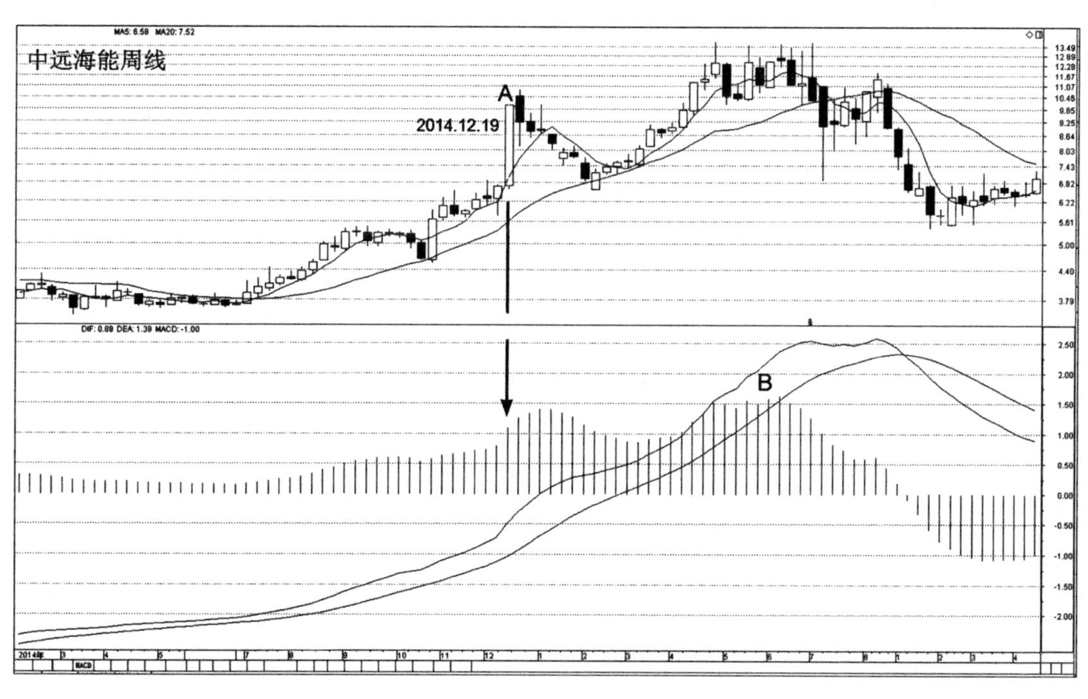

图3—5—3

图3—5—4所示巨力索具（002342）这个左背离顶发生在2017年，4月12日这周收盘价最高，与之对应的指标柱不是最高，其后还有更高的8根柱，但是此后价再也没创新高。这个柱群到顶时也疯涨，连续5个涨停板。凡是一段上升末端发疯的地方都不可逗留。

图 3—5—4

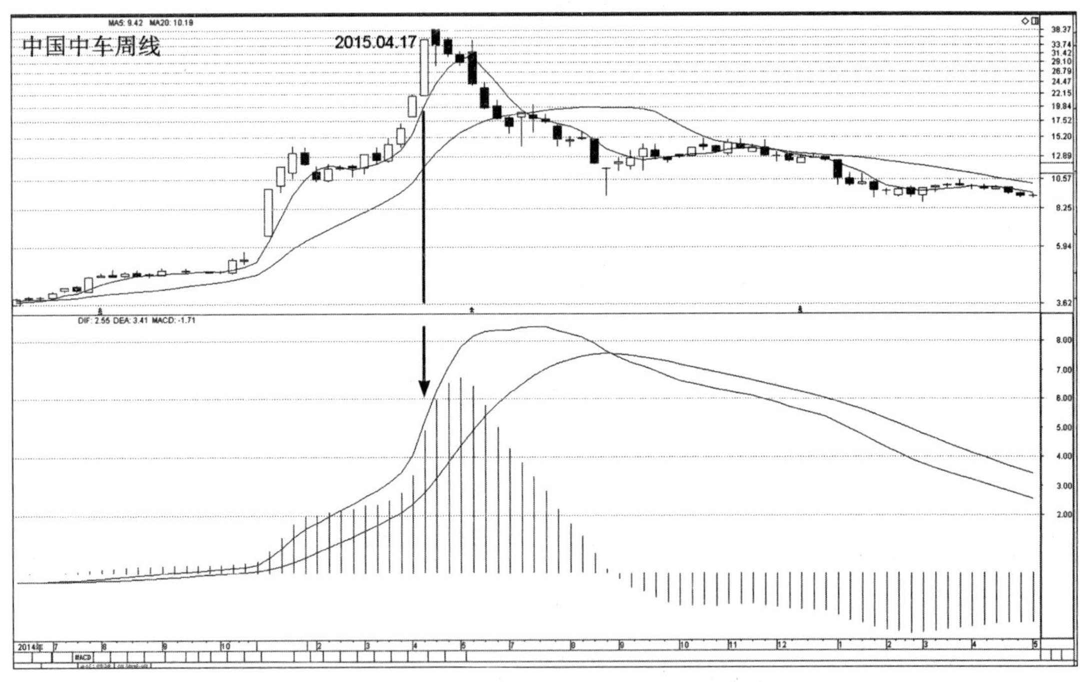

图 3—5—5

中国中车（601766）早于大盘两个月见顶，如图 3—5—5 所示，2015 年 4 月 17 日这周就到顶了。最高收盘价这周的指标柱不是最高，其后还有 3 根柱更高，但是价格明显下降。这个柱群也是最后阶段疯狂上升，柱与柱之间大幅度拉开距离，股价连续跳空高升，日线上连续多个涨停板。

图 3—5—6 所示，键桥通讯（002316）这段走势有点例外，指标柱穿越 0 轴第二周就发疯，出现连续涨停，图中可见，中途那根大阳线对应的指标柱不是最高，此后有 3 周价低柱高。为什么 2015 年 11 月 27 日这周最高呢？是因为上升途中，2015 年 2 月停牌，开盘后补涨造成的。你看它最高收盘价那周对应的柱不是最高，其后 5 根柱更高，最终还是形成价与柱左背离。

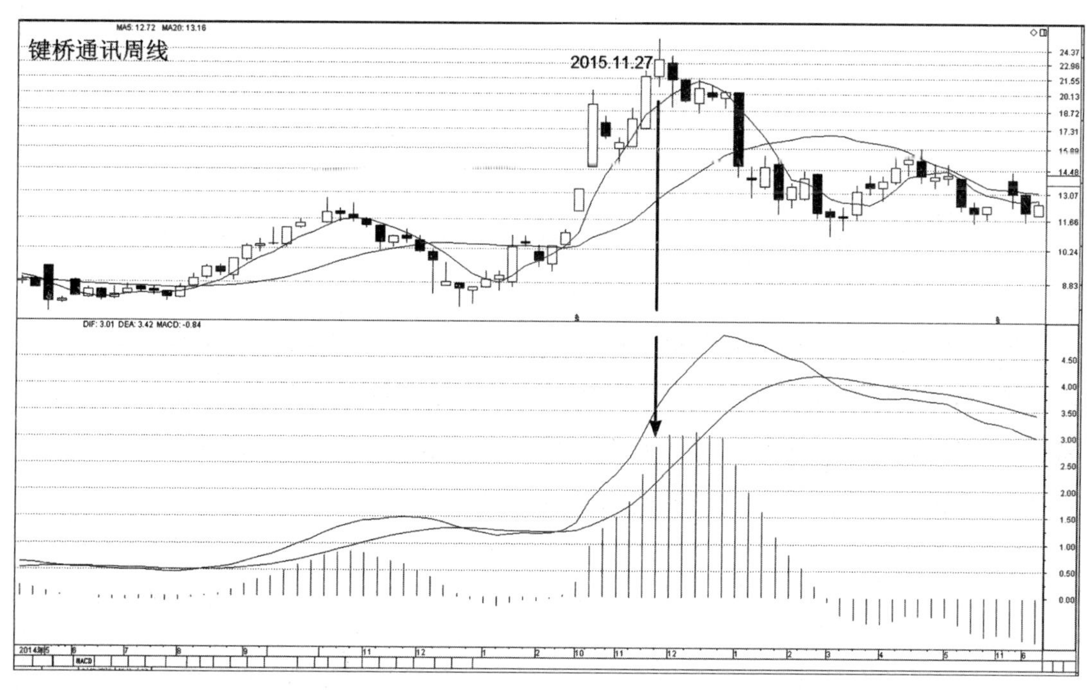

图 3—5—6

图 3—5—7 所示上港集团（600018）这个顶，柱群上升快速，3 周就到顶，2013 年 9 月 13 日这周收盘价最高，柱不是最高，其后 4 根柱更高，可是价在明显走低，价与柱背离。这次上涨是在底部长期横盘后突然跳起，凡是这种上升快速凌厉的形态，MA5 线必然陡峭，像运动员一样，高速奔跑不可能坚持太久，只要价柱不匹配就当出局。

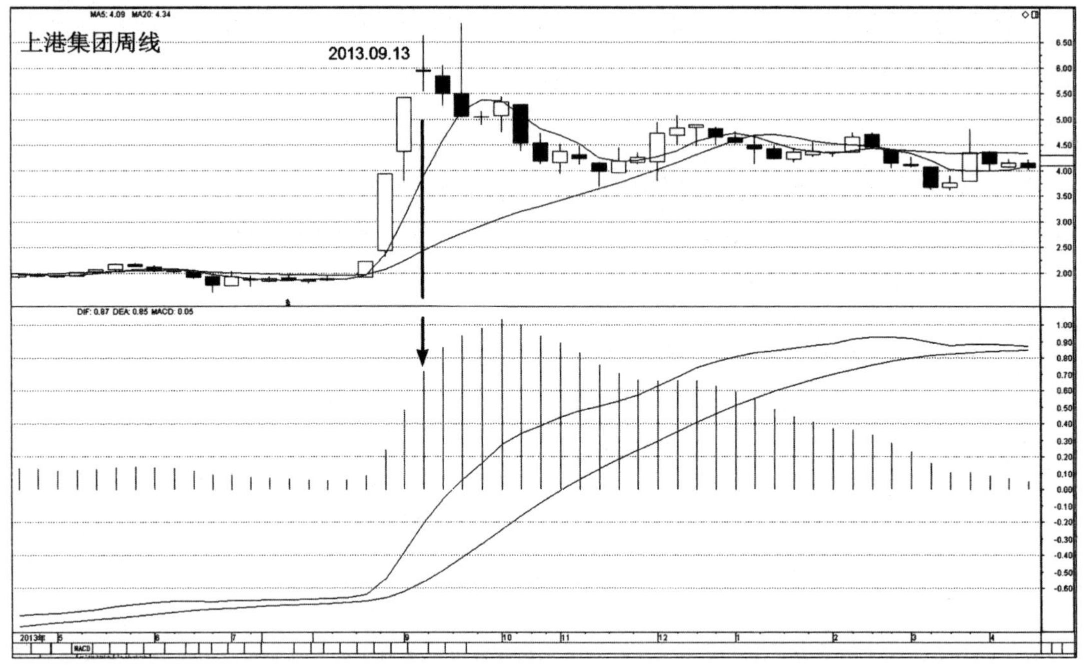

图 3—5—7

如图 3—5—8 所示，山东钢铁（600022）这段走势是两次反弹，两次顶形态相同。图中，2009 年 8 月 7 日这周价最高，对应的指标柱不是最高，其后两周更高，可是价却快速下降。2011 年这个顶价柱背离更典型，4 月 21 日这周价最高，指标柱却是上穿 0 轴的第一根，其后柱在升，价在跌。

图 3—5—8

我们前面讨论均线模式交易原则时说，暴涨形态忌参与。因为当你发现暴涨时它已经到顶了。

楚天高速（600035）这个顶也是反弹顶，如图 3—5—9，从图中可见，2010 年 3 月 26 日这周，价最高，也是发疯的一周，对应的指标柱其后 3 根比它更高，可是价却有序下降。价柱左背离，第三根 K 线看不见希望就要果断出局。

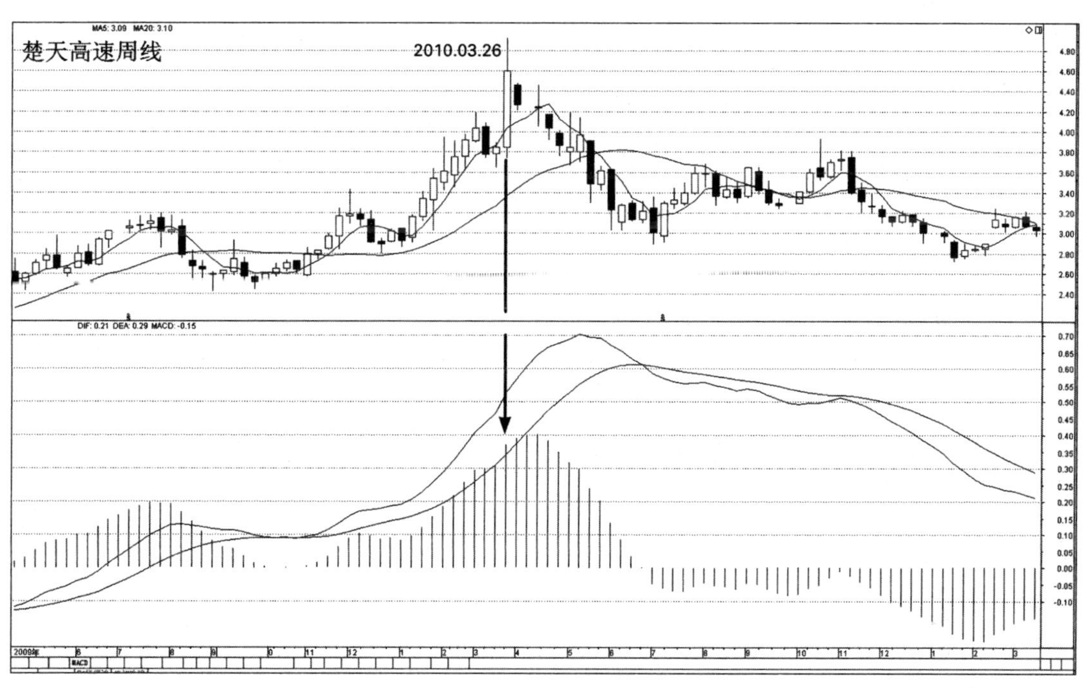

图 3—5—9

图 3—5—10 所示吉林敖东（000623）这个反弹更典型，一周就到顶。该股这段反弹前期酝酿了数周，到 2016 年 11 月 25 日这周突然跳起，创下反弹高点。与之对应的指标柱刚从 0 轴下上来并不高，随后第二根柱大幅度上升，价还创了瞬时新高，这种反弹性质的价与柱左背离形态时常都会出现，尤其在小级别 K 线图中较常见。该股这段反弹高点之后第三周就快速退潮，所以我说切忌操作底部暴涨股。

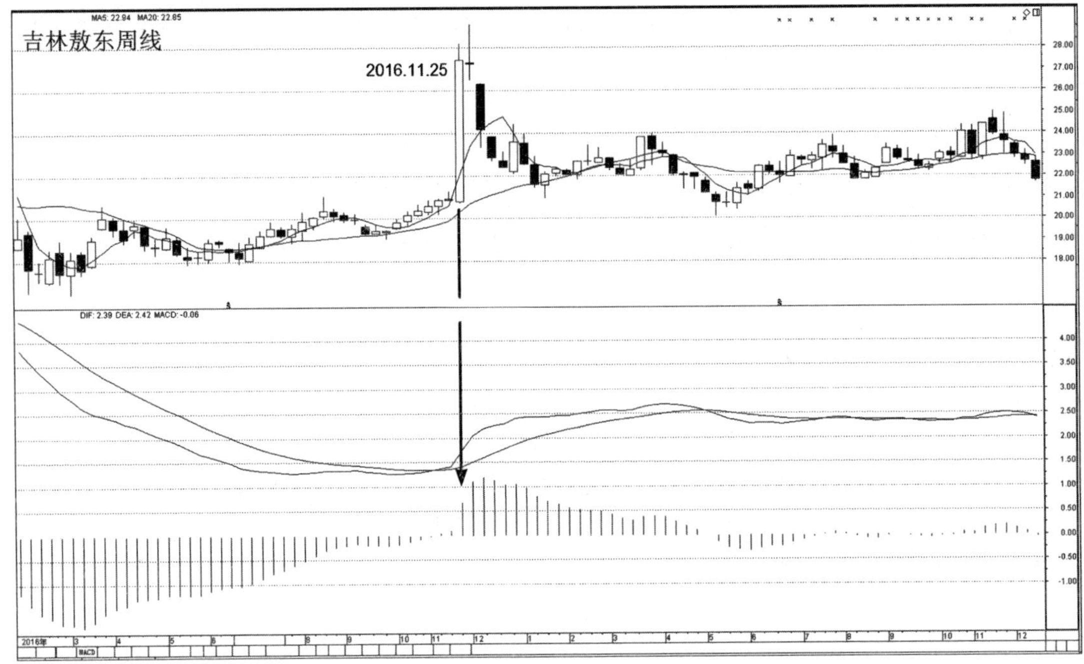

图 3—5—10

图 3—5—11

海信电器（600060）也出现过连续两顶价柱左背离，如图 3—5—11 所示。图中 A 点价最高，对应柱之后还有 6 根更高，但价已明显下降。B 处收盘价最高那周，对应的柱不是最高，之后还有 3 根更高，价却在下跌。

图中可见，A、B 两处到顶时都疯狂。纵观历史，这种现象无处不在。一段上行在明显加速飙升的时候，就预示顶部到来。一段短期加速飙升，就预示只是一个反弹。魏氏指标是资金博弈的裁判员，不管是疯狂的涨还是疯狂的跌，资金才具有真实性，其他都是假象。

图 3—5—12 是期货市场一个品种的走势。2016 年 11 月 11 日这周收盘价最高，与之对应的指标柱不是最高，此后几周指标柱还在升，但价已不再升，价与柱左背离。之后下跌一段又反弹，最终跌幅较深。

图 3—5—12

图 3—5—13 也是期货市场一个品种的走势。2016 年 11 月 11 日这周收盘价最高，也是涨幅最大的一周，与之对应的指标柱却不是最高。随后几周柱在升，价却不再升了，价与柱左背离。该品种此后始终在高位平行波动，至截图时已长达 70 周，未来大概率下降。

图 3—5—13

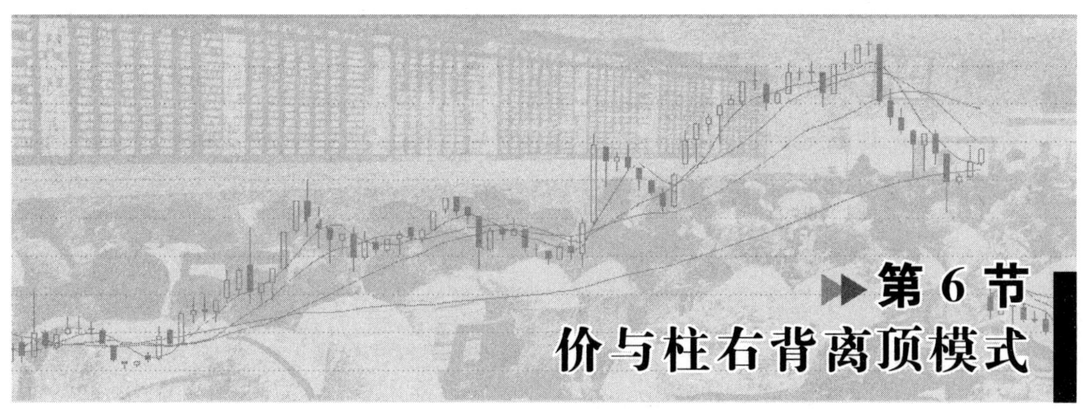

第6节 价与柱右背离顶模式

价与柱右背离顶，是指一波上涨，指标柱在0轴上形成一个较大柱群，然后价和柱缓慢下降。这个时候上升热潮未退，股价开始下降，主力在悄悄出货。股价下降一段后，主力唯恐散户惊慌出逃，用较少资金引导股价上升，指标柱也有所上升，散户以为小调后会上升更高，于是持股不卖，或继续跟进，这时主力无所顾忌，绝尘而去，以致出现随后的大跌。于是便出现柱群左边高右边低，有时还低很

图 3-6-1

多，而价呢又是左边低右边高，价与柱背离，我称之为价与柱右背离顶。这种形态发生率高，之后的调整会较深。

3—6—1 这幅图是白云机场（600004）2008 年的走势，图中最高点对应的指标柱群，比之前矮小许多，它的位置在高大柱群右边，所以定义为价与柱右背离顶。这种形态发生率高，随后必然调整。

图 3—6—2 所示盐湖股份（000792）2008 年 5 月 16 日这周收盘价最高，与之对应的指标柱比左边的柱群低，价高柱低，背离。从图中可见，对应这根柱已处于同一柱群末端，距 0 轴很近，调整迹象已现。

图 3—6—2

珠海港（000507）这段形态，貌似三顶，如图 3—6—3。2015 年 6 月 12 日这周收盘价最高，对应的指标柱也比左边柱群低，位置在同一柱群末端。从图中可见，之前还有一周创瞬时最高点，但对应的柱却不是最高，这个形态相当于价与柱两次背离。我前面说过，无论顶底，在周线级别发生三次背离的情况少。

图 3—6—3

如图 3—6—4 所示，大华股份（002236）这个顶也貌似三顶，但特征不明显。2013 年 10 月 11 日这周收盘价最高，对应的指标柱与同一柱群高点比要低很多，也处在一个上升柱群的末端，第二周就展开调整，指标柱很快下穿 0 轴。

图 3—6—4

图 3—6—5 所示保利地产（600048）这段走势，就不仅仅是价与柱右背离了，B 点柱群也背离。A 处高点以后下降一波，柱群抵 0 轴时没有下穿，随后再次向上，指标柱也随价格向上，形成另一柱群。到达 B 处价格创新高，可是 B 处柱群比 A 处低，规模也比 A 处小，价与柱不匹配，继后展开调整。

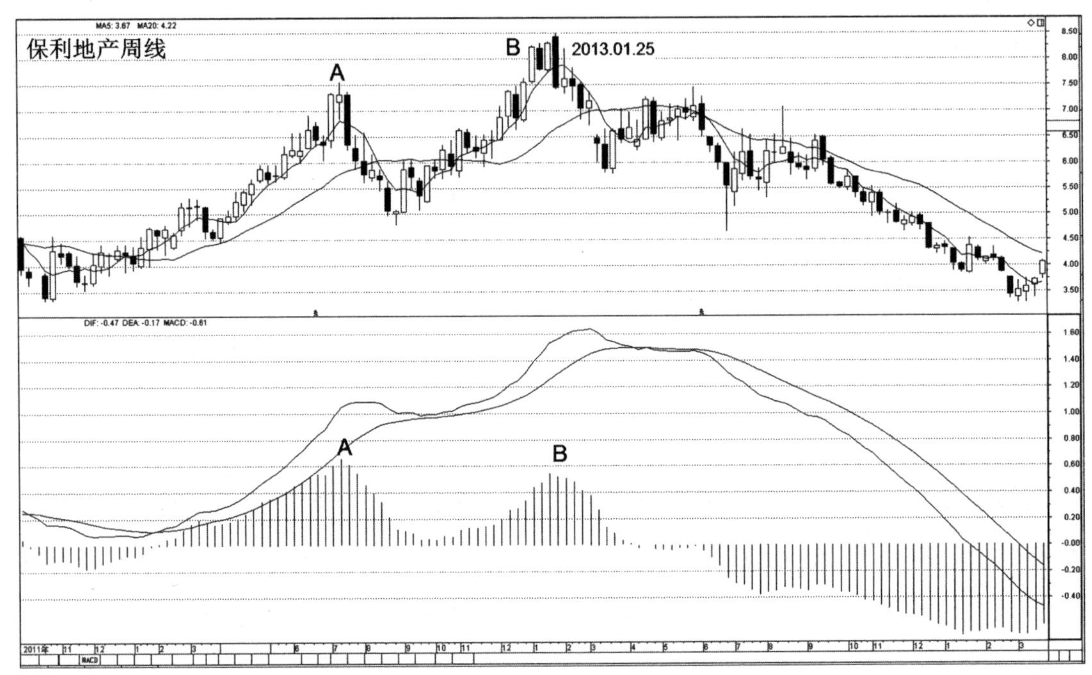

图 3—6—5

图 3—6—6 所示郑煤机（601717）这个价与柱右背离虽然不太典型，但 MA5 线下降很典型，没有犹豫挣扎，一路向下。2011 年 2 月 25 日这周是最高点，与之对应的指标柱不是最高，之后柱群呈梯次下降。根据 MA5 线结合指标柱群判断，就不会掉入陷阱。

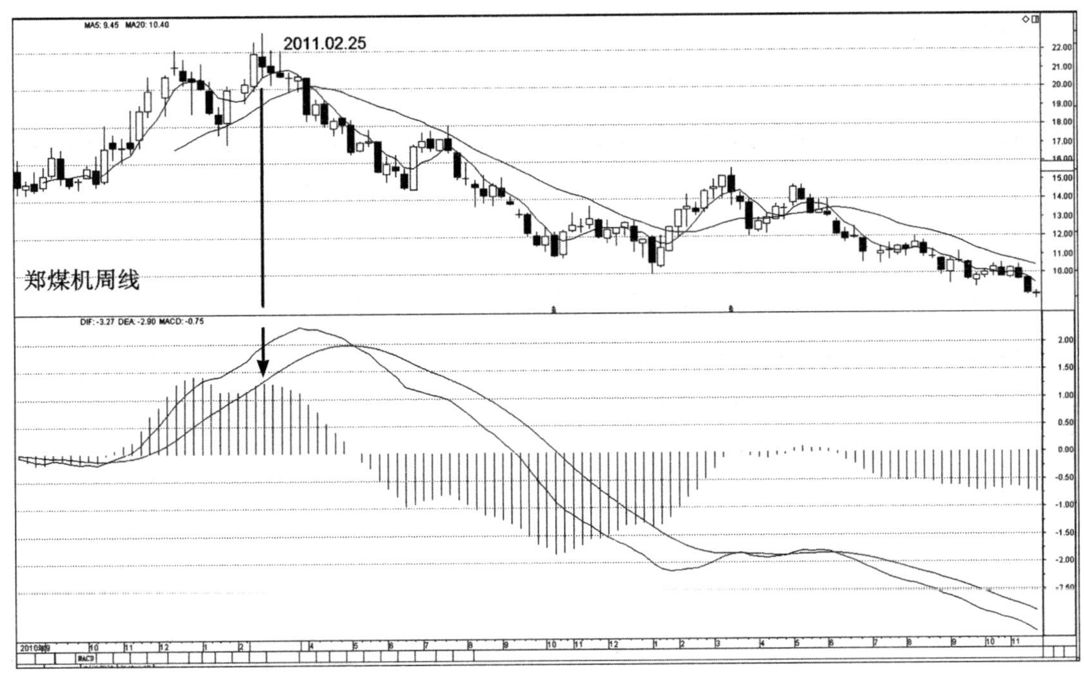

图 3—6—6

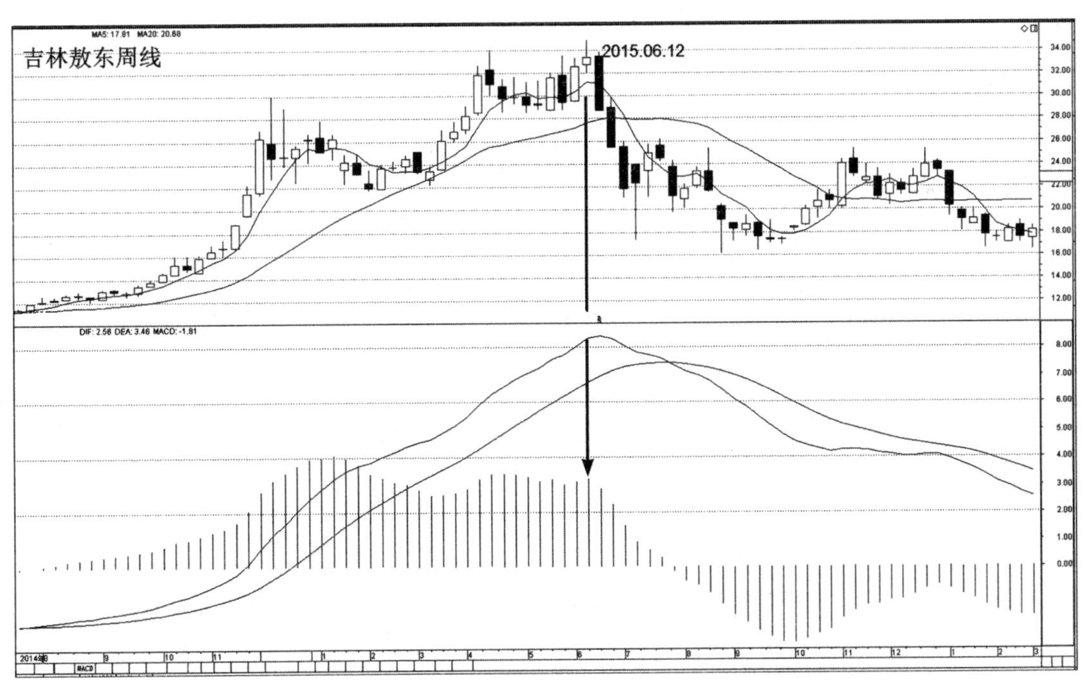

图 3—6—7

图 3—6—7 中吉林敖东（000623）这段近似双顶，2015 年 6 月 12 日这周价最高，竖线对应的指标柱在同柱群中不是最高，它比左边最高处低多了，价与柱右背

离，随后展开调整。

恒邦股份（002237）这段走势特有借鉴意义，如图 3－6－8，2009 年 12 月 4 日这周，A 处出现一个与前高平行高点，竖线对应的柱比左边高处低多了，也处于同柱群末端，随后出现一波调整。

B 处竖线对应那周，价几乎与前高平行，B 处的柱群与 A 处比小而低，这是两个相邻柱群的对比，对比可见价与柱群背离了。同时观察指标线，B 处指标线也比 A 处低很多，价与柱线双背离。我前面说过，双背离后下跌力度很大，特别是在高位遇到这种形态，调整时间漫长幅度深，反之，在低位遇到这种形态，未来发展会很好。这就是魏氏指标的特殊功能。

图 3－6－8

图 3－6－9 所示徐工机械（000425）这段顶，形态既像三顶也像双顶。2011 年 3 月 25 日这周收盘价最高，与之对应的柱比左边高处低，价与柱右背离，随后展开深度调整。

图 3—6—9

图 3—6—10 所示东方通信（600776）2014 年 6 月 27 日这周收盘价最高，竖线对应的指标柱不是最高，也属于价与柱右背离。其后柱群呈梯次有序下降，展开一波调整。

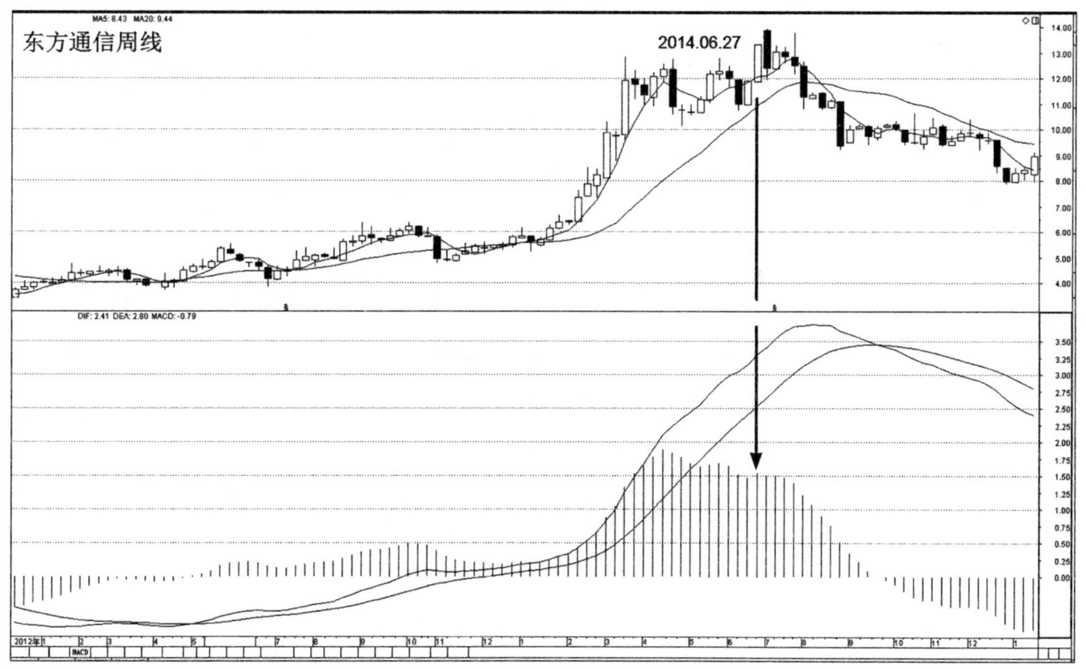

图 3—6—10

图 3—6—11 中广发证券（000776）这个价与柱右背离非常鲜明，图中 A 处价高点，指标柱也是高点。之后下降几周再上，到 B 处 2015 年 4 月 10 日这周，价创新高，B 处的指标柱已比 A 处低，价与柱背离。

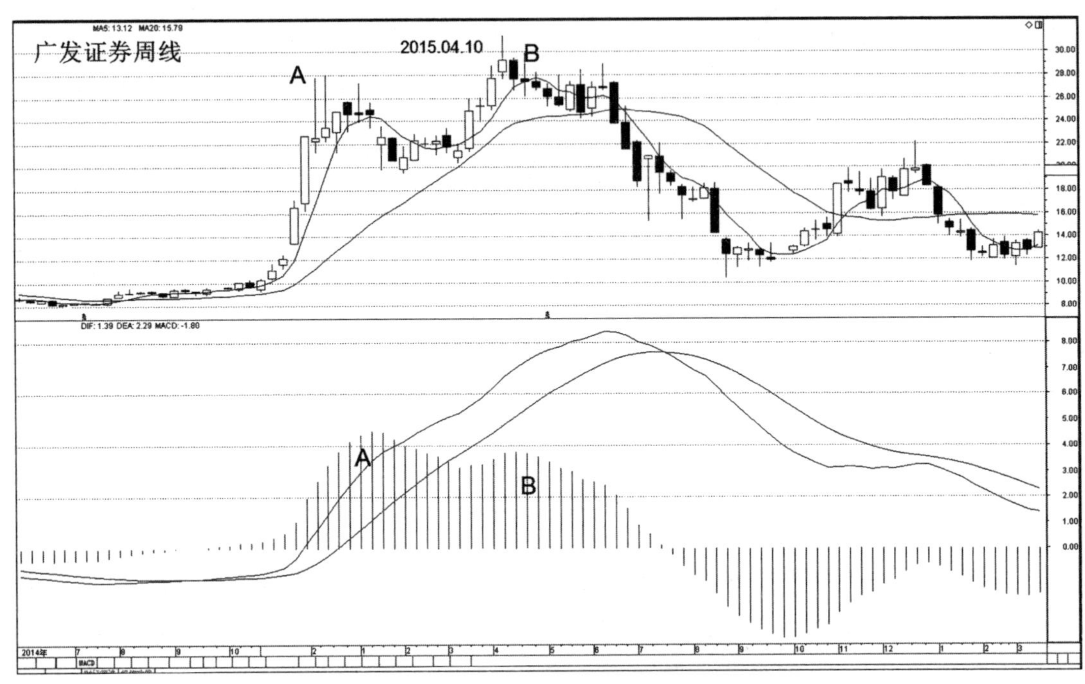

图 3—6—11

我曾在《趋势与拐点》中说到，一波上涨或下跌，一个群体的股票目的地一样，但运动方式又各不相同。该股在 A 处约 3 周时间就大体完成一波上行空间，其后应是借势发挥。2015 年 4 月这个时段正是大盘疯涨时，该股硬撑到 6 月才随大盘下跌。

图 3—6—12 中京新药业（002020）这段走势形态，似乎像三顶，如果以 2011 年 8 月 12 日这周高点为中心，左右肩形态和时间都不对称。从指标柱群观察，B 处是一波上升价最高，B 处柱群比 A 处低，C 处价比 A 处低，柱群已下穿 0 轴，是下降中的停留。所以这个形态实际是价与柱右背离。

图 3—6—12

昊志机电（300503）是只次新股，2016 年 3 月才上市，由图 3—6—13 可见，它上市以后这段上升，到 2016 年 12 月的高点，其间有 3 个明显高点。我说过，这种形态必然调整。昊志机电 2016 年 12 月高点时，指标柱明显比左边高位低，价与柱右背离，图中可见调整很深。

图 3—6—13

从图 3—6—14 可见，杰瑞股份（002353）2014 年 1 月 10 日这周收盘价最高，与之对应的指标柱群比左边高位低很多，而且已抵近 0 轴，这种形态属于严重价与柱右背离，之后跌幅很深，调整时间漫长。

这只股有个现象值得一说，2014 年 1 月高点之后一路下行，2015 年大盘疯涨它也不跟随，微弱反弹继续下跌，到 2018 年截图时仍在低点。是不是公司经营出了问题？其实不是，是波浪位置所致，当然并不是与经营完全无关。一些股票，大盘在跌它在涨，比如长春高新，十多年一直向上，小调一点后涨得更高，至今不见顶。多数股票随大盘，少数股票各走各的路。

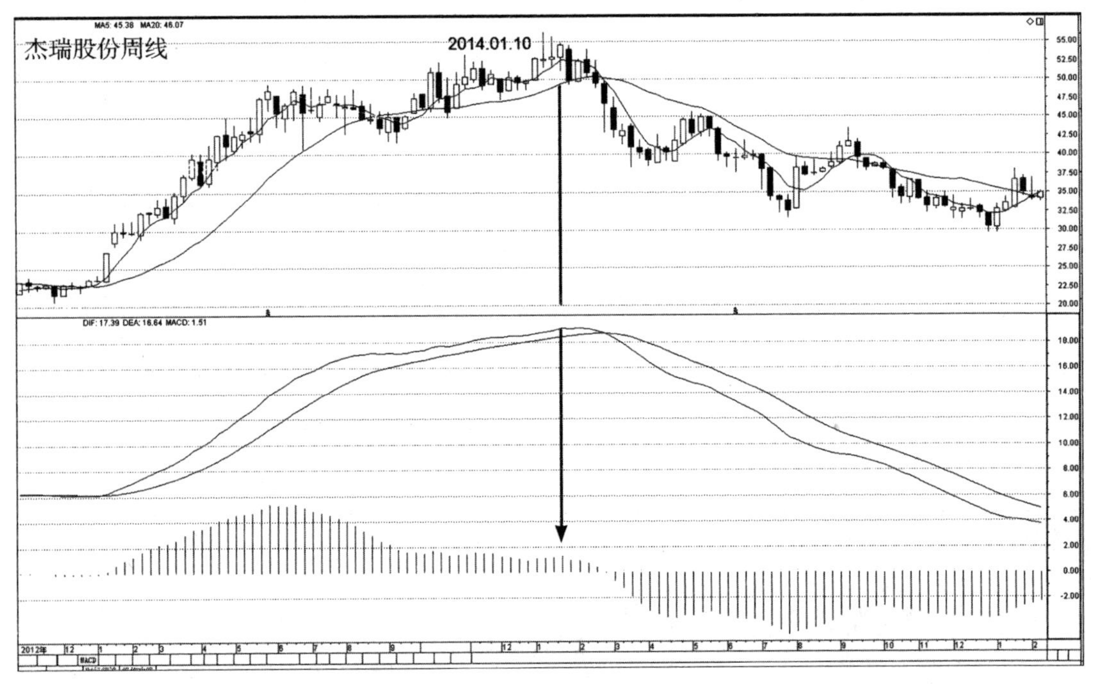

图 3—6—14

从图 3—6—15 可见，紫鑫药业（002118）2011 年 7 月 15 日这周创下收盘价最高点，与之对应的柱群 B 处比 A 处低很多，临近同一柱群末端，随后 MA5 线掉头向下很坚决，角度陡峭，柱下穿 0 轴很深。所以说走势不要猜，交易要有依据。

图 3—6—15

图 3—6—16 所示万通地产（600246）这段走势形态如双顶，A、B 两处价基本平行，它们又同在一个柱群。B 处价比 A 处略高，B 处柱比 A 处低，价与柱右背离。

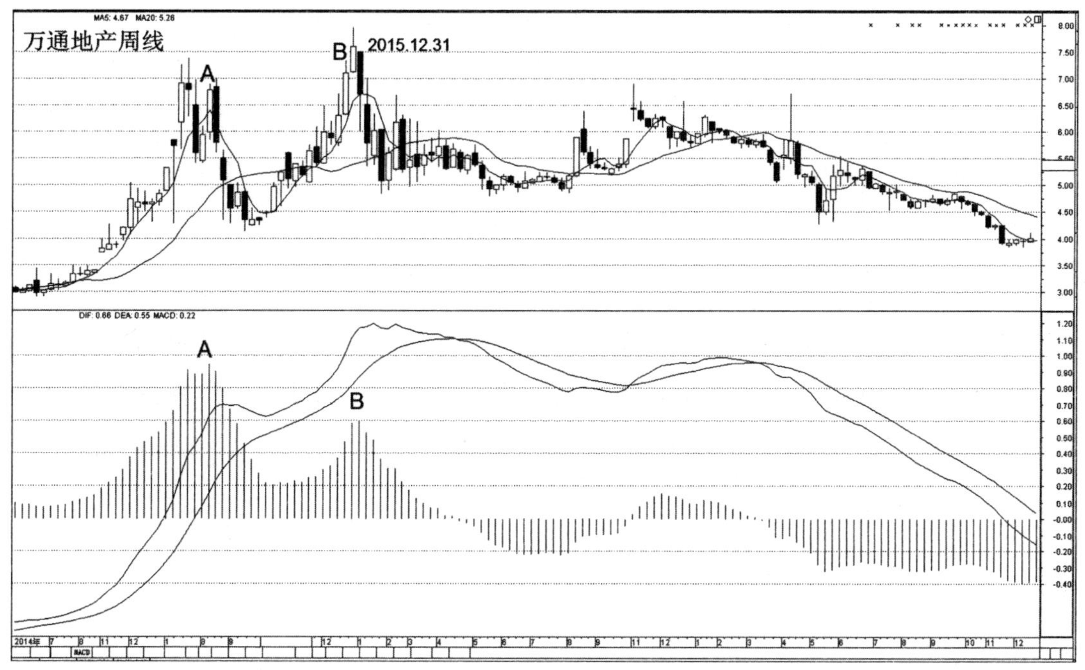

图 3—6—16

只要确认价与柱不匹配，上升就是假象，随后必然下跌，先出局为上策，具备均线模式交易条件再参与。

市场的运动形态千变万化，依据模式操作不会犯大错。

图 3—6—17 是期货市场一个品种的走势，A 处指标柱最高，价不是最高，B 处价最高，指标柱却比 A 处低，价与柱右背离，此后平行运动。截图时调整才刚刚开始，相信会有较长时间调整，我们可拭目以待。

图 3—6—17

我们讨论顶底时，接触了若干案例，均线结合魏氏指标对未来的判断，应该说有无可争议的可靠性。在股市能不能赚钱，最终看一个人的修为，也就是判断力和执行力。

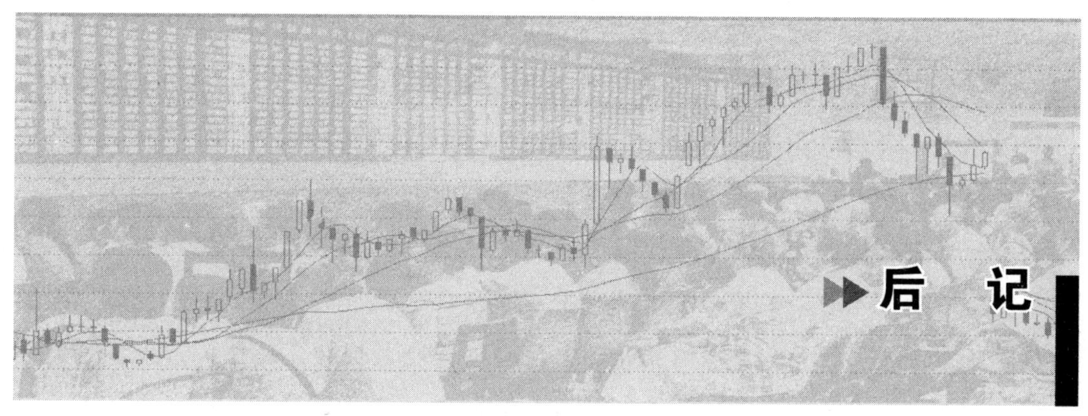

后 记

当我写完本书最后一行字，如释重负，舒心扩胸，这才发现阳光从窗外照进来，红亮而温暖。春天又来了。

市场变化无穷，虽然有趣，终不及大自然给人的愉悦。我喜欢清亮的溪水，青青的山峦，乡野怡人的青草气息。

我寓居一座偏远小县城，少有喧嚣，倒也宁静。小城连接着乡村，我常和朋友，或是同夫人驾车在乡间转悠，没有目的地，随心所欲，感受那种悠闲的过程。

川北是浅丘陵地带，山不高而青翠，连绵起伏，溪流纵横，潺潺有声，鸡鸣狗叫莺啼，别有一番情致。比呆坐电脑前看市场涨涨跌跌有趣多了。

不过，证券市场也颇有趣味，每一分钟都充满悬念，让众多投机者乐此不疲。我也有沉迷市场的时候，面对图表凝望若干小时，企图从中窥探一丝奥秘。对市场的把握我很自信，重要的高低点能提前预测时间和点位，短期波动趋势也能即时判断，似乎很便利，其实不是。我始终认为，命数由天定，财富有配额。这不是唯心主义，也不是宿命论调，是我研究数字结构的领悟。况且，财富的多少与幸福感不成正比。

我对一件事的追求很执着，心性又悠闲，似乎很矛盾。其实每个人的性格都是矛盾的。我有一个诗人朋友，年逾古稀，写诗执着，炒股也执着，只要开市，必然守在电脑旁，多年这样，就是在外吃午饭，他也会匆忙了事，赶回家看股市。诗是形象思维，数字是抽象思维，似乎两不搭界，却在矛盾中融合。

追求是理性，心性是天性，天性终归强于理性。当天性回归时，幡然明白，人生的趣味不仅仅是一种，应该更丰富。因此，凡跟我交流的朋友，聊起证券话题，少不得会嘱咐一句，市场投机不要心急，机会永在，是你的迟早会来，不是你的，煮熟的鸭子也会飞。凡事尽力就行，太在意结果，不一定有好结果，顺其自然吧。同时还会补加一句，炒股不是全部，生活还应当有更多精彩。

为什么要说这个话题？证券市场我自己有体会，也接触了很多投机者，感悟颇多。我写书的最初冲动，是知道市场中有不少投机者，用买菜省下的钱，怀揣发财梦撞进股市亏了，对他们我深深同情，想把我的经验教训分享给他们。我写了趋势的判断方法，交易的技术方法，甚至把我独创好用的技术指标无私地公开，希望能帮助和我一样的小散。想法很纯朴，其实很天真。2015 年中国市场的大涨大跌，仍然使大批投机者输得很惨。不是方法问题，而是人性问题，上涨时贪婪，下跌时怀抱侥幸或死扛。

我在《抄底与逃顶》中特别强调，股市赚钱不仅仅需要技术，更重要的还要修身，也就是修炼行为习惯。这本书讲述的模式交易，强调的是方法，简单易学。当然，也需要良好的行为习惯。

当然，我并不指望读者都会那样做。不随地吐痰，不是人人都能做到，更不是任何时候都能做到。更深一层意思，炒股赚钱没错，有一种方法即可，不至于沉迷市场不能自拔，天天盯住市场，频繁纠缠于短期波动，劳心费神，不断重复亏盈。

我想再强调一下，炒股不是生活的全部。

和亲人朋友漫步在春天的大地上，汲取青草的芳香，观赏花儿的艳丽，享受温暖的阳光，你会感觉生活是多么的美好。